见识城邦

更新知识地图　拓展认知边界

NEIL POSTMAN

TECHNOPOLY

The Surrender of Culture to Technology

技术垄断

文化向技术投降

[美]尼尔·波斯曼 著
何道宽 译

中信出版集团 | 北京

图书在版编目（CIP）数据

技术垄断：文化向技术投降 /（美）尼尔 · 波斯曼著；何道宽译 . -- 北京 : 中信出版社，2019.4（2025. 4 重印）

书名原文：Technopoly：The Surrender of Culture to Technology

ISBN 978-7-5217-0049-7

Ⅰ . ①技… Ⅱ . ①尼… ②何… Ⅲ . ①技术—垄断—研究 Ⅳ . ① F062.4

中国版本图书馆 CIP 数据核字（2019）第 025299 号

技术垄断：文化向技术投降

著　　者：[美] 尼尔 · 波斯曼
译　　者：何道宽
出版发行：中信出版集团股份有限公司
　　　　　（北京市朝阳区东三环北路 27 号嘉铭中心　邮编　100020）
承 印 者：北京通州皇家印刷厂

开　　本：880mm × 1230mm 1/32　　印　　张：9.75　　字　　数：193 千字
版　　次：2019 年 4 月第 1 版　　印　　次：2025 年 4 月第12次印刷
京权图字：01-2018-3582
书　　号：ISBN 978-7-5217-0049-7
定　　价：58.00 元

服务热线：400-600-8099
投稿邮箱：author@citicpub.com

献给费伊和曼妮

无论技术是否利用新近的科学研究，它总是道德哲学的分支，而不是科学的分支。

——保罗·古德曼《新革新运动》

目　录

中译者第二版序

在“中译者第一版序”之首，我写了这样一段话：“这篇序文准备回答6个问题：（1）什么是媒介环境学？（2）麦克卢汉和波斯曼主张技术决定论吗？（3）什么是技术垄断？（4）技术垄断为何在美国兴起？（5）什么是波斯曼的警世危言？（6）今天怎么读《技术垄断》？”

在“中译者第二版序”里，我也回答6个问题：（1）《技术垄断》的总体效应如何？（2）为何其中国效应大于美国影响？（3）中国学者如何欣赏他特别犀利的洞见？（4）为何说波斯曼高扬人文主义的旗帜？（5）AI大发，“奇点”将至，如何应对？（6）《技术垄断》中译本第一版有何遗憾？

一、《技术垄断》的总体效应如何

2017年12月12日，据“中国知网·文献”检索结果，《技术垄断》中译本被引用605次。简要回顾该书10年来的接受情况，可以断言，该书在人文社科学术译著中独占鳌头。

甫一问世，《技术垄断》（北京大学出版社，2007）即好评如潮，书评家、时评家、跨界学者、学界和业界人士的大小书评数以百计。次年，《技术垄断》进入《光明日报》20本年度推荐书目。2010年，北大版《技术垄断》繁体字版登陆台湾，书名变通为《科技奴隶》，但译者署名未变，译文未变。自此，它成为北大出版社的畅销书和长销书，受到大中华地区出版界、读书界和评论界的持续关注。2011年，《技术垄断》获得深圳大学学术创新奖三等奖。2011年9月14日，在"豆瓣·读书"检索发现，优良评级者占压倒性多数，具体数据是：285人评价，评五星级者占48.5%，四星级者占43.1%。2017年12月12日，在"豆瓣·读书"检索，结果显示：670人评价，获高分8.6分，势头不减。

二、为何其中国效应大于美国影响

尼尔·波斯曼以教育学、语义学和传播学成名，是传播学媒介环境学派第二代精神领袖。就社会批评而言，其名气似乎略逊于诺姆·乔姆斯基[1]之类的社会批评家。就展望未来而言，他不如

1 诺姆·乔姆斯基（Noam Chomsky，1928— ）美国语言学家、社会批评家，经常抨击美国右翼政客，1957年以《句法结构》成名，成为当代最著名的语言学大师之一。

麦克卢汉，更不如托夫勒[1]、奈斯比特[2]、丹尼尔·贝尔[3]那样的社会学家和未来学家。

但《童年的消逝》《娱乐至死》和《技术垄断》证明，他对电视文化、大众娱乐、唯科学主义的批判胜过一般的社会批评家和未来学家。

他把人类技术发展分为三个阶段：工具使用文化、技术统治文化和技术垄断文化。又把人类文化分为三种类型：工具使用文化类型、技术统治文化类型和技术垄断文化类型。这样的划分独具只眼，仅此一人。

《技术垄断》问世于1992年。彼时，互联网尚未到来，计算机技术、人工智能尚未挑战人的智能，但技术发展已然使美国人乐以忘忧。波斯曼忧虑，美国进入了技术垄断文化阶段，美国文化可能会向技术投降。他挞伐盲目的技术崇拜，捍卫人文主义和道德关怀，痛陈技术垄断的严重后果：医疗技术垄断、计算机技术垄断、隐形技术垄断、唯科学主义、传统符号的流失。他是技术垄断危害的先知先觉者，知音难觅，孤掌难鸣，他的批判不受“大众”欢迎。

他的批判矛头直指屈从于“技术垄断”的“社会学家”，包

---

1 托夫勒（Alvin Toffler，1928—2016）：美国未来学家，著有《未来的冲击》《第三次浪潮》《权力的转移》《财富的革命》等。

2 奈斯比特（John Naisbitt，1929— ）：美国未来学家，著有《大趋势》《中国大趋势》《亚洲大趋势》《2000年大趋势》《世界新趋势》等。

3 丹尼尔·贝尔（Daniel Bell，1919—2011）：美国社会学家、未来学家，著有《美国马克思主义的社会主义》《意识形态的终结》《后工业社会的来临》《资本主义文化矛盾》《曲折的道路》等。

括他的弟子。1998年，在媒介环境学会成立大会上的主旨讲演《媒介环境学的人文关怀》里，他旗帜鲜明地张扬现实关怀、人文关怀和道德关怀，严厉批评缺乏道德关怀的倾向。他对弟子的告诫震撼人心："你们之中有些人可能自信是媒介环境学者，但不同意我这一番话。如果真是这样，你们就错了。"[1]

波斯曼的私淑老师马歇尔·麦克卢汉被认为是技术乐观主义者，甚至被视为"技术决定论者"。波斯曼不完全赞同麦克卢汉的技术媒介观，所以坦言："他们都知道，自己是麦克卢汉的孩子……不是很听话的一个孩子。"[2]麦克卢汉梦想的是人类技术和文化发展的"太和之境"，而波斯曼却警钟长鸣：文化绝不能向技术投降。

波斯曼心仪马克思主义，他主张：《共产党宣言》应该是圣典，比肩《圣经》和《古兰经》。他坚信马克思主义的持续影响："紧守马克思主义基本原理的人绝不会放弃马克思主义理论，他们将继续以马克思主义的基本规定和约束为指南。马克思主义的强大威力唤起了十几亿人的想象和忠诚。"（英文版第198页，以下同为英文版页码，即中文版边码）。他这样的左派知识分子自然难以抗衡"美国例外论"。

中国长期处在社会主义初级阶段，新时期的主要矛盾是"人民日益增长的物质文化需要同落后的社会生产之间的矛盾"。以

1　讲演全文见林文刚编：《媒介环境学：思想沿革与多维视野》，何道宽译，北京大学出版社，2007年，第43~50页。

2　转引自菲利普·马尔尚：《麦克卢汉——媒介及信史》，尼尔·波斯曼序，何道宽译，中国人民大学出版社，2003年，第7页。

此观之，发展优先、脱贫优先、科学发展是硬道理，人们的主要关怀是技术发展，容易忽视技术发展的负面效应。

30年来，托夫勒的《第三次浪潮》、奈斯比特的《中国大趋势》、贝尔的《后工业时代的来临》，以及近年托马斯·弗里德曼的《世界是平的》在中国可谓洛阳纸贵。因为他们鼓吹在电子技术上我们和发达国家“站在同一起跑线上”“世界是平的”，很有安抚作用！

迄今为止，没有一位学者公开批评过波斯曼主张“技术决定论”，也没有一位学者旗帜鲜明地肯定他不是“技术决定论者”，然而，不少学者暗暗把媒介环境学派的大多数学者都想象为“技术决定论者”。

麦克卢汉和波斯曼在中国都很红。麦克卢汉倾向于肯定电视和计算机的正面效应，波斯曼则警惕其负面效应。麦克卢汉憧憬和预言互联网时代，是21世纪的朋友；波斯曼则痛批“娱乐至死”的电视文化和大众文化，是21世纪的诤友。

在中国社会经济技术文化变革超乎寻常、日新月异的语境下，中国人亟需他们两人互补的盛世危言！

三、中国学者如何欣赏他特别犀利的洞见

波斯曼的“媒介批评三部曲”《童年的消逝》《娱乐致死》和《技术垄断》，大体上反映了他媒介理论和社会批评的思想轨迹和不懈追求，他的批判越来越犀利。《童年的消逝》叹息电视

戕害儿童，抹杀成人和儿童的界限。《娱乐至死》控诉电视对读写能力的戕害。《技术垄断》断言："技术垄断就是极权主义的技术统治"，"技术垄断是文化的'艾滋病'"。他死死盯着技术加害于人的可能性，仿佛在说：人们，你们要警惕啊！

《技术垄断》在中国引起的震撼超过对美国本土的冲击。国内一些顶尖学者特别欣赏他科学哲学和社会批评的犀利锋芒，兹引几例，以管窥豹，以飨读者。

北京大学哲学系教授刘华杰指出，该书是一部早熟的多学科经典："波斯曼早在因特网还没有流行的1992年就写下了一部经典著作，猛烈批判美国以及我们这个时代对于技术的迁就、盲从。如果他还活着，现在重写这部书，如果考虑到因特网的迅猛发展，他会写得更好。这部书既可作传播学著作来读，也可作技术哲学著作来读。""《技术垄断》一书涉及许多科学史的内容，作者的科学观念也算比较新潮，这与科学史、科学社会学、科学传播学的新近发展趋势是一致的。"（《文化决不向技术投降：读波斯曼的〈技术垄断〉》，载《中国图书商报》，2008-02-11）

清华大学社会科学学院教授刘兵坦陈自己迫不及待阅读《技术垄断》的心境，强调该书与中外科学元勘或科学文化研究界的共鸣："看到波斯曼的《技术垄断：文化向技术投降》出版，便有些迫不及待地找来一读。读过之后，同样，感受、联想颇多，受启发之处也一言难尽。……波斯曼的观点，与国际国内像科学元勋或科学文化研究界的一些看法很有相通之处。……其中的批判性思考，也是非常有价值的。"（《技术垄断：文化向技术投

降？》，载《文汇报》，2008-03-01）

上海交通大学科学史系教授江晓原称赞波斯曼是我们这个时代最有力的批判者之一："在这个三部曲中，波斯曼的思想越来越深刻，观点也越来越激进，成为我们这个时代最有力的批判者之一。他的这些观点，表面看起来似乎惊世骇俗，其实主要是因为我们先前从来没有在他的思考方向上尝试思考过。""在宗教的上帝被抛弃之后，科学开始扮演新的上帝角色。而在波斯曼看来，科学当然不能也不应该扮演上帝的角色，技术则更是经常介于天使与魔鬼之间。"（《文化向技术投降的时代：波兹曼"媒介批判三部曲"》，载《第一财经日报》，2008-08-02）

在相关联的一篇《对谈》（载《文汇读书周报》，2008-03-07）里，江晓原和刘兵两人又谈到中美学者心有灵犀的思想共鸣。

江晓原说："无论是从传播学，还是从科学文化、科学哲学、科学史，思考到深处，都会殊途同归，最终都会到达'科学技术是否发展得太快了'这个问题面前，因为这个问题涉及某种终极的价值判断……最近一年我的思绪常常会驻留在这个问题上。""真没想到，在这本《技术垄断：文化向技术投降》中，我竟发现了一个和上述问题平行的思路。""当我看到波斯曼在一条平行的道路上，并且也走向我们正在寻找的目标时，我立刻产生了兴奋、欣慰和亲切的感觉——我想这应该就是古人所说的'吾道不孤'之感吧。"

刘兵道："（波斯曼）在更大的程度上跳出原有的问题，能够独辟蹊径地思考技术手段对于传播内容的实质性影响，进而对于科学和技术问题本身又有独立的认识，这就充分显示出他的与众不同。”“真正有意义的学术研究，更多的是表现在那种与众不同的、具有批判性的反思之中。波斯曼的学说就是这样一个典型的例子。”

北京师范大学文学院教授蒋原伦写道：几年前读《娱乐至死》时，就“预感会有《技术垄断》这样的批判力作面世”。他指出：“《技术垄断》中最值得关注的是作者对所谓的‘社会科学’的批判，许多人文学科和社会研究被冠之社会科学的名头，而假借科学的名义所进行的一切就不可以受质疑。中国的学人尤其要对此进行反思。波斯曼将以上现象称之为‘唯科学主义’。”（《技术垄断：当代人的文化困境》，载《中华读书报》，2008-11-03）

四、为何说波斯曼高扬人文主义的旗帜

以麦克卢汉和波斯曼为代表的媒介环境学派的媒介理论，强调技术对社会、文化和心理的重大影响和长效影响，因而被扣上“技术决定论”的帽子。

波斯曼把人类技术发展分为“工具使用文化”“技术统治文化”“技术垄断文化”三个阶段，非常冷静，非常理性。他猛攻的仅仅是冲击“印刷文化”的“娱乐至死”文化，绝不笼统强调技术对文化的绝对作用，而是高扬人文精神、人文关怀和社会批判，坚决反对文化向技术投降。

《童年的消逝》叹息电视文化抹杀成人和儿童的界限，《娱乐

至死》控诉电视对读写能力的戕害,《技术垄断》高呼"狼来了",揭示唯科学主义和信息失控的现实危险,指控技术垄断对美国文化和人类文化的危害。你能说他主张"技术决定论"吗?

他痛斥轻浮的社会"科学家":"我们的社会'科学家'就不如自然科学家谨慎,他们有关科学的观点始终不那么严密。换句话说,对他们的程序能够回答什么问题和不能够回答什么问题,他们的思想更加混乱。他们把指引我们立身行事的权力托付给他们的'发现'程序如何严密;无论如何,他们在这一点上从来就不那么小心谨慎。这就是为什么社会'科学家'常常在电视上露面,[著作]登上畅销书的排行榜,进入机场书架的'自助'书籍中。他们之所以频频亮相,并不是因为他们能够告诉我们,为什么一些人有的时候循规蹈矩,而是因为他们声称要告诉我们应该怎么做。他们之所以到处抛头露面,并不是因为他们比同人阅历更广,或经历了更多的苦难,或思想更深刻,并不是因为他们更仔细地思考了一些问题,而是因为他们同意维护这样的幻觉:他们的数据、程序、'科学'在说话,而不是他们自己在说话。"(第161页)

在媒介环境学会成立大会主旨讲演的结尾,他严厉批评缺乏道德关怀的倾向,警告崇拜技术、误入歧途的弟子:"请允许我在结束时说,依我的理解,媒介环境学的全部重要命题是,它要推进我们的洞见;我们何以为人,我们在人生路途中的道德关怀上做得怎么样——在这些问题上,媒介应该有助于推进我们的洞察力。你们之中有些人可能自信是媒介环境学者,但不同意我这一番话。如果真是这样，你们就错了。”

五、AI 大发，“奇点”将至，如何应对

种种迹象表明，未来学家和科幻小说中那个神秘的“奇点”正在到来。

黑科技带领人类进入激动人心的崭新时空，同时也给人类带来恐慌：人会被机器取代吗？机器会统治人类吗？或者，AI 会危害人吗？在人工智能（AI）与人的智能（HI）的博弈中，胜者是谁？输者是谁？是双赢吗？是人役物，抑或是人役于物呢？黑科技会打开潘多拉盒子吗？人会制造出毁灭自己的怪物吗？

阿尔法狗（AlphaGo）战胜了围棋圣手。比阿尔法狗强不知多少倍的“机器人”接踵而至，人类怎么办？

黑科技使人振奋，又使人担忧。AI 会控制人、战胜人、危害人、奴役人吗？

无数智者给出了答案。马克思强调人的主观能动性，给了我们信心；波斯曼强调人文精神、人文关怀，批判技术崇拜，拒绝向技术投降。同时，在人与自然、人与技术的关系中，我们要有前瞻性，登高望远，未雨绸缪，头脑清醒，开利防弊，兴利除弊。

应对技术怪物毁灭人的威胁，最好的战略就是以不变应万变，保持定力，同时以“众智”的冷静和强大防患未然，防微杜渐，以主观能动性战胜一切可能的潜在危害。

有了主观能动性的思想武装，有了“众智”的“御敌”长城，

任何潜在的“敌人”都撼不动人类了。

六、《技术垄断》中译本第一版有何遗憾

《世界是平的》中译本已出两版，仍然风靡。《世界是平的吗？》(群言出版社，2006)发起挑战，断言《世界是平的》是一本危险的书。我愿在此重申：世界是不平的！

在“中译者第一版后记”里，我写了这样两段话：“是书翻译过程中，读了一本风靡国内的书《世界是平的》，很有感触。希望读者能够兼顾《技术垄断》和《世界是平的》的对立观点。后者表现出极端的技术乐观派思想，这固然是需要的。和托夫勒的《第三次浪潮》一样，它鼓吹穷国和富国‘站在同一起跑线上’。托夫勒多次访问中国，尽享殊荣。他的《第三次浪潮》给20世纪80年代蓄势待发的中国人民多大的鼓舞啊！

“可是我们要知道：世界是不平的，穷国和富国并不站在同一起跑线上。在追赶先进国家、谋求和平崛起时，‘数字鸿沟’是难以填平的，一日万里的技术发展已经给我们的传统文化带来现实的威胁。即使在唯一的超级大国，技术崇拜、唯科学主义也在造成严重的危害。”

以上批评意犹未尽，实有保留，尚待展开，是为遗憾。

遗憾何在？当时的编辑认为，我对《世界是平的》的批判与《技术垄断》“中译者后记”的主题联系不紧，可能散焦，最好删节。于是，大段文字就省略了。

10年过去了，波斯曼“娱乐至死”的批判深刻影响了中国人对大众文化的反思，《技术垄断》对唯科学主义的批判对中国的科学界和人文界产生了影响。

2017年3月22日，我应邀在华中师大“博雅论坛”讲“世界不是平的”，有机会恢复了10年前删节的文字。

2017年12月，又应邀为中信出版社修订《技术垄断》，出第二版，终于有机会在此正式恢复以下几段文字，不亦快哉：

“最近读托马斯·弗里德曼著《世界是平的》，深有触动，感慨不已，思考良多，既有深表赞同之处，却也不以为然。

“该书的主题是：全球化把世界推平，使世界在经济上走向信息化、同质化的道路。其深层理念就是技术万能，仿佛数字鸿沟即将填平，似乎第一世界和第三世界的差距正在迅速缩小。这是典型的‘技术决定论’，很难苟同。

“这是一本风靡全球、席卷中国的书，它将对中国的学界和一般读者产生持久的影响，就像当年托夫勒的《第三次浪潮》、奈斯比特的《大趋势》、罗马俱乐部的《增长的极限》、丹尼尔·贝尔的《后工业时代的来临》、尼葛洛庞帝的《数字化生存》一样。”

除恢复这几段文字外，请容许我再做一点批评。批评的依据是笔者1999年11月撰写的文章《和而不同息纷争——全球化进程中的文化调适》（载《深圳大学学报》，1999年第2期）。

《世界是平的》共13章，第2章铲平世界差异、推动全球化的十大动因：柏林墙倒塌，网景公司上市，工作流软件，开放资源码，外包，离岸生产，供应链，内包，资讯搜寻，轻科技（类固醇）。全书充满极端乐观主义和浪漫主义的调子，比托夫勒的乐观主义还要乐观。一望而知，其立论基础是技术（包括硬技术和软技术）的突飞猛进、一日千里，是虚拟化的网络世界正在迅速挤压物质的真实世界。其思想是典型的“技术决定论”，和波斯曼《技术垄断》的思想是截然对立的。

以下三段文字取自《和而不同息纷争》:

“全球化是一柄双刃剑，它使人类面临许多悖论和困境。一方面是福……另一方面，全球化又有其潜在的弊端。因为它伤害了许多穷国和穷人，使他们的悲惨境遇雪上加霜，致使南北贫富悬殊进一步扩大。

“毋庸讳言，全球化的潮流是西方国家发动和主导的，大多数的游戏规则都建立在先进国家长期经营的基础上，甚至就是由它们制定的。因此这些东西对它们有利，国际政治、国际法、国际贸易、国际金融等等领域，莫不如此。资源的分配很不公平，传统的生产和生活资源，本来就让它们占用了八九成。新兴的信息资源又几乎让它们垄断。媒体的绝对优势也在它们的股掌之中。有人情不自禁地要利用这个优势对异己狂轰滥炸，发动意识形态的‘圣战’，推行文化帝国主义。在平等的旗号下，很容易推行经济霸权主义、金融霸权主义和技术霸权主义。

“发达国家的文化是强势文化，但是强势文化不应当是霸道文化。……全球化不是西方化，更不是美国化。全球化不应当是‘可口可乐化’‘麦当劳化’‘好莱坞化’，也不应当是‘全球资本主义化’。我们要反对一切露骨的和改头换面的霸权主义。单极化的世界必然是不太平的世界，单极化可能给世界带来灾难。”

何道宽

于深圳大学文化产业研究院

深圳大学传媒与文化发展研究中心

2017年12月15日

中译者第一版序

他们（波斯曼的学生）都知道，自己是麦克卢汉的孩子。当然我也认为自己是他的后代，不是很听话的一个孩子，可是这个孩子明白自己从何而来，也明白他的父亲要他做什么。

——尼尔·波斯曼

这篇序文准备回答6个问题：(1)什么是媒介环境学？(2)麦克卢汉和波斯曼主张技术决定论吗？(3)什么是技术垄断？(4)技术垄断为何在美国兴起？(5)什么是波斯曼的警世危言？(6)今天怎么读《技术垄断》？

一、什么是媒介环境学

《技术垄断》是媒介环境学的经典之作，是波斯曼媒介批评的三部曲之一，其余两部是《童年的消逝》和《娱乐至死》，中译本已在两年前问世。《技术垄断》出版之后，这个三部曲完成了中国之旅，我们研究波斯曼和媒介环境学就有更加坚实的基础了。

波斯曼是媒介环境学第二代的精神领袖。media ecology 这个术语的首创者是麦克卢汉，但正式使用者是尼尔·波斯曼。1970 年，他根据麦克卢汉的建议在纽约大学创办了 media ecology 的专业和博士点。

起初，大陆学者和旅美学者包括我本人都把 media ecology 直译为“媒介生态学”，引起了一些混乱。因为以麦克卢汉等人为代表的传播学和国内学者创建的“媒介生态学”不是一回事。北美这个学派关心的是技术、媒介对文化的影响，国内学者关心的是媒介尤其是媒体的经营和管理，属于传播政治经济学派。

粗线条地说，传播学可以分为三大学派：经验学派、批判学派和媒介环境学派。经验学派注重实证研究，长期雄踞北美的传播学界。批判学派的代表有德国法兰克福学派、英国文化研究学派和传播政治经济学派，以新马克思主义者和其他左翼学者为骨干。媒介环境学发轫于 20 世纪初的相对论思想，经过三代学人的开拓，已然进入传播学的主流圈子。

波斯曼本人给媒介环境学下过这样的定义：“媒介环境学研究人的交往、人交往的信息及信息系统。具体地说，媒介环境学研究传播媒介如何影响人的感知、感情、认识和价值，研究我们和媒介的互动如何促进或阻碍我们生存的机会。其中包含的生态一词指的是环境研究——研究环境的结构、内容以及环境对人的影响。毕竟，环境是一个复杂的信息系统，环境调节我们的感觉和行为。环境给我们耳闻目睹的东西提供结构，所以，环境就构成我们耳闻目睹的事物的结构。”[1]

如果兼顾生物学意义上的世代和学术思想传承的时代，我们可以说，媒介环境学每20年为一代，已经走完了三代人的生命历程。20世纪50年代以前成名的格迪斯[2]、芒福德、沃尔夫[3]、朗格[4]等人是先驱，50年代成名的埃里克·哈弗洛克[5]、哈罗德·伊尼斯[6]和马歇尔·麦克卢汉[7]是第一代，尼尔·波斯曼、罗伯特·洛根[8]、

1 转引自林文刚编：《媒介环境学：思想沿革与多维视野》，第214页。

2 格迪斯（Sir Patrick Geddes，1854—1932）：苏格兰生物学家、社会学家、城市规划和区域规划理论先驱之一，深受达尔文主义影响，师从赫胥黎，在印度、巴勒斯坦、美国、墨西哥和苏格兰等地任职、研究，从生物学和社会学观点提出新的城市规划学说，著有《城市发展》《演变中的城市》《性的演进》等。

3 沃尔夫（B. L. Whorf，1897—1941）：美国语言学家，结构主义大师，与老师萨丕尔一道提出著名的“萨丕尔—沃尔夫”假说，代表作有《论语言、思维和现实》。

4 朗格（Susanne K. Langer，1895—1982）：德裔美国人，著名哲学家、符号论美学代表人物之一，先后在美国哥伦比亚大学、纽约大学等校任教，主要著作有《哲学新解》《情感与形式》《哲学实践》《符号逻辑导论》《艺术问题》《哲学断想》《心灵：人类情感论》等。

5 埃里克·哈弗洛克（Eric Alfred Havelock，1903—1988）：美国古典学家、媒介环境学家，先后在加拿大和美国几所最负盛名的大学执教，是媒介环境学派第一代代表人物，多伦多学派和纽约学派的桥梁，著有《柏拉图导论》《缪斯学会写字》《希腊的拼音文字革命及其文化影响》《希腊政治的自由秉性》《西方书面文化的源头》等。

6 哈罗德·伊尼斯（Harold Innis，1894—1952）：加拿大经济学家、传播学家，多伦多大学教授，媒介环境学奠基人，著有《帝国与传播》《传播的偏向》《变化中的时间观念》等。

7 马歇尔·麦克卢汉（Marshall McLuhan，1911—1980）：20世纪最富有原创性又最具争议的媒介理论家，媒介环境学第一代旗手，著书十余种，代表作有《机器新娘》《理解媒介》《谷登堡星汉璀璨》《媒介定律》等。

8 罗伯特·洛根（Robert K. Logan，1939— ）：加拿大物理学家、传播学家、麦克卢汉思想圈子的核心成员、媒介环境学派第二代代表人物，曾任老特鲁多总理的科学顾问，著有《字母表效应：拼音文字与西方文明》《理解新媒介：延伸麦克卢汉》《麦克卢汉的误读：如何矫正》《第五语言：学会在计算机时代生存》《第六语言：学会在互联网时代生存》《心灵的延伸：语言、心灵和文化的滥觞》《物理学的诗学》《什么是语言？》《图书馆的未来》等。

沃尔特·翁[1]、詹姆斯·凯利[2]等人是第二代，保罗·莱文森[3]、约书亚·梅罗维茨[4]、兰斯·斯特雷特[5]、林文刚[6]、埃里克·麦克卢汉[7]、德里克·德克霍夫[8]等是非常活跃的第三代。

二、麦克卢汉和波斯曼主张技术决定论吗

世人对麦克卢汉最大的误解莫过于所谓“技术（媒介）决定论”，就在媒介环境学者内部，也有人不能够理直气壮地否定这一顶帽子。他的私淑弟子保罗·莱文森即为一例。莱文森对麦克卢汉的认识和评价有一个发展过程，经历了三个阶段。1979 年，

---

1 沃尔特·翁（Walter Ong，1912—2003）：美国古典学者、传播理论家、媒介环境学第二代代表人物，著有《拉米斯、方法和对话的式微》《语词的在场》《口头文化和书面文化》等。

2 詹姆斯·凯利（James Carey，1934—2006）：美国新闻学家、传播学家，媒介环境学第二代代表人物，著有《伊尼斯与麦克卢汉》《作为文化的传播》等。

3 保罗·莱文森（Paul Levinson，1947— ）：媒介理论家、科幻小说家、大学教授、社会批评家，数字时代的麦克卢汉，媒介环境学第三代代表人物，媒介环境学会顾问。媒介理论著作有《思想无羁》《软利器》《数字麦克卢汉》《真实空间》《手机》《学习赛博空间》等，创作科幻作品 20 余种。

4 约书亚·梅罗维茨（Joshua Meyrowitz，1949— ）：美国传播学家，代表作有《消失的地域》等。

5 兰斯·斯特雷特（Lance Strate，1957— ）：美国传播学家、媒介环境学会会长，代表作有《麦克卢汉的遗产》等。

6 林文刚（Casey Man Lum）：美国传播学家、媒介环境学会副会长，编著的代表作有《媒介环境学：思想沿革和多维视野》《寻找声音：卡拉 OK 与美籍华人身份的构建》《代代传承：文化身份的维持》《我们的声音：文化、族裔身份和传播》《世界卡拉 OK 研究：全球技术、地方歌声》等。

7 埃里克·麦克卢汉（Eric McLuhan，1942—2018）：加拿大传播学家，20 世纪 60 年代和 70 年代担任父亲马歇尔·麦克卢汉的助手，编辑麦克卢汉《预警线通讯》，与其父合著有《媒介定律：新科学》，与他人合编《麦克卢汉精粹》，参与主持多伦多大学“麦克卢汉中心”工作，主持金科出版社（Gingko Press）推出的“麦克卢汉丛书”。

8 德里克·德克霍夫（Derrick de Kerckhove，1944— ）：加拿大传播学家，曾主持多伦多大学“麦克卢汉中心”工作，著作涵盖传播学和管理学等学科，代表作有《字母与大脑》《文化肌肤》《连接智能》《智能建筑》《经理们的麦克卢汉》等。

他在《人类历程回顾：媒介进化理论》这篇博士论文里断言，麦克卢汉主张“技术决定论”，立即遭到麦克卢汉的反驳。1997年，他在《软利器：自然历史与信息革命之未来》里判断，麦克卢汉主张“硬”决定论，他本人则主张“软”决定论。到了1999年的《数字麦克卢汉》，他大幅度调整了对麦克卢汉的评价，他的结论是：麦克卢汉的思想未必是媒介决定论。他说：“如今，用事后诸葛亮的眼光来看问题——在后视镜里回顾他，回顾我最初对他的研究——我可以清楚地看见，用‘媒介决定论’来描述他未必是妥当的。”[1] 他又说：“在这个领域，我和麦克卢汉已经有两点不同。然而殊途而同归，我们的结论都是一个开放的、不可预测的、不可规定的未来。”[2]

和大多数学者一样，笔者对媒介环境学和“技术决定论”，也有一个认识过程。我也长期把伊尼斯和麦克卢汉视为“技术决定论者”，直到最近几年。

2003年，在《“天书”能读：麦克卢汉的当代诠释》(载《四川外语学院学报》，2003年第1期)一文里，我写下了这样一段话：“麦克卢汉绝对不是鼓吹技术决定论的人，他是要我们回归身心一体、主客一体的理想境界。麦克卢汉不仅是当代人的朋友，而且是子孙后代的朋友。他是一个面向未来的人、预言希望的人。”

人们之所以误解麦克卢汉，那是因为他们没有认真研究他的天鹅绝唱《媒介定律：新科学》。在与他儿子合著的这本书里，

1　保罗·莱文森：《数字麦克卢汉》，何道宽译，社会科学文献出版社，2001年，第206页。
2　同上书，第262页。

麦克卢汉试图一劳永逸地建立有关媒介演化规律的理论，他提出媒介演化的4条定律：提升、过时、再现和逆转。他认为每一种媒介都有这4种功能，都在不断转化之中。这是彻底的辩证法思想，堪与马克思主义的否定之否定规律媲美，也绝不比黑格尔"正""反""合"的定律逊色。如此博大精深的辩证法思想怎么能够被贬低为"媒介决定论"呢？

马克思强调经济地位和经济关系决定人的社会存在，并以此判断历史的走向，有人因此而给他扣上一顶"经济决定论"的帽子，这是不对的。同理，麦克卢汉强调技术（媒介）对社会、文化和心理的影响，我们据此硬说他主张"技术（媒介）决定论"，也是不妥当的。

迄今为止，没有一位学者公开批评过波斯曼主张"技术决定论"，也没有一位学者旗帜鲜明地肯定他不是"技术决定论者"，然而，不少学者暗暗把媒介环境学派的大多数学者都想象为"技术决定论者"。

技术是双刃剑、浮士德的交易，利弊皆有，毁誉参半，既是普罗米修斯盗取的火种，也是潘多拉打开的盒子，既给我们馈赠，又让我们付出沉重的代价。每一种技术都既是包袱又是恩赐，不是非此即彼的结果，而是利弊同在的产物。这似乎是尽人皆知的普世真理，其实不然。人们对技术影响力的评估之所以有差别，那是因为有人倾向乐观，有人倾向悲观，但他们仅仅是对技术利弊的强调有所侧重而已。一般地说，不同的意见并非南辕北辙、各执一端、水火不容，绝对的乐观主义和绝对的悲观主义都不存在，人们对技术的乐观、悲观态度，只是程度不同而已。有人说，技术与文化的关系上，麦克卢汉倾向于乐观主义，波斯曼倾向于悲观主义，这未必是妥当的。

波斯曼是一个印刷文化人，他坚守印刷文化，警惕电子文化对文化素养的侵蚀。令人称奇的是，他终生只用钢笔或铅笔写字，从来不用打字机和计算机；他从来不做即兴讲演，也不用提纲对付讲话，他坚持用手写的方式书写一切讲稿、论文和书稿，而且写完全文，不用提纲。与此同时，他又是讲故事的一流高手，课堂教学令人倾倒，所以我们说，他又是口头文化人。

他高扬人文主义的旗帜，旗帜鲜明地主张现实关怀、人文关怀和道德关怀，与麦克卢汉自称的道德中立分道扬镳，而且揭示了麦克卢汉言论背后深刻的道德关怀和宗教情怀。在这一点上，他不是麦克卢汉"听话的孩子"，所以他说："麦克卢汉本人的著作里就有强烈的道德判断倾向。"[1]

1982年，波斯曼在《童年的消逝》里抨击电视文化，捍卫印刷文化，叹息电视文化抹杀成人和儿童的界限。于是人们说，他是悲观主义者。

1985年，他在《娱乐至死》里控诉电视对读写能力的戕害，映射电视掏空了人的头脑和心灵。人们似乎更有理由说，他是悲观主义者。

1992年，他在《技术垄断：文化向技术投降》里高呼"狼来

1 转引自菲利普·马尔尚：《麦克卢汉——媒介及信史》，尼尔·波斯曼序，第3页。

了”，揭示唯科学主义和信息失控的现实危险，指控技术垄断对美国文化和人类文化的危害。你能说他主张“技术决定论”吗？

他用这个媒介批评三部曲给我们敲响警钟，那是因为他悲天悯人、忧心忡忡，害怕失去丰饶的文化遗产。

波斯曼和自己的同事甚至学生论战，他不仅反对“技术决定论”和“悲观主义”的帽子，而且反对把社会研究说成是社会“科学”，反对把统计学等自然科学的实证主义研究方法硬塞进智商测量、民意测验等社会研究领域，反对把人文科学和社会研究变成所谓社会“科学”。他痛恨失去道德关怀的人文社科研究。

1998年，波斯曼在媒介环境学会的成立大会上做主题报告，题为“媒介环境学的人文关怀”。这既是媒介环境学的宣言书，又是他个人的自白书。他借此机会简明扼要地阐述了媒介环境学的由来和宗旨，旗帜鲜明地张扬媒介环境学的现实关怀、人文关怀和道德关怀，严厉批评缺乏道德关怀的倾向。

在这里，波斯曼提出4条人文主义原则，用以指导媒介研究和传播研究：(1)媒介在多大程度上对理性思维的发展做出了贡献？(2)媒介在多大程度上对民主进程的发展做出了贡献？(3)新媒介在多大程度上使人能够获取更多有意义的信息？(4)新媒介在多大程度上提高或有损我们的道德感、我们向善的能力？

既然他以如此严厉的态度考问技术和媒介，你能够说他是技术决定论者吗？

他在《技术垄断》的压轴戏里宣告：“人类进步的故事是一个乐观主义的故事，并非没有苦难，但占主导地位的是令人震惊的一次又一次的胜利。”（第 188 页）你还能够说他是悲观主义者吗？

在上述讲话的结尾，波斯曼直截了当地批评与会同事和弟子中忽视道德关怀的倾向：“依我的理解，媒介环境学的全部重要命题是，它要推进我们的洞见；我们何以为人，我们在人生路途中的道德关怀上做得怎么样——在这些问题上，媒介应该有助于推进我们的洞察力。你们之中有些人可能自信是媒介环境学者，但不同意我这一番话。如果真是这样，你们就错了。”这是他对年青一代学者的善意警告和谆谆嘱托！

波斯曼是印刷文化人的典范，他对电子技术的负面影响忧心忡忡。他主张媒介环境的完美平衡：语言环境、感知环境、媒介环境、多重媒介环境和社会环境的平衡。在道德关怀上，他的立场和言论都比麦克卢汉更加旗帜鲜明。一句话，波斯曼绝对不提倡“技术决定论”。

三、什么是技术垄断

波斯曼戏称自己是“麦克卢汉的孩子”，却又“不是很听话的一个孩子”。他接受麦克卢汉的建议，在纽约大学创建“媒介环境学”学科和博士点，把麦克卢汉的思想发扬光大，所以他是“麦克卢汉的孩子”。他抨击“技术垄断”，成为呼号呐喊的旗手，与盲目“乐观派”划清界限，这是他“不听话”的主要表现之一。

他继承了卢梭、梭罗、阿道司·赫胥黎、乔治·奥威尔、罗马俱乐部悲天悯人、警钟长鸣的传统，仿佛在说：“人们，你们要警惕啊！”他批评丹尼尔·贝尔、阿尔文·托夫勒、约翰·奈斯比特、保罗·莱文森那种过分乐观的调子，所以他在上述讲演中旗帜鲜明地说“你们错了”。

他阐明技术垄断的危害，认为技术垄断是对传统尤其是对印刷文化和文化素养的侵蚀。那么，什么是技术垄断呢？他对技术垄断做了简明的界定，追溯其渊源，警惕其走向。以下是他对技术垄断多角度的描述：“任何技术都能够代替我们思考问题，这就是技术垄断论的基本原理之一……所谓技术垄断论就是一切形式的文化生活都臣服于技艺和技术的统治。”（第 52 页）“技术垄断是文化的‘艾滋病’（AIDS），我借用这个词来表达‘抗信息缺损综合征’（Anti-Information Deficiency Syndrome）。”（第 63 页）

和伊尼斯、麦克卢汉一样，波斯曼用技术和媒介的演化来划分人类历史。他认为，人类文化的发展可分为三个阶段：工具使用文化、技术统治文化和技术垄断文化三个阶段。人类文化大致也分为相应的三种类型：工具使用文化类型、技术统治文化类型和技术垄断文化类型。

他追溯技术和人类文化敌友关系的消长。他认为，技术和人的关系是亦敌亦友的关系，但他死死地盯着技术的阴暗面，警惕技术对人造成的危害。

他描绘了这种敌友关系的大致走势。在工具使用文化阶段，技术服务、从属于社会和文化，技术不对人构成危害。然而，随着技术的发展，技术的潜在危害有加大的趋势。到了技术统治阶段，技术开始向文化发起攻击，并试图取而代之，只是尚不足以撼动文化而已。遗憾的是，进入技术垄断阶段，技术的突飞猛进、一日千里，使信息的暴涨失去控制、泛滥成灾，产生了大量的信息垃圾，使人难以辨别孰优孰劣、孰好孰坏，甚至使人无所适从，使传统世界观消失得无影无形，“技术垄断就是极权主义的技术统治”（第 130 页）。

技术、媒介和传播有偏向，这样的偏向造成不同历史阶段的不同知识垄断。在这个问题上，他继承并发扬了伊尼斯和麦克卢汉的思想。波斯曼所说的媒介“意识形态偏向”就是对伊尼斯“传播的偏向”、麦克卢汉“媒介即信息”的继承和发展。他说：“每一种工具里都嵌入了意识形态偏向，也就是它用一种方式而不是用另一种方式构建世界的倾向，或者说它给一种事物赋予更高价值的倾向；也就是放大一种感官、技能或能力使之超过其他感官、技能或能力的倾向……这就是麦克卢汉警语‘媒介即信息’的意思……在手握榔头者的眼里，一切都仿佛是钉子……在手握铅笔者的眼里，一切都像是写下的清单；在拍照人的眼里，一切都像是图像；对使用计算机的人来说，一切都像是数据；对手握成绩单的人来说，一切都像是数字。”（第 13~14 页）

波斯曼对技术和文化做了这样的断代：工具使用文化从远古到 17 世纪，技术统治文化滥觞于 18 世纪末瓦特蒸汽机的发明（1765）和亚当·斯密《国富论》的发表（1776），技术垄断文化滥觞于 20 世纪初。

在工具使用文化阶段，人和技术的关系大体上是友好的关系。他认为，此时工具在物质生活和精神生活两方面比较好地服务于

人的需要。（参见第 23 页）

到了技术统治文化时期，技术和人的关系开始逆转，但并未完全颠倒过来。“在技术统治文化里，工具在思想世界里扮演着核心的角色。一切都必须给工具的发展让路，只是程度或大或小而已。社会世界和符号象征世界都服从工具发展的需要。工具没有整合到文化里面去，因为它们向文化发起攻击。它们试图成为文化，以便取而代之。于是，传统、社会礼俗、神话、政治、仪式和宗教就不得不为生存而斗争。”（第 28 页）

技术统治文化肇始于中世纪的三大发明：时钟、印刷机、望远镜。机械时钟产生了新的时间观念；印刷机使用活字，攻击口头传统的认识论；望远镜攻击犹太—基督教神学的根本命题。

技术统治文化成熟于现代科学和现代产业。他认为培根是技术统治时代第一人：“弗朗西斯·培根生于 1561 年，他是技术统治时代第一人……他把科学从九霄云外拉下来放到地上……培根就成为新思想大厦的主要设计师。在这幢大厦里，听天由命的态度被抛到窗外，上帝被送进一间特制的房间。这幢大厦的名字叫进步和力量。”（第 35~36 页）

他征引培根和马克思的话作为技术统治文化的佐证。

培根在《新科学》里讴歌三大发明：“……印刷术、火药和磁针，它们改变了整个世界的面貌和事态。印刷术改变了文学，火药改变了战争，磁针改变了航海。由此而产生了无数的变化；在此，没有一个帝国、一个教派、一颗明星对人类事务施加的力量和影响，堪与这些变化一比高低。”（第 36~37 页）

马克思也肯定技术发明的火车头作用。他在《哲学的贫困》里说："手工织布机给你的社会是封建领主的社会；蒸汽机给你的社会是工业资本家的社会。"（第21页）在《政治经济学批判导言》里他又说："炸药和炮弹发明之后，阿喀琉斯这样的英雄还可能诞生吗？在印刷机存在的情况下，《伊利亚特》还可能出现吗？印刷机出现以后，说唱和歌舞随即停止，缪斯女神止步不前，史诗出现的条件随即消失，难道这不是必然的结果吗？"（第21~22页）

在技术统治时期，文化并没有向技术投降。"技术统治文化并没有完全摧毁社会的传统和符号世界的传统。它仅仅是把社会传统和符号世界置于从属地位，甚至使之受到羞辱，但它不可能使这些传统失去效力。"（第45页）"技术统治文化……没有摧毁工具使用文化的世界观。"（第47页）

然而，到了技术垄断时期，技术与人的关系几乎就完全颠倒过来了。

技术垄断的思想肇始于哲学家奥古斯特·孔德和巴黎高等技术学院的一群科学家。"他（孔德）创建了实证主义和社会学，努力构建关于社会的科学。他主张，凡是不能看见和计量的东西都是非真实的，无疑，这个主张为后世把人当作客体的观念奠定了基础。"（第52页）

技术垄断兴起的标志有三个：（1）汽车大王福特发明装配线，这使人沦为机器的奴隶；（2）1923年夏天美国南方的"猴子审判"，这是上帝造人的失败，生物进化论的胜利；（3）1911年泰勒《科学管理原理》问世，许多人相信科学管理、实证研究能够解决一切问题，一切问题都必须依靠实证研究；科学至上主义如日中天，社会研究沦为自然科学的附庸。

他认为，唯科学主义有三个互相联系的观念，是技术垄断论的基石：“我所谓唯科学主义是三个互相联系的观念……第一个不可或缺的观念是，自然科学方法可以用来研究人类行为……第二个观念是，社会科学生成的原理可以用来在合情合理的基础上组织社会。第三个观念是，科学可以用作一个全面的信仰系统，赋予生命意义，使人安宁，使人获得道德上的满足，甚至使人产生不朽的感觉。”（第 147 页）

技术垄断的现实威胁是：信息的失控、泛滥、委琐化和泡沫化使世界难以把握。人可能沦为信息的奴隶，可能会被无序信息的汪洋大海淹死。

电视时代和计算机时代产生了新的知识垄断，电视人和 IT 人正在形成对普通人的巨大优势。面对汹涌而来的新技术，赢家和输家都齐声喝彩的局面是不正常的。“输家出于无知为赢家欢呼雀跃，现在的情况依然如此；这实在是令人困惑、使人心酸。”（第 9 页）“计算机对他们有多大的好处呢？……他们的隐私更容易被强大的机构盗取。他们更容易被人追踪搜寻、被人控制，更容易受到更多的审查，他们对有关自己的决策日益感到困惑不解；他们常常沦为被人操弄的数字客体。他们在泛滥成灾的垃圾邮件里苦苦挣扎。他们容易成为广告商和政治组织猎取的对象。”（第 10~11 页）

这是波斯曼描绘的 20 世纪 90 年代初信息失控和知识垄断的

危害，在21世纪初，这种令人不安的局面就改善了吗？

四、技术垄断为何在美国兴起

《技术垄断》的宗旨是描绘并分析技术何时、如何、为何成为特别危险的敌人。作者对美国的技术垄断持尖锐批评的立场，他认为：“美国文化是唯一的技术垄断的文化。这是一种年轻的技术垄断文化。我们可以假设，它不仅希望只此一家，而且希望把持最发达的地位。因此，它小心提防日本和几个正在努力成为技术垄断文化的国家。”（第48页）

波斯曼从美国的历史、文化、国民性、资源、信念体系的巨变去追寻技术垄断兴起的原因。他阐明了4个相互关联的原因。

第一个原因是美国国民性：“有人把这个特征归结为人口的移民性质；有人将其归之于边疆心态；有人归因于得天独厚的丰富的自然资源，归因于新大陆无穷的机会；有人归之于普通人享受的前所未有的政治宗教自由；有人归之于上述一切原因和其他一些原因。笔者在此只讲一点：美国人不相信条件的限制，甚至可以说，美国人对文化本身抱考问的态度，这样的态度助长了极端和鲁莽的技术入侵。”（第53页）

第二个原因和第一个原因关系密切：“这就是19世纪末20世纪初美国资本家的天才和胆略……他们基本的理念是，凡是阻碍技术革新的东西都不那么值得保存……他们最大的成就是告诉同胞们，未来不必和过去保持联系。”（第53~54页）

第三个原因是："20世纪的技术给美国人提供的东西应有尽有，便捷、舒适、速度、卫生、丰裕等等无不一目了然，前景光明，以至于没有理由去寻找成功、创造或效用的任何其他源泉。"（第54页）

第四个原因是："原有信念的源头深陷围城……在观念的残垣断壁之中，只剩下一个可以相信的东西——技术……技术高歌猛进，传统信念贬值。"（第54~55页）

波斯曼的论述与笔者的观点高度契合。1994年，我曾在《论美国文化的显著特征》里用4个"i"和2个"h"来概括美国文化的六大特征。现在看来，这些特点都推动了技术垄断在美国的兴起。[1] 兹将这些特点概括如下，以为呼应。

移民国家（land of immigrants）使美国成为世界人种、民族和文化的博物馆，带来了取之不竭的文化资源。个体本位（individualism）的思想登峰造极，焕发出无穷无尽的活力。冒险精神和创新的体制产生惊人的创新精神（innovativeness）。杂交文化（hybrid culture）保留了各种父本和母本的优势，既产生主流的白种盎格鲁-撒克逊新教（WASP）的均质文化（homogenous culture），又保留了丰富多元的文化即非均质的文化（heterogenous culture）。均质文化和非均质文化的张力形成各色各样的矛盾（incongruities）。

这个朝气蓬勃的文化咄咄逼人、征服自然、迷信技术、迷信

1 何道宽：《论美国文化的显著特征》，载《深圳大学学报》，1994年第2期；《新华文摘》，1994年第9期转载；《中国人民大学复印资料·文化研究》，1994年第5期转载。

科学、一切讲究实证、缺乏思辨精神、大胆斩断传统、充满冒险魄力，所以它造成了波斯曼批判的唯科学主义的盛行和信息控制机制的崩溃。

波斯曼讥讽狂热的技术爱好者，说他们是“独眼龙似的先知”，嘲弄他们把技术当美人：“他们就像情人看西施那样看心爱的技术，白璧无瑕，对未来没有丝毫的隐忧。这些人是危险的人，我要小心翼翼地和他们打交道。”（第 7 页）他担心信息失控使世界难以把握：“信息不是利弊皆有的祝福，只要信息的生产和传播继续不断，不受控制，它就可以给我们越来越多的自由、创造性和心灵的安静……抵御信息泛滥的防线崩溃之后，技术垄断就大行其道了。”（第 71 页）

他追溯了信息革命造成的知识垄断和信息泛滥、信息失控、信息委琐化，对悠久文化符号的丧失扼腕痛惜。他描绘了 400 多年来信息革命的 5 个阶段：印刷机、电报、照相机、广播、计算机。由于本书完成于 1992 年，1995 年以后的信息革命未能进入他的视野，网络、手机、类人机器人、虚拟空间产生的超乎想象的信息革命，必须要靠我们来研究和补充。

他列举信息控制的八大机制——法庭、学校、家庭、政党、国家、宗教、《圣经》、马克思主义，分析这些控制机制崩溃的原因，指出信息泛滥的危害。“在技术垄断盛行的环境里，信息和人的意旨之间的纽带已经被切断了……数量难测，速度惊人，但从理论、意义或宗旨上看却是断裂分割的……这是一个难以把握的世界……如果信息过剩，信息无意义，信息失去控制机制，文

化也可能会吃尽苦头；可惜人们才刚刚开始明白这个道理。”（第69~70页）

他揭示用技术控制技术所产生的恶性循环：“为了对付新的信息，就需要增补控制机制。但新的控制机制本身就是技术，它们又反过来增加信息的供应量。当信息的供应量无法控制时，个人的心宁神静和社会生活的宗旨就必然会普遍崩溃而失去防卫。”（第72页）

他揭示大量“软”技术的偏颇和欺骗性。智商测试、学习能力测试（SAT）、标准化形式、分类法、民意测验、官僚主义都是维护技术垄断的技术手段。由于盲目的技术崇拜、唯科学主义，社会“科学家”披上了“神父”的神秘色彩。这些心理分析师、心理学家、社会学家、统计学家“把罪孽叫作‘社会偏离’，把邪恶称为‘心理病理’，把道德世界的问题变成了医学概念。”（第90页）

五、什么是波斯曼的警世危言

从第六章到第九章，波斯曼缩小范围，把批判技术垄断的矛头集中指向医疗技术垄断、计算机技术垄断、语言的意识形态偏向和唯科学主义。在第十章里，他惋惜传统文化符号的流失。在第十一章里，他号召人们抵制并抗击技术垄断。

技术垄断在医疗工作中的表现是：医疗设备越来越好，医术却不一定提高，医患关系不一定和谐，医疗事故不一定下降。医患双方都过分迷信技术设备，医生的倾听和经验的判断、患者的主诉，似乎都不再重要了。

他揭示美国医疗技术垄断形成的三个因素："美国国民性偏向于咄咄逼人的进取性，很容易适应医疗技术，此其一；19 世纪的技术统治论执着于发明，充斥着进步观念，完成了一连串令人惊叹的发明，此其二；美国文化完成了重新定向，使技术进取笃定成为医疗实践的基础，此其三。"（第 102 页）

计算机的"普适性"具有一定的欺骗性。这是因为："（1）计算机的用途多得数不清；（2）计算机整合进了其他机器之中，因此我们难以将计算机技术推进的理念从其他机器里分离出来。"（第 107 页）正是因为"计算机'无所不在'，它就迫使人尊敬它，甚至要忠于它，它主张在人类事务的一切领域扮演无所不包的角色。有人坚持认为，否定计算机在广阔领域里至高无上的地位是愚蠢之举"（第 119 页）。

计算机崇拜的表现之一是言必称计算机。"计算机显示……"或"计算机断定……"就是技术垄断论的语言。（参见第 115 页）

计算机崇拜的表现之二是迷信人工智能。有人认为，计算机无与伦比、近乎完美、具有思维能力，把计算机的功能凌驾于一切人类经验之上，支持它君临一切的主张。然而事实上，机器不可能感知，也不可能理解，人工智能不可能产生创造意义、具有理解力和情感的动物。（参见第 112 页）

在技术垄断的条件下，对机器人的迷信愈演愈烈。这个演变过程的三部曲是：人有点像机器——人很像机器——人就是机器。

（参见第 112 页）

波斯曼现身说法，批驳计算机万能。他终生不用打字机，也不用计算机，他数以十计的书和数以百计的文稿全部是用左手握笔在纸上书写完成的。他的口才极好，诙谐、幽默、机敏，很善于讲故事，在这一点上，他很像麦克卢汉。然而，他和麦克卢汉又迥然不同，麦克卢汉很少动笔书写稿子，而是喜欢口头发挥，波斯曼却喜欢工工整整地手写完成所有的讲稿。他极好的口才和授课的能力，有莱文森的推崇为证。莱文森称波斯曼是自己的精神教父，又把《手机：挡不住的呼唤》献给他，其献辞是："谨以此书献给尼尔·波斯曼，他教我学会如何教书。"

波斯曼认为，计算机固然有助于写书，但写书不一定非用计算机不可："我并不是说，即使经验丰富的老师妥当地使用 LOGO 语言，它也无助于事，但如果你要说，经验丰富的老师使用铅笔加纸张或言语写作，他的效果也不如 LOGO 语言的效用，我就要表示怀疑了……有人会说，写明快、简洁而时髦的散文和用计算机做文字处理没有关系。有些学生不相信，我们不用计算机做文字处理还可以写出一手好文章，我却想说，用了文字处理机也未必能写好。"（第 120 页）

他认为，把官僚主义作为抵御信息失控的手段是饮鸩止渴；他指出官僚主义是一种痼疾，不解决问题，反而造成问题。他借用 C. S. 刘易斯的话说，官僚主义是魔鬼的技术表现："最大的邪恶不是在狄更斯喜欢描绘的'罪窝'里，甚至不是在集中营和劳改营里……最大的邪恶从构想到制定（提案、附议、通过、完善

条文)，却是在窗明几净、铺着地毯、温暖舒适、灯火通明的办公室里完成的。”(第 84 页)

波斯曼独具只眼，批判滥用“软技术”和统计学的现象。一个极端例子是英国的弗朗西斯·高尔顿。“他对数字有病态的浪漫情怀，是这种白痴形式的始作俑者。”高尔顿把统计数字用于“优生学”，用统计数字制作不列颠的“美人分布图”。另一个极端的例子是美国的刘易斯·特尔曼，他用统计数字测量死者的智商，得出了荒诞的结论：查尔斯·达尔文的智商只有 135，哥白尼的智商只在可怜的 100~110 之间。(参见第 129~130 页)

波斯曼借用斯蒂芬·杰·戈尔德的《人的误测》揭示智力测验和选美的三个误区：数字的神化、数字的排序和数字的偏向。以选美的三维尺寸为例，若以大胸豪乳为美，其貌不扬的歌唱家多莉·帕顿就是绝代佳人，好莱坞的偶像明星奥黛丽·赫本反成了平胸的丑女。

他剖析民意测验存在的 4 个问题，告诫人们不要过分迷信和依赖民意测验：第一个问题是调查提问的形式，第二个问题是调查掩盖舆论形成的过程，第三个问题是调查忽略人们对问卷课题的了解，第四个问题是调查颠倒了政治领袖的责任和选民的责任。(参见第 133~136 页)

他告诫人们警惕统计数字产生的“信息失控”“信息泛滥”和“信息委琐”。这是因为统计数字把所有的信息放在平等的水平上，统计学和计算机携手时，公共话语中就产生大量的垃圾。(参见第 136~137 页)

他认为，把人文学科和社会研究当作“科学”是对科学一词的滥用，具有一定的欺骗性，且产生混乱。他认为科学研究和社会研究别若天壤，把两者统称为科学，实在是使人误入歧途。

他指出，科学研究和社会研究的最大差别之一是：科学研究发现东西，社会研究不发现任何东西，而是重新发现人们过去知道、现在需要重述的东西。所以他在《麦克卢汉传——媒介及信使》的序文里说：“读者也许注意到，我介绍麦克卢汉的所有文字中，都找不到记者们常用的一个词——原创性。我没有用这个词，那是因为我不相信他具有原创性。这样说，并不是要贬低他的重要地位。首先，搞社会研究的人绝对不可能有什么原创性，因为他们不可能发现什么小东西。他们仅仅是重新发现曾经为人所知、后来被人遗忘了的东西，只不过这些东西需要有人再来说一说而已。”[1]

他指出自然科学、社会研究和文学的4点差异：“科学、社会研究和想象力丰富的文学是三种截然不同的事业……三者目的不同，提出的问题不同，遵循的程序不同，给‘真理’赋予的意义不同。从大多数方面来看，社会研究和科学几乎没有共同之处，和其他形式的想象力丰富的文学倒有大量相似的地方。”（第159页）

他抨击不知天高地厚的社会“科学家”“常常在电视上露面，[著作]登上畅销书的排行榜，进入机场书架的‘自助’

1 转引自菲利普·马尔尚：《麦克卢汉传——媒介及信使》，第4页。

书籍中……他们之所以到处抛头露面，并不是因为他们比同人阅历更广，或经历了更多的苦难，或思想更深刻，并不是因为他们更仔细地思考了一些问题，而是因为他们同意维护这样的幻觉：他们的数据、程序、'科学'在说话，而不是他们自己在说话。"（第161页）

他抨击唯科学主义："唯科学主义不仅是技艺的滥用，比如量化问题，比如毫无意义的数字问题；唯科学主义不仅是把人类经验的物质领域和社会领域混为一谈的问题；也不仅是社会研究者声称把自然科学的目的和程序用来研究人间事务的问题。唯科学主义包含这一切，而且还包含了更加深沉的东西。它是一种绝望中的希冀和愿望，归根到底是一种虚幻的信仰……唯科学主义是技术垄断论的大错觉。"（第161~162页）

他痛惜传统符号的流失，所以他主张："任何教育都不能够忽视《创世记》《新约全书》《古兰经》《薄伽梵歌》这样的圣典。每一种圣典体现的风格和世界观透露的关于人类进步的信息，都堪与任何文字匹敌。除这些圣典之外，我还想加上《共产党宣言》，认为把它纳入圣典是合情合理的。"（第198页）

六、今天怎么读《技术垄断》

在《技术垄断》压轴的一章里，波斯曼给"爱心斗士"画像，以绝不妥协投降的姿态向技术垄断发起进攻。他呼吁用人文教育和道德关怀来对抗技术垄断。

笔者在《和而不同息纷争——全球化进程中的文化调适》(载《深圳大学学报》，1999年第2期)里，论点之一是全球化的分层理念，认为全球化是一个全方位、多领域、多层次的人类发展进程，这是一般人凭直觉就可以得出的结论。但是，人们最熟悉的还是经济全球化，而对其他领域全球化的分层研究却不甚了了。于是，我仔细剖析了全球化的7个层次：集体无意识、价值观念、意识形态、政治体制、社会学意义上的制度、经济和科学技术。按照这个分层理论，科学技术的全球化最容易实现，经济全球化次之，集体无意识的全球化最难。我对此做了进一步的阐述："为什么要提出全球化的分层理论？这是为了给一些人一剂降压药，使之不至于头脑发热，血压太高。也许会有少数狂徒企图抹杀文化差别，企图把自封的标准强加于人。人类学有一个著名的冰山理论。它使人一望而知、一看就懂：隐藏在水下的集体无意识和情感文化是民族文化的根基。越是埋藏得深的东西，越是带有强烈的感情色彩，而且越是难以改变。外界的压力越大，反弹的力量也就越大。民族意识、文化意识有一种集体无意识。这是很难改变的，也是最不容易全球化的东西。"

我们应该牢记波斯曼的警世恒言，用批判的态度来考问技术发展和全球化。

何道宽

于深圳大学传媒与文化发展研究中心

2007年1月13日

作者自序

1959 年，查尔斯·斯诺爵士（Sir Charles Snow）推出《两种文化与科学革命》（*The Two Cultures and the Scientific Revolution*），书名既是他在剑桥大学所做的里德讲座的题名，也是其主题。该讲座旨在阐明他洞悉的当代重大问题：艺术与科学的对立。更加准确地说，他想阐述文人（有时称为人文主义者）和物理科学家难以调和的敌对态度。甫一问世，该书即引起小小的轰动（大概相当于里氏震级 2.3 级吧），部分原因是他坚定地站在科学家一边，使人文主义者有充足的理由和机会反唇相讥，提出尖锐、有趣而难听的反驳。不过，这场论战时间不长，所以他的书很快就淡出了公众的视野。这个结果很有道理。查尔斯爵士提出错误的问题，进行错误的论辩，因而做出了文不对题的回答。人文主义者和科学工作者之间不存在争吵，至少不存在足以使多数人感兴趣的争吵。 xi

尽管如此，我们必须要感谢斯诺先生，因为他注意到一个事实：确实存在两种文化，而且两者尖锐对立，因此有必要就这个问题展开论战。他太关注教员俱乐部里那些难以捉摸的不满情绪，对从未栖身这种俱乐部的人的生活则关注不够。倘若他对教员圈子的关注少一点，对普通人的关注多一点，他必然会明白，问题不是存在于人文主义者和科学工作者之间的争论，而是存在于技术与人之间。这不是说，“除他之外的每个人”都认识到问题所在。事实上人们相信，技术是忠贞不渝的朋友，原因有两个。首先，技术的确是朋友，它使生活更容易、更洁净，使人的寿命更长。谁还能向朋友提出更多的要求呢？其次，由于技术和文化有长期、亲密且必然的关系，它就不招引人去仔细检查技术的后果。这样的朋友要求你信赖和顺从，多数人往往抱这样的态度，因为技术给人的馈赠实在是非常丰盛。然而，这位朋友却有阴暗的一面，它既给我们馈赠，又让我们付出沉重的代价。如果用最富有戏剧性的语言来表述，我们就可以做出这样的指控：失控的技术增长毁灭人类至关重要的源头，它造就的文化将是没有道德根基的文化，它将瓦解人的精神活动和社会关系，于是人生价值将不复存在。总而言之，技术既是朋友，也是敌人。

本书试图描绘技术何时、如何、为何成为特别危险的敌人。许多学富五车、信念坚定的学者已经反复对此进行论证，其中一些还是当代的饱学之士：刘易斯·芒福德[1]、雅克·艾吕尔[2]、赫伯特·里德[3]、阿诺德·盖伦[4]、伊万·伊里奇[5]等。斯诺先生文不对题的论述使围绕技术的论战一度中断，但围绕技术的论战硝烟不绝，到了当代反而更加紧迫；美国人在伊拉克战争中展现出令人惊叹的技术优势，于是，围绕技术的论战就更加挥之不去。我不是说这场战争没有道理，也不是说战争技术被人滥用，我只是说，美国的胜利证实了一个灾祸临头的念头：在和平年代和战争中，技术都是我们的救星。

1　刘易斯·芒福德（Lewis Mumford，1895—1990）：美国社会哲学家、大学教授、建筑师、城市规划师、评论家，主要靠自学成为百科全书式的奇才，著作数十部，代表作有《技艺与文明》《城市文化》《历史名城》《乌托邦的故事》《黄金时刻》《褐色的几十年：美国艺术研究》《人必须行动》《人类的境遇》《城市的发展》《生存的价值》《生命的操守》《艺术与技术》《以心智健全的名义》《公路与城市》《机器的神话之一：技术与人类发展》《机器的神话之二：权力的五边形》《都市的前景》《解译和预言》，获美国自由勋章、美国文学奖章、美国艺术奖章、英帝国勋章。——中译者注（本书脚注均为中译者注，以下不再标出）

2　雅克·艾吕尔（Jacques Ellul，1912—1994）：法国哲学家、技术悲观主义者，持技术决定论，著有《无政府状态与基督教》《城市的意义》《西方的背叛》《新的魔鬼》《技术社会》《资源的伦理》《宣传》等。

3　赫伯特·里德（Herbert Read，1893—1968）：英国诗人、艺术批评家和美学家，艺术评论杂志《伯灵顿杂志》（*Burlington Magazine*）的编辑，著书60余部，要者有《艺术的真谛》《西方现代美术简史》《现代艺术哲学》《纯真的眼睛》《艺术与产业》《艺术与社会》《艺术教育》等。

4　阿诺德·盖伦（Arnold Gehlen，1904—1976）：德国哲学家、社会理论家，著有《意志自由的理论》《国家与哲学》《人的本性及其在世界中的地位》《技术时代的人类心灵》《原始人与后来的文化》《时间—图像》《人类学研究》《社会学与人类学研究》《道德与超级道德》《洞见》等。

5　伊万·伊里奇（Ivan Illich，1926—2002）：奥地利裔美籍作家、教育家，著有《废除学校教育的社会》《医学的局限：医疗的报复》等。

第一章

塔姆斯法老的评判

柏拉图的《斐德罗篇》(*Phaedrus*)里有一个关于上埃及法老 3
塔姆斯(Thamus)的故事。用梭罗[1]的话来说,我们这样的人往往沦为工具的工具;对我们来说,这个故事富有深刻的教育意义,其他传说难以与之匹敌。苏格拉底向斐德罗讲述的故事是这样展开的:有一次,塔姆斯款待朋友特乌斯(Theuth)。特乌斯发明了许多东西,包括数字、计算、几何学、天文学和文字。他向塔姆斯炫耀这些发明,主张把这些发明向埃及人宣传,让人人都用上这些发明。苏格拉底的故事接着说:

> 塔姆斯询问发明的用途,特乌斯如数家珍,逐一道来。塔姆斯根据自己的判断,按照特乌斯是否有道理而表示臧否。历数塔姆斯对特乌斯全部发明表示的赞同与否定,难免太费时间,只说文字这个发明吧。特乌斯声称:"陛下,我

1　梭罗(Henry David Thoreau,1817—1862):美国著名思想家、文学家,远离尘嚣,结庐而居,著有《论公民的不服从》《瓦尔登湖》等。

4 的成就是，文字会增强埃及人的智慧，强化他们的记忆。毫无疑问，我找到了改善记忆和智慧的担保书。”塔姆斯答曰：“特乌斯，你真是发明家的典范，然而技艺发明人并不是评判发明利弊的最佳人选，使用者才能够做出恰当的评判。文字也是这样；你是文字之父，你喜爱自己的孩子，所以你把文字的利弊和它的实际功能搞颠倒了。识文断字的人可能不再使用记忆，可能会成为健忘的人；他们会依赖文字，用外在的符号帮助自己回忆，而不再依靠内在的资源帮助自己回忆。你发现的是帮助回忆的担保书，而不是促进记忆力的保票。至于智慧，你的弟子可能会虚有其名、名不副实：他们接受的将是大量的信息，而不是老师的真传；结果，人们认为他们知识广博，然而实际上他们多半很无知。由于他们自负张狂，自以为有智慧而不是真有智慧，他们就会成为社会的负担。”[1]

本书以塔姆斯的传说开篇，因为他的回答包含了几条健全的原理，我们可以据此学习如何精明而谨慎地思考技术社会存在的问题。实际上，塔姆斯的评判有一个错误，我们可以从中获得重要的启示。他的错误不是他判定文字有害；他说文字损害记忆、造成虚假的智慧——这没有错。文字的这种弊端是可以验证的。他的错误在于这样的信念：文字会成为社会的负担，全然的负担，舍此无他。尽管塔姆斯很英明，但他并没有想到，文字也有一些好处，而且的确是有相当大的好处，这本来是众所周知的道理。从这个传说我们可以得到如下这样的教益：认为技术革新只会产生片面效应的观点是错误的观点。每一种技术都既是包袱又是恩赐，不是非此即彼的结果，而是利弊同在的产物。

当然，这个道理非常明显，对那些愿意思考的人尤其如此。然而，我们身处狂热特乌斯们的包围之中，周围满是独眼龙似的先知，他们只看到新技术之所能，想不到新技术帮倒忙的后果。我们不妨把这些人称为技术爱慕者（technophiles），他们就像情人看西施那样看心爱的技术，白璧无瑕，对未来不怀丝毫的隐忧。这些人是危险的人，我要小心翼翼地和他们打交道。另一方面，有些独眼龙似的先知，比如我（或者说人家对我的指控），往往只（以塔姆斯评头论足的方式）议论新技术带来的包袱；对新技术提供的机会，他们却三缄其口。技术爱慕者应该为自己辩护，到处宣传自己的主张。我自卫的立场则是，有的时候，我们需要不同的声音，以缓和成群结队的技术爱慕者喋喋不休的喧闹。倘若你要出错，站在塔姆斯怀疑主义一边犯错误似乎是更为可取的。当然，这样的错误毕竟是错误。我不妨指出，除了对文字的评判之外，塔姆斯对其他发明的评判并没有错。如果再读一遍这个传说，你或许会注意到，他对特乌斯的每一种发明的评论都兼顾利弊、亦臧亦否。这是因为每一种文化和技术的关系都必然有一个磨合的过程，无论他是否意识到这一点。磨合的过程就是交易的过程，技术和文化的关系是既有给予、亦有索取。聪明人深知个中道理，戏剧性的技术变革很难得给他们留下深刻的印象，从来都不会使他们欣喜若狂。弗洛伊德[1]对这个问题的论述即为一例，在《文明及其不满》(*Civilization and Its Discontents*)里，他说：

> 你会问：如果我能够随心所欲地听见千百里之外的孩子
> 6 的声音，如果我能够尽快知道朋友经过艰苦的长途旅行已经平安抵达目的地，难道我不会为此而更加快乐吗？难道这不是明白无误的幸福吗？医学成就使婴儿死亡率大大降低，使产妇感染的危险大大减少，而且使文明人的寿命明显地延长——难道这没有重大的意义吗？

弗洛伊德很清楚，我们不能够低估技术进步和科学进步的意义，所以他在卷首就承认科学技术进步的意义。但是在这段话的结尾，他提醒我们注意科学技术进步的副作用：

> 倘若铁路没有克服空间距离，我的孩子就不会离开故乡，我就不需要打电话听他说话；倘若跨洋旅行的技术没有开发，我的朋友就不会坐海船旅行，我就不需要打电报来舒缓对他是否平安的担心。婴儿死亡率的降低给我们的生儿育女强加了诸多限制，以至于在考虑各种因素的情况下，我们生育的孩子并不比讲究卫生之前多。与此同时，这又给我们

1 弗洛伊德（Sigmund Freud，1856—1939）：奥地利精神病学家、精神分析学派创始人，提出潜意识学说，认为性本能的冲动是行为的基本原因。代表作有《梦的解析》《精神分析引论》等。

婚后的性生活造成诸多困难……最后要问，倘若生活困难，罕有欢乐；倘若生活充满苦难，以至于我们只能够把死亡当作解脱来欢迎，那么，长寿对我们又有什么好处呢？[2]

在历数技术进步的代价时，弗洛伊德遵循的路线使人感到压抑。他同意梭罗的评论：我们的发明只不过是手段的改进，目的却未见改善。技术爱慕者无疑会反驳他说，生活一直是没有欢乐 7
的荒原，充满苦难，然而电话、远洋邮轮尤其卫生习惯的普及不仅能够延年益寿，而且使生活更加宜人。毫无疑问，这是我会提出的论点（证明我不是恐惧技术的独眼龙），不过此刻我们不用追求这个观点。我把弗洛伊德拽到这里来参与会话，仅仅是为了证明，即使他这种愁眉紧锁的智者在批评技术时，也必须以承认技术的成就为开场白。倘若塔姆斯法老像他的名气那样充满智慧，他在对文字的价值做出评判时，就会预见到文字开创新局面的力量。在衡量技术变革时，人需要一定程度的冷静。

塔姆斯的疏漏就谈到这里。另一种疏漏值得我们注意，但这种疏漏不是错误。文字不是中性的技术，文字的利弊取决于人利用文字的方式——塔姆斯把这个道理视为理所当然，所以他觉得没有必要把这个道理说出口。他知道，任何技术的用途多半是由技术的结构决定的，也就是说技术的功能是技术形式的自然产物。塔姆斯关心的不是人们会写下什么内容，而是人们要使用文字这种技术。凭空想象塔姆斯会用今天标准化的技术爱慕者那种方式对人们提出忠告：只把文字用来生产某些文本，而不是生产其他文本（比如用文字写戏而不是写历史或哲学），文字的破坏性就会降到最低限度——那实在是荒唐之举。他会认为，这样的意见实在是天真至极。我想，他可能会允许人们把某一种技术拒之门外。但是，我们可以学习塔姆斯的言外之意：一旦被人接受，技术就会坚持不懈，就会按照它设计的目标前进。我们的任务就是懂得技术的这个目标，换句话说，我们容许一种技术进入一种文化时，就必须要瞪大眼睛看它的利弊。

8 我们可以从塔姆斯的沉默推导出以上的意思。不过，我们从他说出口的话学到的东西比较多，从他没有言说的东西学到的道理则要少得多。比如他说，文字会改变“记忆”和“智慧”的意义。他担心，人们会把记忆的意义和他鄙视的“回忆”的意义混为一谈。他担心智慧和纯粹的知识的区别会变得模糊不清。我们一定要把他这个评判牢记在心，因为截然不同的技术会使旧词语产生新的定义，而且人们往往没有充分意识到这个创造新词义的过程。因此这个机制是阴暗而危险的，和新技术创造新词汇的机制迥然不同。在我们这个时代，我们有意识地给英语添加了数以千计的表达新技术的新词汇，比如VCR、比特、软件、前轮驱动、机会之窗、随身听，等等。它们并不会使我们感到错愕。新事物需要新词汇。但新事物也可能修正旧词汇的意义，修正旧词汇也就是修正语义深深扎根的词汇。电报和廉价的“便士报”改变了我们所谓“信息”的意思。电视改变了“政治辩论”“新闻”和“公共舆论”等词语的意义。文字改变了“真理”和“法律”原来的意义，印刷术也改变了语词的意义，如今的电视和计算机又再次改变它们的意义。诸如此类的变化接连不断地发生，迅速，必然，而且在一定程度上静悄悄地进行。词汇学家不需要在这个问题上搞公民投票。谁也不愿意花时间写小部头的书来解释真正发生的词义变化，学校不注意词义的修正。然而，这些词汇不再具有原来的意义，有的时候甚至获得了完全相反的意义。这是塔姆斯希望教导我们的地方——技术专横跋扈地支配我们最重要的术语。技术重新界定“自由”“真理”“智能”“事实”“智慧”“记忆”“历史”等词汇的意义。所有这些词汇都是我们的生活必须 9
依靠的词汇。技术不会停下脚步向我们公开宣示这样的变化，我们自己也不会驻足向技术询问词汇的变化。

技术变化的事实需要我们做一些阐述，我将在稍后的一章里回到这个主题。在这里，我们还需要从塔姆斯的评判里另外挖掘几条原理，这些原理需要费一点笔墨，因为它们是以下几章论述的预兆和铺垫。比如，塔姆斯警告说，特乌斯的弟子获得的智慧可能会名不副实。他的意思是说，学会新技术的人成为精英，没有学会新技术的人赋予这些精英权威和声望，但盛名之下，其实难副。这个事实隐含的命题有多种不同的表达方式。现代传播学之父伊尼斯反复论述重要技术造成的“知识垄断”。他的意思和塔姆斯心里想说的意思完全相同：控制技术运行机制的人积累权力，必然要密谋防备那些无法获取专门技术知识的人。在《传播的偏向》里，伊尼斯提供了许多历史事例，说明新技术如何摧毁传统的知识垄断，造成一种新的知识垄断，即由另一群人来把持的知识垄断。换句话说，一种新技术的利弊长短不会势均力敌。

仿佛是游戏，有输家也有赢家。在许多情况下，输家出于无知为赢家欢呼雀跃，现在的情况依然如此；这实在是令人困惑，让人心酸。

以电视为例。在美国，电视扎根之深超过其他国家，许多美国人认为电视是上帝的恩赐；那些待遇优厚、志得意满的电视人，那些主管、技师、新闻节目主持人和娱乐节目主持人，尤其觉得电视是天大的恩赐。这样的人形成新的知识垄断，他们为自己欢呼喝彩、捍卫自己的地位、张扬电视技术，这并不令人奇怪。另一方面，从长远的观点来看问题，电视可能会逐渐终结教师的职业生涯，因为学校是尾随印刷机出现的发明，它的兴衰有赖于印刷词语享有的地位。400 年来，教师一直是印刷术创造的知识垄断的组成部分，他们正在目击这种知识垄断的解体。看来，对于如何防止这样的解体，他们多半是无能为力的；老师们对正在发生的事情热情洋溢，这实在是和情理相悖。这样的热情老是让我回想起上一个世纪之交时的铁匠，他们赞美汽车，而且相信汽车会促进他们的营生。我们现在知道，汽车没有促进铁匠的生意，反而使他们的生意过时，或许一些头脑清醒的铁匠预感到末日的来临。即使这样，他们又有什么回天之力吗？除了哭泣，他们还能做什么呢？

在计算机技术的发展和普及中，我们遭遇到类似的情况，这里同样是既有赢家，也有输家。毋庸置疑，计算机加强了大规模组织机构的权力，军队、航空公司、银行或税务机关就是这样的机构。同样清楚的是，计算机对高层次的物理学和其他自然科学研究人员来说，已经成为不可或缺的工具。然而，计算机在多大程度上对广大的群众有好处呢？计算机已经侵入钢铁工人、菜店老板、学校教师、汽修工人、音乐人、砖工、牙医等大多数人的职业，计算机对他们有多大的好处呢？他们的隐私更容易被强大的机构盗取。他们更容易被人追踪搜寻、被人控制，更容易受到更多的审查，他们对有关自己的决策日益感到困惑不解；他们常常沦为被人操弄的数字客体。他们在泛滥成灾的垃圾邮件里苦苦
挣扎。他们容易成为广告商和政治组织猎取的对象。学校教他们 11
的孩子操作计算机化的系统，而不是向孩子们传授更加珍贵的知识。总而言之，孩子们需要的东西几乎不会送到他们手中。输家之所以输，其奥妙就在这里。

赢家怂恿输家以满腔的热情去拥抱计算机技术，这本在意料之中。这就是赢家获胜之道，于是，他们有时就对输家说，有了个人计算机之后，一般人就更容易做好收支平衡，就更容易查找营养食谱，就会使自己的购物单更加合乎情理。他们还告诉输家说，你们的生活会安排得更有效率。至于效率是按照谁的观点衡量的，他们则三缄其口，避而不谈，他们也不说输家会付出什么代价。倘若输家持怀疑态度，赢家就喋喋不休地宣扬计算机的神效，把输家搞得晕头转向；计算机的神效和输家生活质量的关系，只能够说是勉强沾边的，但这些工具的魅力却给人留下深刻的印象。最后的结果是输家败下阵来，原因之一是他们相信掌握新技术的人有专门的知识，而专门的知识被认为是一种智慧，这也是塔姆斯的预言。这些新技术大师也相信自己的智慧，这同样是塔

姆斯的预言。结果，有些问题就无人问津。比如，技术赋予谁更大的权力、更多的自由？谁的力量和自由又会被削弱？

或许，我的表述使这样的结果像一场精心策划的密谋，仿佛赢家对输赢的一切成竹在胸。不过，实际发生的情况并非完全如此。一种情况是，一些文化具有民主精神，其传统比较弱，且容易接受新技术，于是人人都倾向于热情欢迎新技术，都相信新技术最终会使人人平均受益。美国的情况尤其明显，美国人对新事
12 物的贪求没有止境，这样的幼稚信念随处可见。事实上，美国人很难把任何社会变革看成是赢家输家皆可获利的结果，这种情况的原因之一是美国人的乐观主义，这在大量的文献中被描写得淋漓尽致。在技术产生的社会变革中，企业家利用了普通美国人的乐观主义，他们竭力灌输大家共享却不太可能实现的希望。他们心里清楚，从经济上来看，揭示技术变革的代价不是明智之举。所以你不妨说，倘若有什么密谋的话，这个密谋就是美国文化自己给自己添麻烦的密谋。

此外更重要的是，技术闯进一种文化时，谁是最大赢家，谁又是最大输家？这个问题并非一目了然，至少在初始阶段并不是很清楚的。这是因为技术引起的变革即使并非绝对神秘，至少是难以细察的，甚至可以说是难以预料的。最难以预料的后果可以说是技术引起的意识形态变革。塔姆斯告诫特乌斯说，使用文字的人会依赖外在的符号，而不是内心的资源，他们接受大量的信息，却得不到良好的教育。塔姆斯发出这样的警告时，心中想到的就是意识形态变革。其意思是，新技术改变我们的“知识”观

念和“真理”观念，改变深藏内心的思维习惯，一种文化对世界的感觉就是这种思维习惯赋予的。这种感觉是何为自然秩序、何为合理、何为必需、何为必然、何为真实等等的感觉。因为这样的变革是用旧语词的新意义表达的，我将对这个问题暂时存而不议，留待稍后阐述美国当前宏大的意识形态变革时再去讨论。在这里，我只想举一个例子说明，新技术如何造成“真实”的新观念，说明这个过程如何瓦解老观念。这个例子是给学生的试卷评分的惯例，表面上看，这个惯例无害。对我们多数人来说，这个做法自然而然，所以我们难以觉察它隐而不显的含意。我们难以想象，我们判分的数字和字母是一种工具；更难以想象，我们用 13
这种技术去评判一个人的行为时，我们是在做某种奇特的事情。事实上，初次给学生评分的事情发生在剑桥大学，那是 1792 年；发明者是一位名叫威廉·法里希的老师。[3] 无人熟悉这位老师，听说过他的人更是屈指可数。他的想法是，应该给人的思想进行量化的价值判断。这个做法迈出了坚实的一步，人们自此尝试用数学观念来构建现实。倘若可以用数字来判定思想的品质，那么用数字来判定慈悲、爱心、仇恨、美好、创新、智能甚至心智健全的品质，都是可能的。伽利略说，自然的语言是数学语言，他没有把人的情感、成就或洞见包括在内。然而，如今我们大多数人都倾向于把这些概念包括在内。我们的心理学家、社会学家和教育家发现，如果不用数字，他们的工作就不可能进行。他们相信，如果不用数字，连获取或表达正宗的知识都是不可能的。

我在这里不会说这个念头愚蠢或危险，只想说这个观点很奇怪。更加奇怪的是，我们许多人居然不觉得它奇怪。说某人应该干得更好因为他的智商是134，说某人的灵敏度是7.2度，说一个人论资本主义兴起的文章应该得 A^-，另一个人的文章应该得 C^+——对伽利略、莎士比亚或杰斐逊来说，这一切都像是胡言乱语。我们之所以觉得这种做法有意义，那是因为我们已经习惯于数字这种技术，因而看世界的方式和他们不一样。我们对何为真实的理解各有不同。换一种说法就是：每一种工具里都嵌入了意识形态偏向，也就是它用一种方式而不是用另一种方式构建世界的倾向，或者说它给一种事物赋予更高价值的倾向；也就是放大一种感官、技能或能力，使之超过其他感官、技能或能力的倾向。

14 这就是麦克卢汉警语“媒介即信息”的意思。这也是马克思的意思，他说：“技术透露了人对待自然的方式”，技术造成了“交流的条件”，我们通过交流建立彼此之间的关系。这也是维特根斯坦论述我们最重要的技术时所要表达的意思。他说，语言不仅是思想的载体，而且是思想的驱动器。这就是塔姆斯想要使特乌斯明白的道理。简而言之，这是一种历史悠久、永世长存的智慧，其最简单明快的表现是古老的箴言：在手握榔头者的眼里，一切都仿佛是钉子。不必太死守字面的意思，我们就可以引申这个自明之理：在手握铅笔者的眼里，一切都像是写下的清单；在拍照人的眼里，一切都像是图像；对使用计算机的人来说，一切都像是数据；对手握成绩单的人来说，一切都像是数字。

然而，这一切预设的偏见（prejudice）在技术起步时并非总是一望而知的。在技术变革中，谁也不可能预先就谋划好成为赢家，其道理就在这里。比如，机械时钟的发明最终会推进谁的利益和世界观呢？谁也不可能预见到这个问题的答案。时钟的发明肇始于 12、13 世纪的本笃会修道院[1]。这个发明的推动力是使修道院的日常事务或多或少有章可循，首先是每日 7 次敲钟报时的制度。钟声表示读经礼拜的时辰；时钟技术提供准确的时间让修士做功课。这个功能是完成了。然而修士们没有预料到，时钟不仅是计时的手段，而且是要求他们起居修炼同步进行、控制他们的工具。到了 14 世纪中叶，时钟走出了修道院，给工人和商人的生活提供准确的计时。刘易斯·芒福德写道：“机械钟表使按部就班的生 15
产、准确计时的工作和标准化的产品成为可能。”总之，如果没有钟表，资本主义的兴起是绝无可能的。[4] 悖谬、奇怪而神奇的是，发明钟表本来是要人用更加刻板的制度去侍奉上帝，然而终极的结果却是相反，钟表最大的用处是让人积攒金钱。在上帝和财神的终极斗争中，钟表偏爱的是财神爷，实在是出人意料。

许多人认为他们看得清清楚楚，新技术会把我们引向何方，然而无一例外，难以预料的后果却横亘在他们的路上。即使技术发明人也不可能是可靠的未来先知，塔姆斯发出的正是这样的警告。比如，无论怎么说，谷登堡[2]都算得上是虔诚的天主教徒，但

1　本笃会修道院（Benedictine monastery）：西方基督教隐修院，创办人为圣本尼狄克（St. Benedict，480?—547?），肇始于意大利卡西诺山，修士每日劳动、读经、抄书。日后采纳这一制度的修会，叫本笃会，即本尼狄克会。

2　谷登堡（Johann Gutenberg，1400?—1468?）：德国人，机器活字印刷发明人，1455 年用自己发明的印刷机印制《圣经》。

倘若他听见路德[1]的异端邪说，他一定会十分震惊。路德把印刷术说成是“上帝最大的恩赐，是推动商业福音的力量”。路德懂得的道理，谷登堡却一窍不通。路德知道，《圣经》进入了每个主妇的厨房以后，每一位基督徒就成了自己的神学家，还可以说成了他自己的神父，更加准确地说，按照路德本人的观点，每一位基督徒就是他自己的教皇。在宗教信仰的统一和多样的斗争中，印刷机偏爱的是信仰的多样性。我们可以认为，谷登堡做梦也没有想到这种可能性。

塔姆斯深知发明人受到的局限，他深谙发明的社会心理偏向，即意识形态偏向。我们可以想象他会对谷登堡这样说：“谷登堡，你真是发明家的典范，然而技艺发明人并不是评判发明利弊的最佳人选，使用者才能够做出恰当的评判。印刷术也是这样；你是印刷术之父，你喜爱自己的孩子，所以你认为，它会推进教皇的
16 事业，然而实际上，它会在教徒之中播下不和的种子，它会损害你热爱的教会的纯正，摧毁教会的垄断。”

我们可以想象，和他对特乌斯的回答一样，塔姆斯也会向谷登堡指出，谷登堡新发明的印刷机会造就大群的读者，但这些人“接受的将是大量的信息，而不是老师的真传……他们自负张狂，自以为有智慧，而不是真有智慧”。换句话说，阅读将与过去的学习形式一争高下。这是我们能够从塔姆斯的评判演绎出来的有

1　路德（Martin Luther，1483—1546）：德国宗教改革家、欧洲 16 世纪宗教改革的发起者，抗议宗（新教）的创始人。1517 年 10 月 31 日发表《九十五条论纲》，批评教皇政策，举起改革旗帜。这场改革对欧洲历史影响深远。

关技术变革的另一条原理：新技术和旧技术的竞争，是为争夺时间、注意力、金钱和威望而竞争，主要是为自己的世界观夺取主导地位而进行斗争。一旦认识到每一种媒介都有一种意识形态偏向，我们就知道，媒介之间的竞争是隐而不显的。这样的竞争是激烈的竞争，这是意识形态竞争特有的激烈竞争。这样的竞争不仅仅是工具对工具的竞争，不仅仅是字母表对会意文字的攻击、印刷机对插图手抄本的攻击、摄影术对绘画艺术的攻击、留声机对印刷术的攻击、电视对印刷词语的攻击。在媒介互相争斗杀伐时，它们的竞争还是不同世界观的冲突。

在美国，我们处处都可以看到这样的冲突；在政治、宗教、商业里随处可见，但在学校里看得最清楚。在学校里，两种强大的技术毫不妥协地互相竞争，以求控制学生的头脑。争夺的一方是印刷词语的世界，其重点是逻辑、序列、历史、解说、客观性、超脱和纪律。另一方是电视的世界，它倚重的是图像、叙事、历历如在眼前的现实性、同步性、贴近性、即刻的满足和迅速的情感回应。学龄儿童已经习惯了电视的偏向，上学以后他们遭遇的却是印刷词语的世界。一种心理战随之发生，造成惨重的伤亡；
不能或不愿学习读书写字的儿童，在简单的段落里都不会以逻辑 17
结构组织思想的儿童，不能静下来听老师讲解的儿童，就是这场战争的受害者。这些儿童之所以打败仗，并不是因为他们愚笨，而是因为他们背后正在进行的媒介之战，是因为他们站到了错误的一方，至少是暂时站错了队。谁知道25年后的学校像什么样子呢？50年后的学校又像什么样子呢？到那时，现在成绩不好的学生说不定会被认为是优秀学生，而现在的优秀生说不定会被认为是残障生吧——这些优秀生有可能会反应迟钝，太超脱，缺乏激情，可能没有足够的能力在心理上构建现实的画面。请琢磨塔姆斯这句话："自以为有智慧的自负"——即通过书面词语获得的非真实的知识，这样的自负最终成了学校珍惜的最明显的知识形式。我们没有理由认为，这样的知识形式必须永远得到很高的评价。

再举一例。计算机进课堂时，我们打破的是400年的休战，对垒的一方是口语养成的群居性和公开性，另一方是印刷词语培养的内省和独处。口语倚重的是群体学习、合作和社会责任感；塔姆斯认为，这是地道的传授和真正的知识交流所必须依靠的语境。印刷术强调的是个体化的学习、相互竞争和个人独立。400年来，老师们一方面强调印刷文字，同时又容许课堂上使用一定程度的口语交流，因而在教学方法上实现了两种学习形式的和平相处，进而最大限度地发挥了每一种学习方法的价值。现在轮到计算机登场了，它重新高举个人学习、独立解决问题的旗帜。计算机在教室里的普及会不会一劳永逸地战胜集体口语的一切主张呢？计算机会不会把自我中心（egocentrism）提到美德的高度呢？

18 这些问题是技术变革使人想到的问题。如果你像塔姆斯一样看问题，你就能够把握这个道理：技术竞争点燃的竞争是全面的战争，换句话说，新技术的影响不可能被控制在有限的人事活动范围。倘若这个比方太残忍，我们可以试用一个比较温柔、和蔼的比方：技术变革不是数量上增减损益的变革，而是整体的生态变革。我所谓的生态就是环境科学家所谓的生态。重要的变化会牵一发而动全身。你把毛毛虫从它栖息的环境里清除掉时，剩下的环境并不是单纯减去毛毛虫的环境：你得到的是一个新环境，你重新构建了生存的条件。同理，你把毛毛虫放进一个没有毛毛虫的环境时，整个环境也为之一变。媒介环境运行的机制也是这样的。一种新技术并不是什么东西的增减损益，它改变一切。到1500年，即印刷机发明之后50年，欧洲并不是旧欧洲和印刷机简单的相加。那时的欧洲已截然不同。电视问世之后的美国不只是美国加电视的美国；电视给每一场政治运动涂抹了一种新的颜色，使每个家庭、每所学校、每个教会、每种产业都带上了新的色彩。媒介的竞争之所以激烈，其道理就在这里。每一种技术都有一套制度，这些制度的组织结构反映了该技术促进的世界观，其生存竞争反映的世界观的竞争就更不用说了。因此，一种新技术向一种旧技术发起攻击时，围绕旧技术的制度就受到威胁。制度受威胁时，文化就处在危机之中。这是一个严肃的问题，所以当教育工作者问，学生用计算机学数学的效果是否胜过用课本学数学的效果时，我们从这个问题里学到的东西等于零，其原因就在这里。同理，如果商人问用什么手段能够销售更多的商品，如果牧师问用电视布道影响的人数是否会超过用广播影响的人数，如果政客问用不同媒体发表讲演会取得什么不一样的效果，我们
从这些问题里是学不到任何东西的。这些问题只对提问题的人有 19
直接的价值，它们反而会转移我们的注意力。它们涣散我们的注意力，使我们看不见新媒介引起的严重的社会、思想和制度危机。

也许打一个比方会有助于说明问题的要害。谈到诗歌的意义时，T. S. 艾略特[1]说，诗歌外在内容的主要用途是“满足读者的阅读习惯，分散他的注意力，使他安静，以便让诗歌在他的身上起作用：就像敲门贼总是随身携带滋味鲜美的肉团来分散看门狗的注意力一样”。换句话说，教育工作者、企业家、牧师、政客提出那些具体的问题时，他们就像看门狗，他们享用肉团时，敲门贼已经把房子洗劫一空了。也许，其中一些人知道这样的后果，可他们并不特别介意。毕竟，不求自来的美味确乎解决了下一顿饭的问题。然而，对我们其他人来说，让窃贼打劫而不加抗议或浑然不知窃案已然发生，那是不能够接受的。

我们需要在这里考虑的计算机的作用，和它作为教学工具的效果没有关系。我们需要考虑的是，计算机如何改变我们学习的观念，它如何与电视携手破坏我们关于学校的老观念。谁会去关心依靠电视能够推销多少包麦片呀！我们需要知道的是，电视是否改变我们对现实的看法，是否改变富人和穷人的关系，是否使幸福观念本身发生改变。如果牧师只考虑一种媒介如何使其听众的人数增加，他就忽略了一个重要的问题：在什么意义上新媒介改变了宗教、教会甚至上帝的观念呢？如果政客考虑问题时不能够超越下一次选举，我们就必须要问：新媒介对政治组织的理念和市民的概念会产生什么样的影响呢？

---

1 T. S. 艾略特（T. S. Eliot，1888—1965）：20 世纪伟大的文学家、现代派诗人、剧作家、文学批判家，生于美国，卒于英国，著有《普鲁夫洛克情歌》《荒原》《四个四重奏》等，1948 年诺贝尔文学奖得主。

在思考这样的问题时，塔姆斯的评判能够助我们一臂之力。
他用传奇故事对我们进行的教诲正是哈罗德·伊尼斯试图给我们
提供的教益。新技术改变我们兴趣的结构：我们思考的对象要变 20
化。新技术改变我们的符号：我们赖以思考问题的符号要变化。
新技术改变社群的性质：我们思想发展的舞台要变化。塔姆斯相
隔两千多年对伊尼斯说话时，我们必须要洗耳恭听，参与他们的
会话，使之恢复活力。这是因为，美国发生的事情奇怪而危险，
人们的意识却非常模糊甚至愚钝，原因之一是，这样的危险难以
名状。我把这个危险叫作技术垄断。

第二章

从工具时代到技术统治时代

马克思那支使人不安的笔给我们留下了许多著名的格言警句，其中之一是《哲学的贫困》(*The Poverty of Philosophy*)里的一段话："手工织布机给你的社会是封建领主的社会；蒸汽机给你的社会是工业资本家的社会。"就我所知，马克思没有说什么技术给我们技术专家（technocrat），但我相信，他的视域里没有包含技术垄断论者（technopolist）的兴起。然而，他这一论断还是有用的。他深知，除了经济意义之外，技术还产生人们感知现实的方式，这些方式是理解不同的社会生活和精神生活形式的关键所在。他在《德意志意识形态》(*The German Ideology*)里说："个人表达生活的方式，就是他们为人的面目。"这句话很像麦克卢汉的口吻，也可以说像塔姆斯的口吻，实际上，该书临近书末的一段话令人称奇，放进麦克卢汉的《理解媒介》(*Understanding Media*)也非常恰当。马克思问："炸药和炮弹发明之后，阿喀琉斯[1]这样 21

1　阿喀琉斯（Achilles）：希腊英雄，出生时母亲捏住他的脚踵倒提着把他放到冥河里浸泡，他由此而得到刀枪不入之身，唯一的弱点就是脚踵，结果在特洛伊之战中被击中要害而战死疆场。

22 的英雄还可能诞生吗？在印刷机存在的情况下，《伊利亚特》[1]还可能出现吗？印刷机出现以后，说唱和歌舞随即停止，缪斯女神止步不前，史诗出现的条件随即消失，难道这不是必然的结果吗？”[1]

马克思把技术条件与符号生活和心灵习惯联系在一起，这没有任何异常之处。在他之前，学者们已经发现，以时代的技术特征为基础进行文化分类，颇有用处。当代的学者仍然做这样的分类，因为这种习惯是一种坚持不懈的学问。无须苦想立即涌上心头的著名分类就有：石器时代、青铜时代、铁器时代、钢铁时代。我们不假思索地使用阿诺德·汤因比[2]普及的工业时代，使用丹尼尔·贝尔前不久命名的后工业时代。斯宾格勒[3]笔端论述的时代有机器工艺时代。皮尔斯[4]把 19 世纪称为铁路时代。刘易斯·芒福德用更大的视野看事物，创造了前技术（eotechnic）时代、旧技术（paleotechnic）时代和新技术（neotechnic）时代的术语。加塞特[5]论述了技术发展的三个时代：机运（chance）技术时代、工匠技术时代和技师技术时代。沃尔特·翁阐述了口头文化、书面文化（chirographic culture）、印刷文化和电子文化。麦克卢汉首创

1　《伊利亚特》（*Iliad*）：希腊史诗，与《奥德赛》（*Odyssey*）齐名，传说同为荷马所作。

2　阿诺德·汤因比（Arnold Toynbee，1889—1975）：英国历史学家和教育学家，代表作有 12 卷巨著《历史研究》。

3　斯宾格勒（Oswald Spengler，1880—1936）：德国哲学家、历史学家，认为历史只是若干各自独立的文化形态循环交替的过程，著有《西方的没落》《世界历史的远景》等。

4　皮尔斯（Charles Sanders Peirce，1839—1914）：美国哲学家、逻辑学家、自然科学家，实用主义奠基人之一，著有《论文集》（8 卷）。

5　加塞特（José Ortega y Gasset，1883—1955）：西班牙著名思想家、哲学家，20 世纪西方最重要的知识贵族与公共知识分子之一，现代大众社会理论的先驱，加缪誉之为“尼采以后欧洲最伟大的作家”。

了“谷登堡时代”（他认为谷登堡时代正在被电子传播时代取代）。

为了澄清当前的处境，说明前面路上的危险，我觉得有必要再提出一种分类。文化可以分为三种类型：工具使用文化、技术统治文化和技术垄断文化。当前，这三种文化在地球上都能找到，但工具使用文化正在迅速消失，我们要到充满异域风情的地方才能寻觅其踪影。[2] 如果我们到这些地区旅行，最好是要知道，直到 17 世纪，世界上所有的文化全都是工具使用文化。当然，工具 23
使用文化里的工具还是千差万别的。有些文化只有长矛和炊具，有些则使用水磨和燃煤。但一切工具使用文化的主要特征都是相同的，发明工具的目的主要是做两件事：一是解决物质生活里具体而紧迫的问题，水力、风车和重轮犁头就是这样的问题；二是如何为艺术、政治、神话、仪式和宗教等符号世界服务的问题，例如城堡和教堂的修建、机械时钟的开发。无论是哪一个目的，工具都不会侵害（更加准确地说，发明它们的目的不是要侵害）它们即将进入的文化的尊严和完整。除了少数例外，工具都不会妨碍人们去相信自己的传统和上帝，不会妨碍他们相信自己的政治、教育方法或社会组织的合法性。实际上，这些信仰指引着工具的发明，限制工具的用途。即使就军事技术而言，精神理念和社会习俗也形成控制的力量。著名的例子有武士刀，一套武士的理想细致入微地管束着武士刀的使用，这一套理想就叫作武士道。规则和仪式都有详细的规定，何时、何地、如何使用两把武士刀即长刀和短刀都规定得很严格，都和荣誉联系在一起，包括荣誉受损时切腹自杀的要求。这一类军事技术的管束在西方也不罕见。

这使 12 世纪初教皇英诺森二世[1] 禁止使用致命的弩弓，违者就可能被革出教门。教皇裁定弩弓“仇视上帝”，不能用于伤害基督
24 徒。弩弓可以用来攻打穆斯林和其他异教徒，但这不会使以下的评判无效：在工具使用文化的社会里，技术并不被认为是独立自主的，技术受到社会体制或宗教体制的管束。

这样界定工具使用文化之后，我必须要补充两点，以免失之过简。首先，一种工具使用文化里拥有的技术总量并不是该文化的界定性特征。比如，即使对罗马帝国的肤浅研究也能够揭示，罗马帝国的经济活力和军事征服在很大程度上是依靠道路、桥梁、沟渠、地道和下水道。另一个例子是，从 10 世纪到 13 世纪，欧洲经历了技术迅猛发展的时期：中世纪的人民生活在机器的簇拥之中。[3] 你甚至可以像林·怀特（Lynn White）那样走得更远。他说，中世纪在人类历史上是第一个“不依靠奴隶和苦力的血汗而主要依靠非人力的、复杂的文明”[4]。换句话说，在解决物质环境中的问题时，工具使用文化既可能富有创造性，也可能具有比较高的生产力。风车是 12 世纪晚期发明的。近视眼镜是 1280 年在意大利出现的。11 世纪为驭马发明的垫肩解决了一个问题：既增加马的拉力，又不影响马的呼吸。实际上，早在 9 世纪，欧洲就发明了马掌；有人发现，如果把几匹马前后排列驾辕，它们的拉力就会大大增强。磨坊、造纸厂、缩绒机成为中世纪文化的固有成分，就像桥梁、城堡和教堂是中世纪文化的构造成分一样。

---

1 英诺森二世（Innocent II，？—1143）：意大利籍教皇。

著名的斯特拉斯堡[1]大教堂建于13世纪，高466英尺（约142米），相当于40层的摩天大厦。再往回追溯，你不能不提英国巨石阵和埃及金字塔令人惊叹的工程（刘易斯·芒福德强调指出，金字塔 25
是王者机器的第一个例子）。

从以上事实必然得出的结论是：工具使用文化未必是技术上贫困的文化，相反，它们的先进性甚至可能是令人震惊的。当然，其中一些文化曾经是（现在仍然是）技术原始的文化，有一些甚至鄙视手工艺和机器。比如，希腊的黄金时期没有产生重要的技术发明，甚至没有利用马匹力量的有效方法。柏拉图和亚里士多德鄙视"低贱的机械技艺"，大概他们认为，提高效率和生产力的努力不可能使头脑更加高贵。效率和生产力是让奴隶解决的问题，而不是哲学家思考的问题。我们在《圣经》里发现了类似的观点，这是对古代工具使用文化篇幅最长、最详细的描绘。在《圣经·申命记》中，摩西以相当于上帝的权威口吻说："有人制造耶和华所憎恶的偶像，或雕刻或铸造，就是工匠手所做的，在暗中设立，那人必受诅咒。"[2]

由此可见，工具使用文化里可能有许多工具，也可能工具很少；这种文化可能热衷于工具，也可能鄙视工具。所谓"工具使用文化"，盖源于文化中工具与信仰体系或意识形态的关系。在这里，工具并非外来入侵之物。它们在文化中整合的方式使它们不至于和文化中的世界观产生矛盾。如果把欧洲中世纪当作工具

1　斯特拉斯堡（Strasbourg）：法国东北部城市。

2　《圣经·申命记》第27章第15节。

使用文化的例子，就可以发现，其中的工具和世界观形成了高度的整合。中世纪的神学家描绘的人与上帝、人与自然、人与人、人与工具的关系，详尽而系统。其神学的第一和终极要义都是：一切知识和善心都来自上帝，因此，人的一切努力都必须侍奉上
26 帝。神学而不是技术赋予人所作所为、所思所想的依据。也许，这正是达·芬奇[1]把他的潜水艇设计图藏诸深山的原因，因为他相信，这种工具释放出来以后危害太大，不会得到上帝的恩宠。

无论如何，神学预设的原则构成了工具使用文化里具有控制力的意识形态，无论发明的工具为何物，一切工具使用文化都必须适合其中的意识形态。而且我们还可以说，一切工具使用文化，从最原始到最先进的文化，都带有神权的性质，即使不带有神权的性质，它们至少都依靠某种形而上的理论结为一体。这样一种神学或形而上学给存在赋予秩序和意义，使人几乎不可能臣属于技术的需要。

“几乎”这个词至关重要。它引出我的第二种修正条件。正如塔姆斯提醒我们的精神所示，工具有办法入侵哪怕是黏合力最严密的一套信仰体系。神学和形而上学的力量都是有限的，这就给技术留下用武之地。有的时候，技术的力量是任何力量都无法阻挡的。也许在工具使用文化里，有一个很有趣的例子能够充分说明技术的破坏力，这就是 8 世纪法兰克人在国王查理·马特[2]治

1 达·芬奇（Leonardo da Vinci，1452—1519）：意大利文艺复兴时期伟大的画家、雕刻家、建筑学家、工程师，主要作品有《最后的审判》《岩间圣母》《蒙娜丽莎》等。

2 查理·马特（Charles Martel，约 688—741）：法兰克王国国王，732 年在普瓦蒂埃打败阿拉伯人。

下使用的马镫。此前，战马的用途主要是把骑兵运送到战场，骑兵抵达战场后才下马御敌。马镫使人能够在马背上作战，造成一种令人望而生畏的军事技术：骑在马背上的突击力量。林·怀特详细描绘了这种新型的作战形式，它放大了骑士阶级的重要地位，改变了封建社会的性质。[5] 庄园主看到有必要用骑兵来保护自己。到后来，骑士就夺取教会的土地，把土地献给诸侯，条件是诸侯持续供养骑士为自己效命。倘若容许我们用一个双关语，我们就可以说，马镫配上马鞍，俘获了封建社会，否则封建社会是不会 27
就范的。

再举一个稍晚的例子：上文已经提到 14 世纪机械时钟功能的转化，从宗教仪式工具向商业工具的转化。有人给这次转化确定了一个准确的年代——1370 年。查理五世[1] 命令巴黎市民根据皇宫的钟声来调整自己的私人生活、商务生活和产业生活，宫廷的时钟每 60 分钟敲响一次。同样，巴黎的所有教堂受命调整时钟，它们不能再遵循原来礼拜时才敲钟的制度。于是，教会不得不把精神需要的优先地位让渡给物质利益。这个例子充分说明，时钟这种工具撼动了中世纪生活的集中化体制。

技术给中世纪欧洲精神生活造成问题的例子还有不少。比如，农夫为了将收成磨成面粉，所以经常要前往磨坊，于是磨坊就成了妓女聚集，并勾引嫖客的地方。这个问题愈演愈烈，以致到了

1　查理五世（Charles V，1337—1381）：法兰西国王（1364—1381 年在位），在英法百年战争中即位，大力改革，增强国力，反败为胜，收复大片土地。

12世纪，西多教团[1]的领袖圣贝尔纳竟然试图关闭磨坊。但他徒劳一场，因为磨坊在经济生活中的地位实在是太重要了。换句话说，认为工具使用文化里的风俗习惯和象征意义的生活从来就没有因为技术的引进而重新定向，那实在是失之过简。再者，正如中世纪这样的例子一样，我们可以在技术原始的社会里看见工具攻击风俗、宗教或形而上学的例子，这些例子既稀奇古怪又耐人寻味。荷兰社会学家艾格伯特·德·弗里斯（Egbert de Vries）告诉我们，火柴的引进促成一个非洲部落性习俗的变化。[6] 这个部落里的人觉得，每次行房事之后有必要重新生火，于是就产生这样一个后
28 果：每一次性事都成为公开的事件，因为完事之后不得不到邻居家去借火，借一根燃烧的木棍回家重新点火。在这样的情况下，通奸是难以掩盖的。这个性习俗产生的首要根源显然就是借火。然而，火柴引进之后，一切为之一变。人们不必到邻居家去借火就可以重新生火了，于是转瞬之间，一个悠久的传统就毁灭了。在转述德·弗里斯的发现时，阿尔文·托夫勒提出了几个有趣的问题：火柴使价值观念改变了吗？通奸因此而有所减少或更使人厌恶吗？既然火柴使性事更加方便，它们是否改变了人们对性事的价值评判呢？可以肯定的是，的确发生了一些文化价值的变化，当然和20世纪初来复枪引进伊哈尔缪特（Ihalmiut）部落引起的剧烈变化相比，火柴引起的变化就是小巫见大巫了。法利·莫瓦特的《鹿图腾部落》（*The People of the Deer*）描述了这样的变迁。

---

1 西多教团（Cistercian order）：1098年在法国由本笃会革新者创立的严格教团。

来复枪取代弓箭，这是记录在案的新技术对工具使用文化发起攻击的最令人心寒的故事。其结果不是改变一种文化，而是灭绝一种文化。

你得承认，没有任何一种分类法和实际情况完全吻合，而且所谓工具使用文化尤其缺乏精确的定义。尽管如此，把工具使用文化和技术统治文化区别开来，仍然是可能的，而且是有益的。在技术统治文化里，工具在思想世界里扮演着核心的角色。一切都必须给工具的发展让路，只是程度或大或小而已。社会世界和符号象征世界都服从工具发展的需要。工具没有整合到文化里面去，因为它们向文化发起攻击。它们试图成为文化，以便取而代之。于是，传统、社会礼俗、神话、政治、仪式和宗教就不得不为生存而斗争。

西方技术统治文化拥有的工具肇始于中世纪的欧洲，那时出
现了三大发明：机械时钟产生了新的时间观念；印刷机使用活字， 29
攻击口头传统的认识论；望远镜攻击犹太–基督教神学的根本命题。每一种发明都产生工具和文化的新型关系，所以它们都至关重要。然而，既然我们可以说，在信仰、希望和慈善之中，慈善最为重要，那么，我敢斗胆说，在时钟、印刷机和望远镜之中，望远镜最为重要。更加准确地说（因为哥白尼[1]和第谷·布拉赫[2]进行天文观测，并不具备望远镜这个有利条件，在一定程度上也可

1　哥白尼（Nicolaus Copernicus，1473—1543）：波兰天文学家、现代天文学创始人，提出地动说即日心说，推翻了托勒密的地心说。

2　第谷·布拉赫（Tycho Brahe，1546—1601）：丹麦天文学家，毕生辛勤耕耘，积累了大量的观察资料，其弟子开普勒在此基础上总结出行星运动的三大定律。

以说，开普勒[1]也没有依靠望远镜），比望远镜粗糙的观测工具也可以得到超过前人的天文观测结果。然而，望远镜的精密程度使天文学家的知识非常精确，以至于我们能够说，西方的道德重心因此而崩溃。过去的道德重心使人相信，地球是宇宙恒定的中心，因此上帝对人类特别感兴趣。哥白尼、开普勒之后，尤其是伽利略[2]之后，地球成了一个孤零零的独行客，孤悬在宇宙一隅，默默无闻地在银河系里游荡；这就使西方世界怀疑，上帝是否对我们有兴趣。虽然伽利略的《星际使者》（*Messenger from Stars*）1610年印行时，约翰·弥尔顿[3]还在襁褓之中，他还是能够在多年之后描绘不可探究的宇宙使人产生的心理孤寂。伽利略的天文观测对毫无思想准备的神学造成心理上的冲击。弥尔顿在《失乐园》里写下了这样的诗行：

> 在他的眼前展现着
> 朦胧、浩瀚、深不可测的秘密——
> 那黑暗的、无边无际的汪洋，
> 没有边际，深渊无底……

---

1 开普勒（Johannes Kepler，1571—1630）：德国天文学家、物理学家，发现行星运动三大定律。

2 伽利略（Galileo，1564—1642）：意大利数学家、天文学家、物理学家，现代科学思想的奠基人之一。1632年发表的《关于两种世界体系的对话》大力宣传哥白尼的地动说，次年被罗马教廷宗教裁判所审判并软禁8年。1983年，罗马教廷正式宣布300年前的审判是错误的。

3 弥尔顿（John Milton，1608—1674）：英国诗人，对18世纪诗人产生深刻影响，创作大量诗歌和散文，代表作有长诗《失乐园》《复乐园》《力士参孙》《论出版自由》等。

这是货真价实的失乐园。但解除自己文化的武装并非伽利略的意图，也不是哥白尼和开普勒的意图。这几位中世纪的学者和 30
走在他们之前的谷登堡一样，并不想摧毁自己世界的精神根基。比如，哥白尼就研究教会法，并且被选为弗龙堡（Frauenburg）大教堂的教士。他没有上过医学院，但他研究医学，并担任他叔父的私人医生；在许多人的心目中，他作为医生的名气胜过天文学家的名气。他只出版过一本书，即《天体运行论》（*On the Revolutions of the Heavenly Spheres*），第一册完整的书在他临终之前的几个小时才送到他的手里，这一天是 1543 年 5 月 24 日，他享年 70 岁。这本论述日心说的书之所以推迟了 30 年才得以出版，很大程度上是因为他认为这本书不健全，而不是因为他害怕教会的惩罚。实际上，在出版 73 年之后，这本书才被列入了教廷禁书目录，而且被禁的时间也很短。（伽利略受教廷审判是在哥白尼死后 90 年。）1543 年，只要不直接挑战教会的权威，学者和哲学家就没有理由害怕受教会的迫害；哥白尼并不想挑战教会的权威。虽然该书前言的作者究竟是谁仍然有些争议，然而前言在一个问题上的表述还是很清楚的：它的“假设未必准确，甚至未必有很大的可能性”。有一点我们可以肯定，哥白尼相信地球真的在运动，但他不相信地球或其他行星真的在按照书中描写的体系运行；他相信，天体的运行存在着几何学上的虚构。他并不相信，他的研究成果瓦解了神学至高无上的地位。马丁·路德说哥白尼是“反对《圣经》的傻瓜”，确实说得对，不过哥白尼本人并不认为自己反对《圣经》。这说明，路德比哥白尼的认识深刻。

开普勒的故事与哥白尼颇为相似。他生于 1571 年，职业生涯
31 之初出版天文观测年鉴，晚年任华伦斯坦公爵的宫廷占星师。他的占星术小有名气，然而我们必须赞扬他是因为他相信，“如果聪明的占星师利用他人轻信的弱点，占星术就可以给一位君主造成极大的损失”。他希望，占星术能够待在一切国家元首的视域之外，可是这些年来，他的告诫并非总是被人注意。开普勒的母亲被人指控为女巫；虽然他并不相信这样的指控，可是他大概不会断然否定女巫的存在。他用很多时间和学者通信，探讨基督的生辰问题，他认为耶稣生于公元前 4 年或前 5 年，今天的人们普遍接受他的断代。换句话说，开普勒是很符合时代气质的人，一个地地道道的中世纪人。唯有一点例外：他认为，神学和科学应该加以区隔，各行其是，天使、精灵和圣徒的意见应该被排除在天文学的大门之外。在《新天文学》(*New Astronomy*)里，他写道：“至于圣徒有关自然的意见，我用一个词来回答，在神学里唯有权威的分量有效，在哲学里唯有理性的分量有效。”在评说各方圣贤对地球的论述之后，他得出这样的结论：“……在我看来，比这一切都神圣的是真理；我尊敬教士，但我从哲学上证明，地球是球体，有两极，在宇宙中小得微不足道，在众多的星球之中快速漫游。”

当开普勒表达这个观点时，他就向着技术统治论的观念迈出了重要的一步。我们在这里听到一个清楚的呼唤：区分道德价值和思想价值，这个概念的区分是技术统治论的基石之一。这是重要的一步，但仅仅是一小步。为何行星运行的速度不一样？在他

之前尚无人提出这样的问题。开普勒的回答是，肯定是由于太阳发出的力量不一样。但这个答案给上帝留下了立足之地。在给同事迈克尔·梅斯特林（Michael Maestlin）的信中，开普勒写道：
“太阳处在运动的星球之中，太阳本身不动，却是运动之源，他承 32
载着圣父和造物主上帝的形象……他通过一种中介分配动力，在圣父通过圣灵创造万物之初，这一中介已经包孕着运动的星体。”

开普勒是路德教徒，他被罗马教廷革出教门之后，仍然真诚地信仰上帝。比如，他发现行星的椭圆形轨道时感到不满意，因为他认为上帝的眼中不以椭圆形为佳美。诚然，在哥白尼的基础上，开普勒创建了新的学说，他并不要求其中的真相一定会得到上帝的恩宠。然而，他的学说究竟会走向何方，他自己并不完全清楚。清楚表现科学和神学不可调和的矛盾的工作，尚待伽利略去完成，科学和神学不可调和的矛盾就是思想观点和道德观点的矛盾。

伽利略本人并不是望远镜的发明者，但他并非总是反对别人把这个发明算在他的头上。发明眼镜的荷兰人约翰·利珀希（Johann Lippershey）很可能是望远镜的真正发明人。无论如何，首先获得望远镜许可证的是利珀希，那是在1608年。（也许值得说明的是，在比萨斜塔上抛铁球的那一场著名实验，不是伽利略做的，而是他的对手乔齐奥·科雷索［Giorgio Coressio］做的，而且科雷索做实验的目的并不是要驳斥亚里士多德的观点，相反是要证实亚里士多德的观点。）尽管如此，我们还是必须要把望远镜从玩具变成科学工具的功劳完全算在伽利略的头上。而且，伽利略使天文学成为主流神学的痛苦不安之源，这个功劳也必须要算在他的头上。他用望远镜发现了木星的四颗卫星，他的文风简洁明快、通俗易懂，这正是他武库里的两件有力武器。尤为重要者，他直截了当地对《圣经》表示异议。在《致大公爵夫人克里
33 斯蒂纳的信》（*Letter to the Grand Duchess Christina*）里，他引用开普勒提出的理由，说明为何不能按照字面的意思解释《圣经》。而且他进一步说，凡是可以直接观察或证明的物质现象，都不能够因为和《圣经》的表述不一样而受到怀疑。伽利略认为，教士没有资格对自然现象发表意见，在这一点上，他比开普勒表述得更加清楚。他认为，让这些教士评说自然现象是愚蠢之至。他写道："如果允许他们评头论足，那就像是容许既不懂医药又不懂建筑的暴君去行医治病、修建楼房，因为暴君知道他可以随心所欲地发号施令，然而其后果却是将可怜的病人置于死地，使高楼大厦顷刻之间土崩瓦解。"

伽利略诸如此类的大胆论述，把教士们搞得晕头转向。因此，教会竟然不断努力协调教会的信仰和伽利略的观察和言论，这实在是令人惊讶。比如，教会愿意接受地球运动、太阳静止的假说。接受的根据是，提出有趣的假说是数学家的责任。然而在一个问题上，教会和伽利略是水火不相容的：伽利略声称，地球的运行是自然的事实，教会就不能容忍了。这样的信念和《圣经》矛盾，显然有害于神圣的信仰。因此，对伽利略异端的审判虽然一再推迟，却是必然的结果。审判在 1633 年举行，伽利略被判有罪。裁决的惩戒是：伽利略发誓放弃哥白尼的观点，在正规的监狱里服

刑，在三年的时间里，每周背诵七首赞美诗，表示忏悔。有人相信，他听到宣判时低声说过“但地球的确是在运动的啊”，或者他咕哝过诸如此类的话，以此表示其抗议；但这样抗议的可能性并不大。事实上，在宣判裁决时，裁判所四次问他是否相信哥白尼的观点，每一次他都回答说，他不相信。人人都知道，他的信仰与口头的回答刚好相反；他不得不顺从的原因是他老态龙钟、体弱多病、害怕受刑。反正，伽利略没有坐一天牢。起初，他被 34
软禁在蒙地特立尼塔大公爵的别墅里，后来被转移到锡耶纳城大主教皮科洛米尼的宅邸，最后被送回他在佛罗伦萨的老家，并在此安度余生。伽利略1642年去世，艾萨克·牛顿[1]在这一年出生。

哥白尼、开普勒和伽利略安放的炸药将要炸毁中世纪世界的神学和形而上学。牛顿点燃了引爆的导火索。接着的爆炸炸毁了亚里士多德的万物有灵论，连同他在《物理学》(*Physics*)里的一切论述。《圣经》失去了很大一部分权威。曾经是学问女皇的神学，沦落到宫廷弄臣的地步。尤为严重的是，生存的意义成为一个悬而未决的问题。这一切真是天大的讽刺！传统适合向上天寻求权威、目的和意义，相反，那些“梦游者”(阿瑟·凯斯特勒[2]笔下的哥白尼、开普勒和伽利略)并不乞求上天，而是观察层层天空里的天象。他们在天上看到的仅仅是数学公式和几何图形。他们

1　艾萨克·牛顿(Isaac Newton，1642—1727)：英国物理学家、数学家和天文学家，提出万有引力定律、力学三定律、白光由色光组成等理论，开创了微积分学，著有《自然科学的数学原理》《光学》等。

2　阿瑟·凯斯特勒(Arthur Koestler，1905—1983)：匈牙利裔美国作家，代表作有《正午的黑暗》《梦游者》《机器中的幽灵》等。

大义凛然却不无顾虑，他们尽力维护自己的信仰，却又不背离上帝。他们信奉的上帝是谋划和设计整个创世过程的上帝，是大师级的数学家。他们寻求自然界的数学规律，说到底这是一种宗教追求。造化是上帝的文本，伽利略发现，上帝的字母表是由“三角形、四边形、圆形、球体、锥体、金字塔等数学图形”组成的。开普勒同意甚至夸口说，上帝写就了这个文本，但上帝不得不等待 6 000 年才盼来第一位读者——这位读者就是他开普勒。至于牛顿，他晚年的大部分时光用来运算亚当以降的世代，他对《圣经》的信仰从来就不曾动摇。笛卡尔[1] 1637 年出版的《方法论》（*Discourse on Method*）给怀疑主义和理性以高尚的地位，成为新科学的基础，可是他又是虔诚的基督徒。他的宇宙观是机械宇宙
35 观（他写过“给我物质和运动，我就把世界构造出来”），然而笛卡尔有关运动恒定不变的规律却是从上帝永恒的信仰里推导出来的。

以上科学家直到临终都信守自己时代的神学。毫无疑问，他们对末日审判何时降临的考虑，不可能抱漠不关心的态度，他们不可能想象一个没有上帝的世界。况且，他们构建的科学几乎全部是有关真理的问题，而不是有关权力的问题。为了寻求真理，16 世纪末出现了追求精确的激情：精确的年月日、数量、距离和速度。有人甚至觉得，可以准确地确定创世的时刻，那就是公元

1　笛卡尔（René Descartes，1586—1650）：法国数学家和哲学家，将哲学从经院哲学中解放出来的第一人，黑格尔称他为近代哲学之父。代表作为《方法论》和《哲学原理》。

前4004年10月23日上午9时正。这些人像希腊人那样考虑哲学（他们称之为科学），他们相信，研究自然的真正目的是在思辨中得到满足。他们不关心进步的观念，不相信自己的思辨有改善生活条件的前景。哥白尼、开普勒、伽利略、笛卡尔和牛顿为技术统治论的观念奠定了基础，然而他们本人却是工具使用文化时代的人。

弗朗西斯·培根[1]生于1561年，他是技术统治时代第一人。我这样说可能是在挑战康德[2]的权威。康德说，人们需要开普勒或牛顿去寻找文明运行的规律。也许是吧。然而，清清楚楚发现科学与改善人类境遇关系的第一人正是培根。他研究的主要目的是“推动人类的幸福”。他坚持不懈地批评先行者未能理解这样的追求：科学真正、合理和唯一的目的是“将新的发明和财富赋予人的生活”。他把科学从九霄云外拉下来放到地上，这些科学包括数学，他认为数学是发明的侍女。有了这种知识的功利主义观， 36
培根就成为新思想大厦的主要设计师。在这幢大厦里，听天由命的态度被抛到窗外，上帝被送进一间特制的房间。这幢大厦的名字叫进步和力量。

具有讽刺意味的是，培根本人并不是科学家，至少不太像科学家。他并没有在任何一个研究领域做过任何拓荒的工作。他并

1　弗朗西斯·培根（Francis Bacon，1561—1626）：英国散文作家、哲学家、政治家，古典经验论始祖，近代实验科学方法鼻祖，著有《论科学的价值和发展》《新工具》《学问的进步》。

2　康德（Immanuel Kant，1724—1804）：德国哲学家，古典唯心主义哲学创始人，主张自在之物不可知，人类知识是有限度的，提出星云假说，著有《纯粹理性批判》《实践理性批判》等。

未揭示任何新的自然定律，也没有提出一个新鲜的假设。他甚至对当时的科学研究并不通晓。他自认为开创了科学方法的革命性进步，并为此而感到自豪。但后人并不容许他享受这个美名。实际上，他最著名的科学实验之所以引起我们的注意，那是因为这一次实验要了他的命。在一个风雪天，他与好友威瑟尔博恩（Witherborne）博士乘马车出游，看见地上的积雪时，他就自问：冻雪能否像食盐那样保存鲜肉呢？两人决定立即实验。他们买了一只鸡，掏空内脏，把雪塞进去。可怜的培根未能等到实验的结果，因为他当即受冻病倒，很可能患了气管炎，三天以后就不幸去世。有的时候，他因此而被认为是实验科学的殉道者。

然而，实验科学并不是他的伟大之处。实用的发明对改善生活条件的效果给他同时代的其他人留下了深刻的印象，然而培根是深入而系统地思考这个问题的第一人。他把大量的著作用来教育人，使人明白发明和进步的关系。在《新工具》（*Novum Organum*）里，他写道：

> 观察发现的力量、效应和结果，值得一试。这样的发现
> 最明显地表现在古人闻所未闻的三大发明中，它们是不久前
> 的发明，却不大为人所知。这三大发明是印刷术、火药和磁
> 37 针，它们改变了整个世界的面貌和事态。印刷术改变了文学，
> 火药改变了战争，磁针改变了航海。由此而产生了无数的变
> 化；在此，没有一个帝国、一个教派、一颗星球对人类事务
> 施加的力量和影响，堪与这些变化一比高低。

在这一段话里，我们能够看到培根的美德，探察到他伟大影响的源泉。他身上没有丝毫梦游者的迹象。他完全明白技术对文化的作用，他把技术发展置于读者注意力的中心。他笔下的文字信心十足、气势磅礴。他毕竟是世界级的散文大家。他是顶级的宣传家，通晓科学史，但他并不把科学当作思辨的记录，而是把科学当作思辨成就的记录簿。他孜孜不倦地把这个思想传达给全世界，传达给自己的同胞。《新工具》的第一、二卷留给世人的格言警语多达 182 条，他试图创立一种科学哲学，其基础是这样的公理："头脑的改善和命运的改善是同一回事。"在这本书里，他谴责声名狼藉的四种假象（idols），因为它们妨碍人获取战胜自然的力量：部落假象使人相信我们的感觉和自然界的真实情况一致；洞穴假象使我们走向从遗传和环境得到的错误观念；集市假象使我们受语词的欺骗；剧场假象把我们引向哲学家误人子弟的教条。

今天我们读培根，常常会对他言论的现代性感到惊讶。科学是力量和进步源泉的观念，我们耳熟能详。在《学问的进步》(*The Advancement of Learning*)里，他甚至给一所"发明家学园"勾
勒了基础，这所大学颇像今天的麻省理工学院。按他的构想，政 38
府给发明家提供津贴，资助实验和差旅费。他设想创办学术刊物，组建国际学会。他鼓励科学家充分合作，这个念头足以使第谷·布拉赫、开普勒和伽利略大吃一惊，因为他们把一部分天才用来隐藏自己的研究工作，互相保密。培根还主张，科学家做公开的讲演应该得到优厚的报酬，他认为，让公众了解发明的用处

和发明本身同等重要。简而言之，他构想的科学事业和今人的想法一致——组织有序、经费有保证、公开，在人类不断改善自身境遇的斗争中成为最锐利的武器。

已如上述，培根是技术统治时代的第一位学者。但许多人加入他的行列却还要等待很长一段时间。他 1626 年去世；欧洲文化过渡到现代世界即技术统治的心态，还需要 150 年才能够完成。在这个过程中，人们逐渐形成这样的理念：知识就是力量，人类能够进步，贫困是严重的不幸，普通人的生活和其他人的生活一样有意义。如果说在这个过程中上帝已经死亡，那不是事实。但“上帝设计”（God’s design）这个观念的威力和意义，的确是极大地被削弱了。伴随这种观念缺失趋势的是文化上的满足感，因为道德价值和思想价值结为一体了。同时我们必须记住，在工具使用文化的老欧洲，大多数人是农夫，是贫困潦倒、没有权利的农夫。即使他们相信，来生充满无穷的快乐，他们的今生却是“难以忍受、猪狗不如、夭折短命的”。正如 C. P. 斯诺[1]所云，19 世纪的工业革命既是培根式科学的果实，也是穷人的唯一希望。正如托马斯·卡莱尔[2]所云，即使他们“真正的造物主变成了机械装置”，到了 19 世纪，大多数人还是不愿意失去他们现今的生活，
39 回到充满神性的、整合一体的工具使用文化。即使他们愿意，那也无妨，因为惋惜过去的时光徒劳无益。西方世界已经成为技术

1 C. P. 斯诺（Charles Percy Snow，1905—1980）：英国作家、物理学家，代表作有小说《陌生人和兄弟们》（11 卷），论著《两种文化与科学革命》等。

2 托马斯·卡莱尔（Thomas Carlyle，1795—1881）：英国散文家、史学家，关心社会问题，批评社会弊端，著有《法国革命》《论英雄、英雄崇拜和历史上的英雄事迹》等。

统治论的世界，不可能走回头路了。斯蒂芬·文森特·贝内[1]给人的忠告是唯一有意义的忠告，他的诗歌既针对那些为技术统治论感到欢欣鼓舞的人，也针对那些厌恶技术统治论的人。《约翰·布朗的尸体》（*John Brown's Body*）中有这样几行诗：

倘若你有临终遗言，
既不要说
“那是置人于死地的魔法，应该诅咒”，
也不要说“它赐福于人”，
你只需说“它在这里”。

1　斯蒂芬·文森特·贝内（Stephen Vincent Benet，1898—1943）：美国诗人、小说家，代表作有以内战为题材的叙事诗《约翰·布朗的尸体》，短篇小说《魔鬼和丹尼尔·韦伯斯特》等。

第三章

从技术统治时代到技术垄断时代

你只需说："它在这里。"但"它"是何时到达的？培根的意识形态是何时成为现实的？借用西格弗里德·吉迪恩[1]的话说，机械化是何时挂帅的？为审慎起见，我们不妨把英国真正的技术统治时代确定在18世纪后期，比如确定在詹姆斯·瓦特发明蒸汽机的1765年。自此，每隔10年就会涌现出一些重要的机械发明，这些发明合在一起结束了中世纪的"手工制造"业。这个时代释放的实用能量和工艺技能永远改变了西方世界的物质环境和心理环境。 40

另一个同样有道理的技术统治时代滥觞的年代是1776年（对美国人比较好记），亚当·斯密[2]的《国富论》（*Wealth of Nations*）在这一年问世。斯密并不是发明家，正如培根并非科学家一样。然而，和培根一样，他提供的理论观念实用稳妥、令人信服，而

1 西格弗里德·吉迪恩（Sigfried Giedion，1888—1968）：瑞士艺术史家、建筑学家，曾任哈佛大学访问教授，著有《时间、空间和建筑》《机械化挂帅》等。

2 亚当·斯密（Adam Smith，1723—1790）：英国经济学家，古典政治经济学派的代表，主张自由放任，反对重商主义和国家干预。代表作有《道德情操论》《国富论》等。

41 且指出了人类奋进精神的走向。他对小规模、个体化、熟练劳工生产向大规模、非个体化、机械化生产的过渡做了合理的解释。他令人信服地论证，财富的关键因素是货币而不是土地，提出了市场自我调节的著名原理。在技术统治的社会里，“看不见的手”淘汰无能的人，对提供物美价廉商品的生产者予以奖励；所谓技术统治的社会受社会习俗和宗教传统的控制，受发明冲动的驱动，不过这样的控制和驱动是比较松散的。究竟谁那颗看不见的脑袋指引那只“看不见的手”，当时不清楚，如今也不清楚，但上帝和它有关系却是可能的（技术统治论的产业家相信有这个可能）。如果不是上帝起作用，那就是“人性”起作用，因为亚当·斯密把人类称为“经济动物”，人天生的本能是以物易物、获取财富。

无论如何，到 18 世纪末，技术统治论已经步入坦途，尤其是在理查德·阿克莱特（Richard Arkwright）登场之后。他的职业是理发师，但他开发了工厂制度。在他兴办的纺织厂里，他训练工人“顺从机器有规律的快节奏”，他的工人多半是儿童。他大大推动了技术统治的资本主义，使这种现代形式的资本主义迅速发展。到 1780 年，他控制的工厂多达 20 家，国人感谢他，授予他爵位；儿子感谢他，从他那里继承了一大笔遗产。我们不妨把他视为第一位甚至是原型式的技术统治论的资本家。他各个方面都是 19 世纪企业家的典范。西格弗里德·吉迪恩描绘得好，阿克莱特率先实现了生产的机械化，“他身处敌对的环境，没有人保护，没有政府津贴，无情的功利主义成为他的营养，使他不畏惧金融风险或经济危险”。到 19 世纪初，英国每一个大城市都涌现出了大批企业家。到 1806 年，埃德蒙·卡特莱特（Edmund Cartwright，地地道道的教士）提出动力织布机的概念；他一劳永 42
逸地淘汰了熟练劳工，用操作机器的个人取而代之，完成了纺织业的革命。

到 1850 年，制造机器的机床工业产生。到 19 世纪 60 年代，西方人尤其美国人爆发出发明的集体热情。再用吉迪恩的话说："人人搞发明，每一位企业主都千方百计加速生产，使产品更完善，更美观。旧的工具转换成了现代化的工具，变化在不知不觉之中静悄悄地完成了。"[1] 因为 19 世纪的发明广为人知，所以没有必要详细描绘，这些发明包括赋予"传播革命"实质内容的发明：留声机和电报（19 世纪 30 年代）、转轮印刷机（19 世纪 40 年代）、打字机（19 世纪 60 年代）、跨洋电缆（1866）、电话（1876）电影和无线电报（1895）。阿尔弗雷德·怀特海 [1] 概括了这个世纪的发明，他说，19 世纪是发明这个概念本身的世纪。我们学会了如何发明，为何发明这个问题的重要性反而退居其次。19 世纪诞生了这样一个理念：如果某事能够做，那就应该做。与之同时诞生的是一个深刻的信念：相信发明的成功必须要遵循以下的所有原理——客观、效率、专长、标准化、计量和进步。另一个信念是，当我们不再将人视为公民或上帝的子民而是视为消费者时，技术进步的发动机就获得最好的效益。把人视为消费者就

1　阿尔弗雷德·怀特海（Alfred North Whitehead，1861—1947）：英国数学家、教育家和哲学家。与罗素合著的《数学原理》被称为永恒的伟大学术著作。创立了 20 世纪最庞大的形而上学体系。

是把人当作市场。

当然并非人人都同意我们上述的观点，尤其是最后一个观点。英格兰诗人威廉·布莱克[1]笔下的磨坊是“黑咕隆咚、撒旦出没的磨坊”，夺走了人的灵魂。马修·阿诺德[2]警告我们说，“对机器的信仰”是对人类最大的威胁。卡莱尔、罗斯金[3]、威廉·莫里斯[4]
43 强烈抨击工业进步带来的精神堕落。在法国，巴尔扎克[5]、福楼拜[6]和左拉[7]的小说，详细描绘了“经济人”精神的空虚和渴望冲动的贫乏。

19 世纪还出现了许多“乌托邦”社区，最著名的也许是罗伯特·欧文[8]在苏格兰试验的新拉纳克（New Lanark）。他在这里建立了一个典型的工厂社区，缩短工作时间，改善生活条件，为工人子弟提供创新的教育。1824 年，欧文移居美国，在印第安纳州

1 威廉·布莱克（William Blake，1757—1825）：英国诗人，前浪漫主义代表人物，对英国浪漫主义运动产生重大影响，讴歌自然，抒写理想与生活，风格独特，代表作有《天真之歌》《经验之歌》等。

2 马修·阿诺德（Matthew Arnold，1822—1888）：英国诗人、批评家、教育家，著有《多佛滩》《邵莱布与罗斯托》《文化与无政府状态》等。

3 罗斯金（John Ruskin，1819—1900）：英国艺术批评家、社会理论家，主张社会改革，反对机器文明，大力支持前拉斐尔派。

4 威廉·莫里斯（William Morris，1834—1896）：英国小说家、诗人、印刷商、“装帧之父”、美术手工艺运动的领导人之一；组织社会主义联盟，成为英国社会主义运动领袖，著有《地上乐园》《社会主义诗歌》《乌有乡消息》等。

5 巴尔扎克（Honoré de Balzac，1799—1850）：法国作家和现实主义小说奠基人，其《人间喜剧》共 91 部，是法国社会生活的全景式描绘。

6 福楼拜（Gustave Flaubert，1821—1880）：法国小说家，19 世纪文学大师。代表作为《情感教育》《圣·安东尼的诱惑》等。《情感教育》用伤感悲观的调子描写 1848 年的法国革命。

7 左拉（Émile Zola，1840—1902）：法国作家、批评家、自然主义文学代表，著有《卢贡·马卡尔家族》20 部，发表公开信《我控诉》等。

8 罗伯特·欧文（Owen Robert，1771—1858）：英国企业家、最著名的空想社会主义者之一，在美国创办和谐新村，著有《新社会观》。

建立另一个乌托邦，取名和谐新村（New Harmony）。他的试验和其他人的乌托邦试验数以十计，虽然好景不长，但在减轻技术统治文化使人付出的代价方面，这些试验却进行了大胆的探索。[2]

此外，我们还不能不提勒德运动[1]的兴衰，它们遭到被抹黑的命运。勒德运动这个词的源头不清楚，有人相信，它指的是一位名叫路德伦（Ludlum）的年青人；他奉父亲之命去修理一台织布机，却把它砸烂。总之，1811 年到 1816 年之间兴起了一场广泛同情工人的运动，工人们愤怒反对削减工资、使用童工，反对废除保护熟练劳工的法律和习俗。他们的不满表现为砸机器，主要是表现在制衣业和织布业的劳工中。此后，“勒德”一词演变出幼稚、天真地反对技术的意思。在绝望之中，勒德分子拼命保护自己的权利、荣誉、法律和习俗；而根据旧的世界观，这些都是合理的。[3]

勒德分子被打败了，其他对 19 世纪说“不”的人也败下阵来。哥白尼、开普勒、伽利略和牛顿如果还在世，也可能站在输家一边。也许，培根也会站在他们一边，因为他无意使技术沦为困境或破坏力量。但我们要指出，培根最大的不足始终是不熟悉塔姆斯法老的传奇故事；培根不懂技术变革的辩证关系，对技术的负 44
面后果不置一词。即便如此，从总体上看，技术统治论的兴起大概还是让培根感到高兴，这是因为技术统治论刷新了物质文明的面貌，向舒缓托克维尔所谓“劳作的疾病”迈出了一大步。诚然，

1　勒德运动（Luddite Movement）：英国早期（1811—1816）工人阶级运动，因反抗压迫而迁怒于机器，以捣毁纺织机器为手段抗议资本家降低工资和解雇工人。

技术统治的资本主义造成了贫民窟和人的异化，但人们也认识到这样的情况是罪恶，认为这样的罪恶应该铲除，也能够铲除。换句话说，技术统治文化使普通人更受尊重，普通人的潜力和生活的方便成为不能不考虑的政治利益和紧迫的社会政策。19 世纪拓展了公共教育，打下了现代工会的基础，公共图书馆发展，非专业杂志的地位提高，文化因此而得到普及，美国的情况尤其突出。仅举一例就足以说明文化的普及，1821 年创刊的《星期六晚邮报》（*The Saturday Evening Post*）吸引的撰稿人包括威廉·卡伦·布莱恩特[1]、哈里特·比彻·斯托[2]、詹姆斯·菲尼莫尔·库珀[3]、拉尔夫·沃尔多·爱默生[4]、纳撒尼尔·霍桑[5]和埃德加·爱伦·坡[6]，目前大学里美国文学入门课纳入的作家大多数都在其中了。技术统治文化消解了文化人和工人阶级兴趣的分界线。正如乔治·斯坦纳[7]所云，从法国革命到第一次世界大战这一段历史时期产生了高

---

1 威廉·卡伦·布莱恩特（William Cullen Bryant，1794—1878）：美国诗人、评论家、编辑，擅长描绘自然景色，长期主编纽约《晚邮报》，著有《死亡观》《致水鸟》等。

2 哈里特·比彻·斯托（Harriet Beecher Stowe，1811—1896）：美国女作家，人称斯托夫人，其反奴隶制小说《汤姆叔叔的小屋》促进了废奴运动发展，林肯总统称赞她点燃了美国内战。

3 詹姆斯·菲尼莫尔·库珀（James Fennimore Cooper，1789—1851）：美国 19 世纪小说家，开创了美国文学史上三种不同类型的小说：革命历史故事、边疆冒险故事和海上冒险故事，代表作是《皮袜子故事集》，《猎鹿人》为其中一篇。

4 拉尔夫·沃尔多·爱默生（Ralph Waldo Emerson，1803—1882）：美国思想家、散文家、哲学家、诗人，超验主义运动主要代表，著有《论自然》《诗集》《五月节》《论经验》《论历史》《美国学者》《爱默生讲演录》《爱默生选集》等。

5 纳撒尼尔·霍桑（Nathaniel Hawthorn，1804—1864）：美国小说家，开创美国象征小说的传统，代表作有《红字》等。

6 埃德加·爱伦·坡（Edgar Allen Poe，1809—1849）：美国小说家、诗人、记者、侦探小说鼻祖，著有《乌鸦》《莉盖亚》《莫格街凶杀案》等。

7 乔治·斯坦纳（George Steiner，1929— ）：法裔美国比较文学家、文化学家、文化批评家，著有《悲剧之死》《通天塔之后》《托尔斯泰抑或陀思妥耶夫斯基》《语言与科学》等。

质量的文化绿洲，伟大的文学送到了大众的手里。

还有另一种东西惠及了大众：政治自由和宗教自由。如果说启蒙时代的源头仅仅是 18 世纪技术地位的上升，那难免失之过简，难以令人接受；然而，经济领域对个性的极端重视，必然在 45
政治领域产生共鸣。在技术统治的社会里，世袭的皇家血统不但失去意义，而且很荒唐。新的贵族给理查德·阿克莱特这样的企业家留下一席之地；他们门第卑微，但智力过人，胆略冲天。有这种才能的人不会被剥夺政治权利，如果未被授予政治权力，他们就准备夺取政治权力。无论如何，新生产资料和传播媒介的革命性，自然会在人类活动的各个领域产生激进的思想。技术统治文化赋予我们进步的观念，涣散我们与传统的纽带，包括政治纽带和精神纽带。技术统治文化的空气里弥漫着新自由的预兆，社会组织新形式也显露端倪。技术统治文化使世界提速。我们可以更快到达目的地，它加快了做事的节奏；我们花费的时间减少，完成的事情却更多。事实上，时间成为技术可以战胜的对手了。其意味是，我们没有时间去回顾或思考失去的东西。帝国需要建立，机会需要利用，激动人心的自由需要人去享受，美国的情况尤其如此。在这里，美国插上技术统治文化的翅膀，直上云霄，掌握世界强权。倘若建国之父杰斐逊[1]、亚当斯[2]和麦迪逊[3]仍然在世，

1　杰斐逊（Thomas Jefferson，1743—1826）：美国政治家，第三任总统，《独立宣言》起草人之一。

2　亚当斯（John Adams，1735—1826）：美国第二任总统，参与《独立宣言》起草、对英国和谈，著有《政府断想》《美利坚合众国政府宪法一辩》。

3　麦迪逊（James Madison，1751—1836）：美国政治家，第四任总统，《独立宣言》起草人之一。

他们会觉得，19 世纪的美国使人不太舒服，甚至不太宜人。但这也无关宏旨。在 19 世纪，有些美国人抱怨说，他们正在失去一些东西，亨利 · 大卫 · 梭罗就是其中之一。对于这些抱怨，我们首先要做出的回答是：我们什么也没有失去，失去的仅仅是工具使用文化的锁链。紧接着的回答更加发人深省：技术统治文化不会使我们不知所措。在一定程度上，这是事实。技术统治文化并没有完全摧毁社会的传统和符号世界的传统。它仅仅是把社会传统和符号世界置于从属地位，甚至使之受到羞辱，但它不可能使这些传统失去效力。19 世纪的美国还有虔诚的教徒，还有原罪的观
46 念。人们仍然以家乡为荣，还能够顺应家庭生活的传统观念。对传统本身的尊重依然存在，人们还可以在仪式和神话里生活。人们还可以相信社会责任和个人行为的实用性，相信常识和长者的智慧。这样的传统不容易传承，但还能维持。

技术统治文化出现在 19 世纪的美国，全副武装，它鄙视工具使用文化的信念，因为虔诚与原罪、祖母和家庭、地区忠诚和两千年悠久的传统等观念和现象，与技术统治时代的生活方式是对立的。它们是工具使用文化的残余，不断引起麻烦，是批评技术统治论的源头。它们代表的是脱离并批评技术统治论的思想世界，工具使用文化的思想世界批判技术统治文化的语言、非人性、分割性和异化倾向。由此可见，技术统治文化鄙视工具使用文化的思想世界，但它不能够在美国摧毁这个思想世界。

在马克·吐温[1]的著作里，我们能够感觉到技术统治文化和旧世界价值的相互作用，他迷恋 19 世纪的技术成就，说这个世纪是“有史以来最明白、最强健、最伟大、最有价值的世纪”。他祝贺沃尔特·惠特曼[2]生活在这个时代，这个时代使世人能够享受煤焦油衍生的各种产品。常有人说，他是第一位经常使用打字机的作家。他投入大量的金钱搞发明（也亏了很多钱）。他在《密西西比河上》（*Life on the Mississippi*）中详细描绘了工业发展的景象，以下是纳切兹镇（Natchez）棉纺厂发展的情况：

> 罗萨利纺织厂有 6 000 锭子、160 台织布机、100 名工人。纳切兹纺织公司 4 年前开工，厂房两层楼，占地 50 英尺 ×190 英尺，有 4 000 锭子、120 台织布机……工厂每年加工皮棉 5 000 包，纺织品质优良的棕色衬衫衣料、被单料和斜纹布，年产量 47
> 达 500 万码。

马克·吐温非常喜欢描绘美国工业的宏大与创新。然而与此同时，他的作品又肯定前工业的价值。个人忠诚、地区传统、家庭生活的连续传承、长者故事和智慧的现实价值，都贯穿他的作品，成为其灵魂。哈克贝利·费恩和吉姆乘筏子逃亡，奔向自由，

1　马克·吐温（Mark Twain，1835—1910）：美国作家，幽默大师，当过排字工、水手、记者，代表作有《汤姆·索亚历险记》《哈克贝利·费恩历险记》《傻子旅行》《密西西比河上》等。

2　沃尔特·惠特曼（Walt Whitman，1819—1892）：美国诗人，大胆创新，背离传统格律，讴歌自我与民主，代表作为《草叶集》，对中国新诗产生过重大影响。

正是在庆贺前技术人不朽的精神价值。

如果要问当时的技术统治文化为什么没有摧毁工具使用文化的世界观，我们就可以回答说，产业主义的狂热刚刚出现，范围有限，还不可能影响人们的内心生活，也不能驱逐工具使用文化留下来的记忆和社会结构。即使不相信传统全然无用，你也能想象机械化纺织厂的奇迹。回眸 19 世纪美国历史时，你可以听见声声叹息，宗教危机的叹息、神话受攻击的叹息、政治和教育混乱的叹息，均不绝于耳；然而这些叹息还不是垂死挣扎时的悲鸣，只是文化在痛苦中的声音，仅此而已。毕竟，工具使用文化里的理念用来解决的问题，仍然在技术统治时代稽延逗留。技术统治时代的公民知道，科学技术并不给人提供生存的哲学依据，所以他们仍然紧守父辈的哲学。他们无法说服自己接受弗洛伊德有关宗教的观点；弗洛伊德在 20 世纪初概括宗教的要义时说，宗教只不过是执着的神经症。他们也不能完全相信新天文学的教导：宇宙是原子偶然搭配组合的产物。尽管他们依靠机器，他们还是像
48 马克·吐温那样继续相信，工具应当是自己的奴仆，而不是主人。他们允许这些奴仆放肆冒昧、咄咄逼人、胆大妄为、厚颜无耻，然而工具超越名分、斗胆以仆压主的势头，却会使他们毛骨悚然。虽然技术统治文化未能给灵魂找到一个清晰的位置，但其中的公民却相信：即使物质财富增长了，损害自尊的文化也不能够补偿人们的损失。

于是，技术世界观和传统世界观这两种对立的世界观就在不安的紧张中共存。技术世界观当然比较强大，但传统世界观依然

存在，发挥其作用，施加其影响，生龙活虎，不容忽视。这样的情景不仅见于马克·吐温详细的描绘，而且见于沃尔特·惠特曼的诗歌、亚伯拉罕·林肯[1]的讲演辞、梭罗的散文、爱默生的哲学中，亦反映在霍桑和梅尔维尔[2]的小说里，阿历克西·托克维尔[3]的巨著《论美国的民主》(*Democracy in America*)尤其活灵活现地叙述了这样的情景。总之在19世纪的美国，两个特色分明的思想世界在摩擦中共存。

技术垄断兴起之后，传统世界观随之消失。技术垄断清除任何替代它的选择，阿道司·赫胥黎[4]在《美丽新世界》(*Brave New World*)里对此做了精彩的勾勒。技术垄断并不使其他选择不合法，也不使它们不道德，亦不使之不受欢迎，而是使之无影无形，并因而失去意义。为此目的，技术垄断重新界定宗教、艺术、家庭、政治、历史、真理、隐私、智能的意义，使这些定义符合它新的要求。换句话说，技术垄断就是极权主义的技术统治。

在笔者写作的此刻（实际上这正是我写这本书的原因），美国文化是唯一的技术垄断的文化。这是一种年轻的技术垄断文化。

---

1 亚伯拉罕·林肯（Abraham Lincoln，1809—1865）：美国第十六任总统（1861—1865），共和党人，领导北方取得内战全面胜利。

2 梅尔维尔（Herman Melville，1819—1891）：美国作家，著有《皮埃尔》《水手比利·巴德》《白鲸》。《白鲸》是美国最伟大的小说，白鲸代表自然，小说反映人与自然的抗争与妥协，有别于中国人天人合一的思想。

3 阿历克西·托克维尔（Alexis de Tocqueville，1805—1859）：法国作家、政治家，曾游历美国，其《论美国的民主》已成经典，该书分析了美国政府制度的优缺点。

4 阿道司·赫胥黎（Aldous Huxley，1894—1963）：英国小说家，诗人，托马斯·亨利·赫胥黎的孙子，《旋律的配合》《美丽新世界》和《加沙的盲人》是赫胥黎最杰出的三部小说，《美丽新世界》和乔治·奥威尔的《一九八四》齐名，同为反乌托邦小说。

我们可以假设，它不仅希望只此一家，而且希望把持最发达的地
49 位。因此，它小心提防日本和几个正在努力成为技术垄断文化的欧洲国家。

确定美国技术垄断文化起步的日期，带有一定的任意性，有点像判定抛起来的硬币到达哪一高度才开始下坠一样，这样的断代带有任意性。你看不清硬币究竟是在哪一刻停止上升的。你仅仅知道，它停止上升后，反过来往下掉。赫胥黎断定，亨利·福特[1]的帝国兴起的时刻是技术统治时代向技术垄断时代过渡的时刻。在《美丽新世界》里，他用福特为坐标计量时间就是这个道理：BF（Before Ford）表示福特之前，AF（After Ford）表示福特之后。

由于其戏剧性，我倾向于把1923年夏天在田纳西州代顿市（Dayton）举行的，被戏称为“斯科普斯猴”[2]的审判作为美国技术垄断文化起步的关键时刻。这场审判和300年前审判伽利略的异端一样，是两种世界观的对垒，阵线分明。正如对伽利略的审判一样，争议的焦点不仅在于“真理”的内容，而且在于鉴别“真理”的恰当程序。捍卫斯科普斯的辩护人提出（准确地说是尽力提出）现代科学的一切预设和方法论独创，借以证明宗教信仰在发现和理解生命起源时不起任何作用。原告威廉·詹宁斯·布莱恩（William Jennings Bryan）及其追随者很动感情，拼命维护自己

1 亨利·福特（Henry Ford，1863—1947）：美国企业家，创办福特汽车公司，生产T型汽车，发明装配线，使美国成为汽车大国。

2 斯科普斯（John Scopes）：田纳西州代顿市一所中学的教师，因教授进化论而被地方政府告上法庭，原告律师威廉·詹宁斯·布莱恩代表原教旨主义的神创论，被告律师克拉伦斯·达罗（Clarence Darrow）是美国最著名的诉讼律师。被告大胜，原告大败，轰动一时。

信仰的合法性，他们用自己心目中上帝的语词来捍卫生命起源的信仰。在法庭辩论的过程中，他们在世人的眼中很滑稽。事情过去快要 70 年了，现在为他们说句好话似乎并无不妥：这些“原教旨主义者”既不是不了解科学技术的好处，也不是对这些好处满不在乎。他们也开汽车、用电器、穿机制衣。他们也使用电报和广播，他们之中亦有够资格称为著名科学家的人。他们也急于分 50
享美国技术统治文化的馈赠，也就是说，他们并不是砸机器的勒德分子，也不是未开化的原始人。刺伤他们情感的是科学对他们那个古老故事的攻击，而这个故事是他们道德秩序的源泉。他们输了，而且输得很惨。正如布莱恩所云，他感兴趣的是上帝创造的万古不朽的石头（the Rock of Ages），而不是个别石头的断代（the age of rocks）；这句话聪明、有趣，可惜不到位。这一场法庭舌战一劳永逸地解决了问题：在界定真理时，归纳性科学的宏大叙事比《圣经·创世记》里的宏大叙事优先，不同意这个观点的人，必将滞留在思想的一潭死水里。

作为彻底驳倒旧世界观的案例，斯科普斯审判很值得推荐，然而我却想将它搁置不用。这场审判主要是有关科学与信仰的争论，和作为信仰的技术关系不大。

要寻找一个象征技术垄断文化发轫的事例，我们还不得不回头审视时间略早、戏剧性稍逊的一场冲突。虽然注意到它语义双关的性质，我还是选定它作为技术垄断文化关键征兆的滥觞。1910 年 9 月至 11 月，州际商业委员会举行听证会，研究东北部铁路货物运费涨价的问题，铁路方面希望借此补偿由于年初铁路工人涨工资而增加的成本。商业委员会的代表是路易斯·布兰代斯（Louis Brandeis）。他持反对意见说，铁路可以靠提高运营效率来增加利润。他请的证人主要是工程师或产业经理，证人声称，只要用科学管理的原理，铁路就可以既增加工资又降低成本。虽然弗雷德里克·泰勒[1]没有出席听证会，但他的名字常常被人提及，人们把他作为科学管理的始祖。以证人身份出庭的专家向委员会担保，泰勒提出的科学管理系统可以解决每个人的问题。但
51 是，委员会最后的裁决否定了铁路部门的申请，主要是因为它断定铁路部门盈利不错，而不是因为相信科学管理的价值。不过许多人的确认为，这次听证会把泰勒及其管理体系映射到全国的舞台上。在随后的岁月里，人们试图把泰勒体系用于军队、律师业务、家庭、教会和教育。最后的结果反而是：泰勒的名字及其管理体系逐渐淡出，后来竟至于默默无闻，不过他有关文化成分的思想倒成为美国技术垄断的基础，直到今天。

我把这个事例作为技术垄断时代的起点，因为泰勒的《科学管理原理》（*Principles of Scientific Management*）是1911年问世的；该书率先明确而正式地概述了技术垄断思想世界的种种预设。这些预设包括：即使效率并非人类劳动和思想的唯一目标，它至少是劳动和思想的首要目标；技术方面的精打细算总是胜过人的主观评判，在一切方面都是如此；实际上，人的评判并非稳妥可靠，

1　弗雷德里克·泰勒（Frederick Taylor，1856—1915）：美国发明家、工程师，创立科学管理制度，被誉为“科学管理之父”，著有《科学管理原理》《论传送带》《计件工资制》等。

因为它受到粗疏大意、晦涩不清和节外生枝的困扰；主观性是清晰思维的障碍；不能计量的东西要么并不存在，要么没有价值；公民的事务最好是由专家来指导或管理。公道地说，我们应该指出，泰勒的管理体系（他并未发明“科学管理”这个术语，而且不太情愿用这个术语），起初只用于工业生产。他的初衷是科学地研究工厂，不仅是为了增加利润，而且是为了提高工资、缩短工时、改善劳动条件。他的体系包括“时间和动作研究”，用法律、规章、工作原理的“科学”取代对工人个体的评判。其意味当然是，工人必须抛弃习惯了的传统经验法则，事实上工人被解除了思考的责任。泰勒体系代替了他们的思考。这一点至关重要， 52
因为随之产生的理念是，任何技术都能够代替我们思考问题，这就是技术垄断论的基本原理之一。

科学管理原理的预设并非全部出自泰勒的脑袋。这些原理是在18世纪和19世纪的技术统治文化里孵化、哺育出来的。公平地说，技术垄断的源头见诸19世纪法国著名哲学家奥古斯特·孔德[1]的思想，他创建了实证主义和社会学，努力构建关于社会的科学。他主张，凡是不能看见和计量的东西都是非真实的，无疑，这个主张为后世把人当作客体的观念奠定了基础。在技术统治文化里，他这种意见仅仅是作为技术的副产品而存在的。技术统治文化关注的是发明机器。机器改变人的生活，这被认为是理所当然的事情；有的时候，人仿佛是被当作机器，而这又是技术发展

1　奥古斯特·孔德（Auguste Comte，1798—1857）：法国实证主义哲学家，社会学奠基人之一，著有《实证哲学教程》《实证政治体系》等。

必要而不幸的条件。不过在技术统治条件下，这样的状况并不被认为是一种文化哲学。技术统治论并不把宏大的还原主义作为目的；还原主义认为，人生的意义要到机器和技术里去寻找。与此相反，技术垄断论则把宏大的还原主义作为目的。我相信，泰勒的著作首次明白表述了这样一个理念：人听凭技艺和技术的摆布，人的价值在一定意义上低于机器时，社会就享受到最佳的服务。泰勒及其追随者描绘了这个理念的仪式，欢呼自己的发现是一个美妙新世界的开端。

为什么技术垄断论在美国大地上找到了肥田沃土？所谓技术垄断论就是一切形式的文化生活都臣服于技艺和技术的统治。技术垄断为什么首先在美国兴起？美国人又为何容许它兴旺发达？
53 这个问题有 4 个相互关联的原因。这些问题和原因已经有人在不同的语境下做过广泛的论述，而且他们的论述已经广为人知。第一个原因和所谓的美国国民性有关系，托克维尔在 19 世纪初已经对相关的方面进行了论述。他写道：“美国人生活在一片神奇的国土上，他们周围的一切都在不断运动中，每一次运动似乎都意味着进步。因此，在美国人的脑子里，新的观念总是紧密地和改善的观念联系在一起。环顾四周，不存在大自然对人的创业设置的任何局限；在美国人的眼里，不存在的东西不过是尚未尝试的东西而已。”[4]

美国人这个性格特征对一切研究过美国文化的人来说，都是一目了然的，虽然对这种国民性的解释见仁见智。有人把这个特征归结为人口的移民性质；有人将其归之于边疆心态；有人归因于得天独厚的丰富的自然资源，归因于新大陆无穷的机会；有人归之于普通人享受的前所未有的政治宗教自由；有人归之于上述一切原因和其他一些原因。笔者在此只讲一点：美国人不相信条件的限制，甚至可以说，美国人对文化本身抱考问的态度，这样的态度助长了极端和鲁莽的技术入侵。

第二个原因和第一个原因关系密切：这就是19世纪末20世纪初美国资本家的天才和胆略。美国资本家比其他国家的国民更加机敏且更加专注，他们一心一意开发新技术对经济发展可能做出的贡献。这些人有塞缪尔·莫尔斯[1]、亚历山大·格雷厄姆·贝尔[2]、托马斯·爱迪生[3]、约翰·D. 洛克菲勒[4]、约翰·雅各布·阿斯特[5]、亨利·福特、安德鲁·卡内基[6]等许多人，其中一些被称为强盗大亨。他们抢劫的是美国的历史，现在看来，这一点比当时更清楚了；他们的基本理念是，凡是阻碍技术革新的东西都不那么 54
值得保存。这些人创造了20世纪，他们的财富、威望和权势甚至会使18世纪的大富豪理查德·阿克莱特感到惊讶。他们最大的成就就是告诉同胞们，未来不必和过去保持联系。

1　塞缪尔·莫尔斯（Samuel Morse，1791—1872）：美国教授、画家、发明家，莫尔斯电码的发明者。

2　亚历山大·格雷厄姆·贝尔（Alexander Graham Bell，1847—1922）：苏格兰裔美国科学家、电话发明者。

3　托马斯·爱迪生（Thomas Edison，1847—1931）：人类历史上最伟大的发明家之一，他的发明有上千种，主要有电灯、留声机、电话话筒、电影放映机等。

4　约翰·D. 洛克菲勒（John D. Rockefeller，1839—1937）：美国企业家、慈善家、石油大王，捐款建立芝加哥大学。

5　约翰·雅各布·阿斯特（John Jacob Astor，1763—1848）：德裔美国皮毛商和资本家，当时最富有的美国人之一。

6　安德鲁·卡内基（Andrew Carnegie，1835—1919）：苏格兰裔美国工业家、慈善家、钢铁大王。

第三个原因是，20 世纪的技术给美国人提供的东西应有尽有，便捷、舒适、快速、卫生、丰裕等等无不一目了然，前景光明，以至于没有理由去寻找成功、创造或效用的任何其他源泉。针对旧世界的每一种信念、习惯或传统，过去和现在都可以利用技术手段来替代。祷告可以用青霉素替代；认祖归宗可以用迁移搬家替代；阅读可以用看电视来替代；受约束的困境可以用立竿见影的满足来替代；罪孽感可以用心理治疗来替代；政治意识形态可以用受欢迎的魅力来替代，科学的民意测验就可以确立这样的魅力。甚至弗洛伊德所谓痛苦的死亡之谜也可以找到技术来替代。死亡之谜可以靠延年益寿来推迟，也许还可以用冷冻技术来求得终极的解决办法。

蔚为壮观的技术胜利如日中天之时，出现了另一种情况：原有信念的源头深陷围城。尼采[1]宣告上帝死亡。虽然圣人达尔文[2]没有尼采那么极端，但他还是清楚表示：即使是上帝的孩子，我们也经过了极其漫长、不那么尊贵的道路才走到今天这一步，其艰难曲折非我们能够想象；在进化的过程中，我们还捎带上了一些奇形怪状、相貌丑陋的亲戚。马克思认为，历史自有其议程，正在把我们引向必须去的地方，并不以我们的意愿为转移。弗洛伊德告诉我们，我们对终极的、最深层的需求并不了解，为了揭

1　尼采（Friedrich Nietzsche，1844—1900）：德国哲学家、诗人，唯意志论的主要代表，创立“权力意志说”和“超人哲学”。代表作有《悲剧的诞生》《查拉图斯特拉如是说》等。

2　达尔文（Charles Darwin，1809—1882）：英国博物学家，进化论的奠基人，代表作有《物种起源》(1859)、《人类的由来及性选择》等。

示这些需求，我们不能够信赖传统的推理。行为主义学的鼻祖约翰·华生[1]显示，自由意志是幻觉，我们的行为说到底和鸽子的行为无异。爱因斯坦[2]及其同事告诉我们，评判任何东西都没有绝对 55
的手段，一切东西都是相对的。一百年学术研究的冲击力使我们对自己的信仰体系失去自信，也使自己失去自信。在观念的残垣断壁之中，只剩下一个可以相信的东西——技术。其余的东西当然还有否定或折中的可能性，但无论如何，有一点是显而易见的：飞机能飞翔，抗生素能治病，广播能说话，而且我们现在还知道，计算机能计算且绝不会出错——只有人才会犯错误（这是弗雷德里克·泰勒矢志不渝给我们灌输的思想）。

由于以上众所周知的原因，美国人从事技术创造的精神准备胜过其他人。然而，技术创新的盛世还需要另一套条件，不那么明显、较少为人知晓的条件。这些条件提供了技术创新的背景和语境；美国人对碍手碍脚的东西不信赖，他们的工业领袖具有技术开发的天才，技术高歌猛进，传统信念贬值，这些条件的重要性都被放大了，这些条件把技术统治文化推进到技术垄断文化。这个过渡的语境是下一章探讨的内容，我把这一章定名为“难以把握的世界”。

1　约翰·华生（John Watson，1878—1958）：美国心理学家，行为主义心理学鼻祖，认为心理学是研究人类行为的科学，著有《行为：比较心理学导论》《行为主义心理学》等。

2　爱因斯坦（Albert Einstein，1879—1955）：德裔美国理论物理学家，创立狭义相对论和广义相对论，提出光子概念，创立光电效应定律，因对光电效应的解释而获 1921 年诺贝尔物理学奖。

第四章

难以把握的世界

所谓“社会科学”是技术垄断论强有力的盟友，因此我们看 56
待社会科学的时候就必须要用一种敌对的目光，这是显而易见的。尽管如此，有时我对社会科学过分膨胀的显赫地位还是表示敬佩，我的办法是在一些同事的身上做一个小小的试验。和许多其他的社会科学试验一样，这个试验也建立在欺骗和利用的基础上。试验的意义是否能够传递给读者，我们就必须依靠读者的想象力了。

试验最好是在早上进行，对象是好像没有读当天《纽约时报》的同事。“你今天早上读《时报》了吗？”如果同事说“读了”，我就不会试验。但如果回答是“没有”，试验就可以展开。我就说：“你该看一看今天报纸的C叠，有一则关于明尼苏达大学的报道，他们的研究很吸引人。”同事一般的回应是：“真的？什么内容？”此时我的选择几乎是无穷无尽，不过有两种选择会获得丰硕的成果。第一种选择是说：“研究的目的是发现什么食品最有
利于减肥，结果是这样的：正常食谱辅以巧克力小饼，一日三次。 57
因为巧克力小饼似乎有一种独特的营养成分，所以它能够以难以

置信的速度消耗热量，这是一种神奇的二氧化物。”

第二种选择是改变主题，转而去谈大学：“约翰·霍普金斯大学的神经生理学家发现慢跑和智力下降的关系。他们在 5 年之内检测了 1 200 人，结果证明，随着跑步时间的增加，统计数字显示出明显的智力下降趋势。他们不知道原因何在，但下降的确是事实。”

我在试验里担任的角色当然是转述很荒唐的事情，不妨说这是令人难以置信的事情。但如果我扮演的角色礼貌得体，表现出对同事的亲近态度，我得到的结果就值得报告给读者：大约 2/3 的同事会上当，他们会相信我转述的话，至少不会完全不相信。有时他们会说：“真的？可能吗？”有时他们会含糊其词地说：“你说这场试验是在哪儿做的？”有时有人会说：“你瞧，我听说过类似的事情。”我想要补充说明的是，实验结果的原因也许是值得探索的：我用明尼苏达大学和约翰·霍普金斯大学作为报道的出处时，人们很明显就轻信上当；用斯坦福大学和麻省理工学院做试验时，得到的结果仅仅是一般。

从这些结果大概能够得出几个结论，其中之一是门肯[1] 50年前就说过的。他说，任何愚蠢至极的思想都会有人相信，你总是能找到一个教授相信这样的思想。他的话与其说是解释，不如说是控诉，不过他的话还是有一定的道理（但我也在并非教授的人身上做这些试验，得到的结果大致相同）。另一个可能的结论是萧伯

1 门肯（H. L. Mencken，1880—1956）：美国作家、剧作家、评论家，20 世纪上半叶最杰出的记者和编辑之一，代表作有《美国语言》《偏见集》（6 卷）。门肯是反传统的文人，对当时流行的传统文学大加鞭挞，对于左翼作家西奥多·德莱塞、辛克莱·刘易斯等则推崇备至。

纳[1]说的，大约也是在50年前。他写道，今天的普通人和中世纪的普通人一样容易轻信上当。中世纪的人相信宗教的权威，凡事都 58
相信。今天的我们相信科学的权威，无论什么事都相信科学。

另一种可能性虽然和萧伯纳有关，但和上述第二种结论却迥然不同。这个结论和理解技术垄断持久的力量有更加密切的关系。我的意思是说，对我们大多数人来说，我们的世界几乎是难以理解的。没有什么事情会使我们长期感到吃惊，真实和想象的事情都不会使我们吃惊，因为我们没有掌握全面而持久的世界图像，所以事情就不会像是不可接受的。我们之所以相信那些事情，那是因为我们没有找到不相信的理由。我想，不用我到社会科学边缘的漫游中去寻找例证，读者就会承认这样的现象。我们受一种教育形式的熏陶，而这种教育又失去了条理清晰的世界观，于是，技术垄断就剥夺了我们了解世界的社会、政治、历史、思辨、逻辑和精神的基础；没有这些基础，我们就无法认识我们不相信的东西。

涉及技术方面的事情时，我们尤其容易轻信。因为这本书里有大量的事实，所以我不想在读者身上搞试验，以免动摇读者对它们的信心。然而假使我告诉你，本书的纸张用了一种特殊的制造工艺，原料是腌渍的鲱鱼皮，你能够用什么理由反驳吗？就你所知，实际上就我所知，腌渍的鲱鱼皮有可能是造纸的原料啊。假使一位工业界的化学家确认这一制造工艺，描绘其中我们不懂

1　萧伯纳（George Bernard Shaw，1856—1950）：爱尔兰人，17世纪以来英国最伟大的剧作家。代表作有《恺撒与克里奥佩特拉》《人与超人》《巴巴拉少校》《伤心之家》《圣女贞德》《卖花女》等。发起以渐进方式实现社会主义的费边社，一生比较激进。对同代和后世剧作家产生了深远影响。

的加工过程（当然要用一种二氧化物），你和我都可能会相信他的话是真的，至少你不会完全不相信他的话，这是因为技术的运行和上帝之道一样，既令人敬畏，又神秘莫测。

或许借助一个类比，就可以更接近我想要表达的意思。你打开一副崭新的扑克牌并把牌一张接一张翻过来时，你相当坚信这
59 些牌的顺序。你从黑桃 1 开始翻到黑桃 9 时，你指望下一张牌是黑桃 10。倘若此时出现的是方块 3，你一定会觉得奇怪并感到纳闷，这是一副什么牌啊。然而，如果我给你的是一副洗了 20 次的牌，请你一张接一张地把牌翻过来，你就不会期待某一张牌是什么牌，这张牌既可能是方块 3，也可能是黑桃 10。既然你不期待一种模式，既然你没有假设特定顺序的基础，你的反应就没有理由是轻信或惊奇，无论翻过来的牌是什么。

工具使用文化的信念体系颇像一副崭新的纸牌。无论技术上简单或复杂的文化，总是或多或少有一个全面而有序的世界观，这个世界观建立在一套思辨和神学的预设之上。普通人不一定能够清楚把握，不知道如何把艰辛的现实纳入宇宙宏大而仁爱的设计中去，然而祭司和萨满靠少量的原理却可以做到这一点，祭司和萨满这样做未必是完全理性的，但至少是条理清晰的。中世纪尤其是特别明显的例子。牧师解释至爱亲人死亡、灾祸、好运的意义，那是多么令人感到安慰啊。生活在那样一个没有偶发事件的世界里，这是神学给人的恩赐，难以替代；在那个世界里，一切从理论上说都是可以理解的，自然界发生的一切都有丰富的意义。在前现代的欧洲，教会的作用就是让那一副牌井然有序，红

衣主教贝拉明[1]等高级教士竭力阻止伽利略搞乱这副牌，其原因就在这里。众所周知，他们徒劳一场，随着技术统治文化的兴起，道德和精神的俨然一体性就开始解体了。

在这个过渡中失去的东西并非是一望而知的。《圣经》的宏大叙事曾经给生活中的根本问题和实际问题提供答案，此时却走 60
下坡路了，同时兴起的是有关“进步”的宏大叙事。进步观念的信念有一个预设：即使没有自称基督教信仰大厦的神学平台，你也可以明白生活的目的。科学技术是进步的主要工具，在积累关于自然的可靠信息的过程中，科学技术会结束愚昧、迷信和苦难。结果，技术统治文化并没有使进步观念死亡。在卫生学、药物学、运输、生产和通信中汹涌而来的信息产生了令人叹为观止的改进，产生海量信息的制度连弗朗西斯·培根也未曾想到。技术统治文化的燃料是信息——有关自然结构和人类心灵结构的信息。

逃出魔瓶的精灵声称，信息是新的文化神祇，但那是骗人。技术统治文化解决了信息稀缺的问题，信息稀缺的不利因素是显而易见的。但是，对信息泛滥的危险，它却不给人警示，因为信息泛滥的弊端并不是那么明显。信息泛滥的长远结果就是信息混乱，由此产生的文化仿佛是打乱了顺序的一副牌。奇怪的是，很少人注意到自己苦恼的根源，或者说即使注意到了，他们也不承认。若要明白这个道理，你只需自问：中东、南非、北爱尔兰的问题是什么？这些冲突达到狂热的程度是由于信息稀缺吗？生产的粮

1　红衣主教贝拉明（Cardinal Bellarmine，1542—1621）：认为新兴的天文学观点无法容忍，审判伽利略，处死布鲁诺。

食未能使数以百万计的人口摆脱饥饿，难道这是信息不足引起的吗？我们的城市犯罪率飞涨、破败不堪，其原因是信息不足吗？离婚率居高不下，精神病院爆满，这也是信息不足的结果吗？

事实上，政治问题、社会问题尤其个人问题，很少是由信息不
61 足引起的。然而，随着难以理解的问题增加，随着进步观念的淡出，由于意义本身成为令人生疑的对象，技术垄断论者坚定不移地相信，世界需要的是更多的信息。这颇像一个笑话：一位上饭店的食客抱怨，侍应生上的菜不能吃，每一个菜的分量也太少。当然，我们这里的问题绝对不是开玩笑的问题。在任何一个通信或计算机技术的讨论会上，你参与的都是创新机器的庆贺会，这些机器生产、储存、分配更多的信息，使用起来更加方便，运行速度更快，是史无前例的技术成就。人们总是问："这样的信息解决什么问题？"一般人的回答总是："解决了如何更加方便、快捷地生产、储存、分配更多信息的问题。"这就把信息拔高到形而上的地位：信息既是人创新活动的手段，也是其目的。在技术垄断时期，我们受生活的驱使，渴望"获取"信息。至于目的何在、有何局限，那不是我们要思考的问题；我们也不习惯提这样的问题，因为这个问题是前所未有的问题。世界从未遭遇过信息暴涨的问题，世人还没有时间来反思其后果。

一切现代事物的许多特征都可以追溯到千百年之前，同理，信息充斥的源头也可以回溯千百年。有人说计算机技术开创了信息时代，在误导人的言论中，莫此为甚。早在 16 世纪初，印刷机就开创了信息时代。[1] 谷登堡把一台陈旧的酿酒机改造成一台活字印刷机；40 年之后，印刷机已经进入 6 个国家的 110 座城市。

50 年之后，机器印刷的书籍达到了 800 多万册，几乎所有这些书
里的信息都是过去普通人无法获取的信息。其中的内容涉及法律、
农业、政治、开发、冶金、植物学、语言学、儿科学，甚至礼仪。 62
还有各种各样的指南和手册；商界迅速成为印刷品的世界，合同、
契约、本票、期票和地图普遍使用开来。（信息标准化了，且可以
复制；在这样的文化里，地图绘制人在地图上剔除了天堂，因为
天堂的位置太难以确定。这就不奇怪了。）

印刷机生产的新信息量太大，类型也太多，印刷商再也不能把抄书人的手稿用作范本。到 16 世纪中叶，印刷商开始试验新的版式，最重要的革新有用阿拉伯数字标示页码。（已知的第一本标注页码的书是约翰·弗罗本[1]推出的伊拉斯谟[2]翻译的第一版《新约全书》，印刷的时间是 1516 年。）标注页码的结果必然是更加精确的索引、注解和互相参照，接踵而至的发明有标点符号、章节标题、分段、扉页、天头书名，等等。到 16 世纪末，机印书籍的版式和外形就和今天的书可有一比了。

这一切值得一提，因为机印书版式的革新是为了控制信息的流动，是按照轻重缓急的顺序来组织信息，让信息排成序列。人们很早就意识到，机印书造成了信息危机，必须采取措施维持一定程度的控制。书籍形态的改变就是措施之一。1480 年信息爆炸

1　约翰·弗罗本（Johann Froben，1460—1527）：瑞士巴塞尔印刷商，印刷过许多名著，如拉丁文《圣经》、伊拉斯谟翻译的第一部希腊文《新约全书》，推广罗马体活字，引进斜体和希腊字母铅字。

2　伊拉斯谟（Desiderius Erasmus，1466—1536）：欧洲北方文艺复兴主要人物，荷兰人文主义学者，1506 年编定希腊文本《新约》，1516 年编定拉丁文本《新约》。

之前，英格兰只有34所学校。到1660年，学校总数就达到了444所，每12平方英里（约31平方千米）就有1所。普通学校迅速发展的原因有几个，最明显的原因是，信息失控引起了焦虑和混乱，
63 学校的迅速发展成为必要的回应。课程设置的发明就是逻辑的一步，目的是对信息源头进行组织、限制和区分。学校成为技术统治文化的第一种世俗的管理机构，它们使一些信息流动合法化，另一些信息流动声誉扫地。总之，学校成为管理信息生态的手段。

随着技术统治文化的兴起，信息成为前所未有的严重问题，几种控制信息的方法随即发明出来以解决这个问题。我建议读者看一看詹姆斯·贝尼格[1]的书《控制革命》（*The Control Revolution*），这是论信息与文化关系的三四本最重要的著作之一，该书对控制信息方法的论述非常详尽。本书下一章的探讨在相当大程度上依靠该书对控制机制如何瓦解的论述。不过，我必须指出，技术统治论希望防止信息桀骜不驯的大多数方法现在都行不通了。

实际上，你给技术垄断下定义时可以这样说：技术垄断的信息免疫机制是难以操作的机制。技术垄断是文化的“艾滋病”（AIDS），我借用这个词来表达“抗信息缺损综合征”（Anti-Information Deficiency Syndrome）。有人开口闭口就说“研究表明……”或“科学家告诉我们……”；只要你一点题就这样说，接下来再说什么就无关紧要了，无论你接着说的是什么，都不会产生矛盾，其原因就在这里。更加重要的是，在技术垄断条件下，

1　詹姆斯·贝尼格（James Beniger，1947—2010）：美国传播学家，著有《控制革命》。

不可能有超越性的宗旨或意义，不可能有文化的有机整合。走投无路的信息是危险的，没有理论指导的信息是危险的，没有妥当模式的信息也是危险的，没有高于其服务功能宗旨的信息同样是危险的。阿尔弗雷德·诺斯·怀特海把这种信息叫作“惰性”信息，不过他这个比方太消极。不受调控的信息能够置人于死地。所以我们有必要描绘一下导致这种严重事态的技术条件。

倘若望远镜像眼睛，使我们能够看到一个崭新事物的世界， 64
使我们找到获取这些事实的方法，那么印刷机就像是人的喉腔。印刷机不仅创造了新数据的搜集源泉，而且大大增加了欧洲大陆范围内科学家之间的交流。比如，科学话语标准化的走向就产生了统一的数学符号，包括用阿拉伯数字取代罗马数字。伽利略和开普勒把数学说成是大自然的语言或字母表，他们坚信，其他科学家会使用和理解这样的语言。标准化在很大程度上消除了文本中的晦涩，减少了图标和直观演示手段里的错误。印刷术结束了炼金术士的秘密，把科学变成公共事业。况且，这还不仅仅是科学家的事业：印刷术使用通俗语，所以它导致科学思想的普及。有些科学家比如哈维[1]坚持用拉丁文写作，但许多科学家（当然包括培根）迫不及待地用通俗语写作，努力传递新的精神和新的科学哲学方法。如果考虑安德里亚·维萨里[2]、布拉赫、培根、伽利略、开普勒、哈维和笛卡尔都出生在16世纪，我们就可以把握科

1　哈维（William Harvey，1578—1657）：英国医学家、解剖学家，发现血液循环。

2　安德里亚·维萨里（Andreas Vesalius，1514—1564）：比利时医师、解剖学家，现代解剖学奠基人，代表作为《人体结构》（7卷）。

学发展和印刷机的关系。换句话说，印刷机宣告科学的来临，普及科学，并鼓励科学，使科学系统化。

众所周知，印刷机对现在所谓的新教产生了同样的影响。马丁·路德依靠机器印刷的书籍作为宣传手段，人们对此已经做了详细的论述，他本人也承认印刷品对他完成使命的重要性。然而，尽管他深知印刷术的作用，印刷机超乎预料的威力有时还是让他吃惊。他致信教皇，写道："我写的文章怎么能够传播到这么多地方……对我来说这是一个谜。它们的对象本来是此地的学术圈
65 子……所用的语言是普通人难以读懂的。"路德忽略了一个问题：这些印制书籍是可能广泛流布的。他的论著虽然是用学术性的拉丁文写就的，然而印刷商把它们传遍德意志却轻而易举，把它们翻译成各地的通俗语言同样是轻而易举的。

我们不必赘述印刷术对中世纪思想的影响，因为伊丽莎白·爱森斯坦在《作为变革动因的印刷机》（*The Printing Revolution in Early Modern Europe*）里已经对此进行了详细的论述。我只想强调指出一个明显的后果：到 17 世纪初，印刷术已经造就了一种全新的信息环境。凡是能够识文断字的人都懂一点天文学、解剖学和物理学。新形式的文学比如小说、随笔粉墨登场。通俗语版本的《圣经》把上帝的"道"变成了上帝的话，因为上帝变成了英格兰人、日耳曼人或法国人，他的身份由印制《圣经》的语言来决定。有关机器、农业和医疗的实用知识得到了广泛的传播。商务文书给创业者的冒险精神以新的形式，给予其有力的推动。当然，印刷术使人的个性的重要性大大提高了。

这样的信息爆炸使西方文化充满活力，使之走上技术统治
的道路。随后，出乎预料的事情发生了；总而言之一个字——
“无”——什么事情都不再发生。17 世纪初，西方文化经历了重
组的过程，以便适应印刷机的发明。然而，从 17 世纪初到 19 世
纪中叶，任何重要的技术发明都没有出现，足以改变信息形式、
数量或速度的技术一个也没有。过了 200 多年，西方文化才适应
印刷机造就的信息环境。新的制度比如学校和代议制政府开发出
来；知识和智能的新观念得以形成；对理性和隐私的尊重大大提
高。新形式的经济活动随之出现；机械化生产和公司制的资本主 66
义就是这样的新形式，甚至富有人情味的社会主义理论也清清楚
楚地提出来了。新的话语形式在报纸、手册、单行本和书籍里形
成了。18 世纪出现了运用理性的上乘标准，这实在是不足为奇，
典范的作品有歌德[1]、伏尔泰[2]、狄德罗[3]、康德、休谟[4]、亚当·斯密、
埃德蒙·伯克[5]、维科[6]、爱德华·吉本[7]，当然还有麦迪逊、富兰克

1　歌德（Johann Wolfgang von Goethe，1749—1832）：德国诗人、作家，青年时代为狂飙运动的代表人物，集文学、艺术、科学、哲学、政治等成就于一身，代表作为诗剧《浮士德》和小说《少年维特之烦恼》。

2　伏尔泰（Voltaire，1694—1778）：法国启蒙思想家、作家、哲学家，主张开明君主专制，信奉洛克的经验论，著有《哲学书简》等。

3　狄德罗（Denis Diderot，1713—1784）：法国启蒙思想家、唯物主义哲学家、批评家和文学家，《百科全书》主编，著有《对自然哲学的解释》《达朗贝尔和狄德罗的谈话》等，另有小说、剧本、文艺理论、书信等传世。

4　休谟（David Hume，1711—1776）：英国哲学家、经济学家、历史学家，不可知论的代表人物。著有《人性论》《人类理智研究》等。

5　埃德蒙·伯克（Edmund Burke，1729—1797）：英国政治家，维护议会政治，主张对北美殖民地实行和解的政策，反对法国大革命。

6　维科（Giambattista Vico，1668—1744）：意大利哲学家，其《新科学》是人类历史上的不朽巨著，影响至今不衰。

7　爱德华·吉本（Edward Gibbon，1737—1794）：英国历史学家，代表作为历史巨著《罗马帝国衰亡史》6 卷，记述从公元 2 世纪到 1453 年君士坦丁堡陷落的历史。

林[1]、亚当斯、汉密尔顿[2]和托马斯·潘恩[3]。我这个名单加入了美国的“建国之父”，因为技术—印刷术的美国是在人们争辩的过程中用印刷文化建立起来的第一个国家。潘恩的《常识》(*Common Sense*)和《人权》(*The Rights of Man*)、杰斐逊的《独立宣言》(*Declaration of Independence*)和《联邦党人文件》(*Federalist Papers*)使用书面和印刷的形式，意在使人们觉得美国的试验合乎情理。对18世纪的人来说，这一点努力既是必不可少的，也具有充分的说服力。对依靠印刷品搞政治的人来说，理性和印刷术密不可分；托克维尔论述美国的民主时已经指出了两者的关系。我们可以毫不犹豫地断言，美国宪法的第一修正案就是印刷术意识形态偏向的一座丰碑。其中的第一条是：“国会不得制定关于下列事项的法律：确立国教或禁止信教自由；剥夺言论自由或出版自由；或剥夺人民和平集会和向政府请愿申冤的权利。”在这段话的45个（英文）单词里，我们可以发现识文断字、依靠理性的头脑这一类根本价值，这是印刷革命培养的价值：信仰隐私、个性、思想自由、公开的批评和社群的行动。

同样重要的是，第一修正案的措辞设定并坚持公众的权利：公众不仅要获取信息，而且要控制信息，人民要知道如何用信息
67 为自己谋福利。杰斐逊、亚当斯、潘恩、汉密尔顿、富兰克林的

1 富兰克林（Benjamin Franklin，1706—1790）：美国政治家、外交家、科学家、哲学家、文学家，“建国之父”之一。

2 汉密尔顿（Alexander Hamilton，1755?—1804）：美国政治家，曾任财政部部长，建立中央银行，主张加强联邦政府权力，与杰斐逊的政治主张对立。

3 托马斯·潘恩（Thomas Paine，1737—1809）：美国独立战争时期的政论家、革命家、民主主义者，发表名作《常识》鼓动革命，参加独立战争，著有《人权》《理性时代》等。

文字，无不把以下预设视为理所当然：信息为公民获取之后，公民必然能够驾驭信息。这并不是说，“建国之父”们认为，信息不可能作假、误导或离题。但是他们相信，信息和思想的市场井井有条，公民足以弄懂耳闻目睹的东西。足以用理性评判信息和思想对他们生活的用处。杰斐逊提倡教育，潘恩主张自治，富兰克林用心安排社群事务，他们都以整合一体、普遍共享的原则为前提；这些原则使我们能够就下列问题展开辩论：什么是公民的责任？什么是教育的本质？什么是人类的进步？社会结构有什么局限？

人们原来设想，信息、理性和实用性关系密切。但随着 19 世纪早期电报的发明，这一点合法性就开始丧失。电报发明之前，信息流动只能像火车一样快：大约每小时 35 英里（约 56 千米）。此前，获取信息的目的是理解和解决具体的问题，信息往往只能在局部范围内引起人们的兴趣。电报技术使这一切改观，激起了信息革命的第二个阶段。电报消除了信息运动的空间障碍，使空间不再是必然的制约条件；运输和通信首次分离开来。在美国，电报抹掉州际界限，地区分割随之崩溃，北美大陆包裹在一个信息网格里，造就了一个统一的民族国家。尤为重要者，电报技术产生了不受语境拘束信息的观念。换言之，信息的价值不必死死地套在信息的功能上，信息和它在社会政治决策和行动里的功能不必捆绑在一起。电报把信息变成商品，变成可以买卖的“东 68
西”，无论其用途或意义是什么。[2]

然而，电报的作用不止于此。如果没有与便士报的伙伴关系，电报变信息为商品的潜力或许永远都无法实现。便士报率先领悟了空间差别消除后产生的重要意义，于是，贩卖无关紧要的信息成了一项生意。事实上，在塞缪尔·莫尔斯演示电报之后的第二天，有一张报纸就用上了电报。巴尔的摩《爱国者报》（*Patriot*）用上了莫尔斯架设的华盛顿—巴尔的摩两个城市之间的电报线，向读者报道了众议院对俄勒冈问题的决议。报道结尾说："……我们能够向读者提供截止每天下午两点的有关首都华盛顿的消息。空间差别不复存在，所言不虚。"这个宣言过后不到两年，报纸的命运就不再依靠新闻的质量或实用性，而是依靠它们提供新闻的数量、距离和速度了。

再者，我们还必须补充说，报纸的命运有赖于它们能够提供多少图片。这是因为摄影技术的发明几乎和电报同时，它启动了信息革命的第三个阶段。丹尼尔·布尔斯廷[1]称之为"图像革命"，因为照片等图像使影像大规模入侵符号的环境。这些影像有：照片、印制的图案、招贴、图画和广告。以照片为前锋的新影像不仅是语言的补充，而且倾向于取代语言，成为我们构建、理解和验证现实的主要手段。到 19 世纪末，广告商和报人发现，一张图片不仅胜过千言万语，而且产生数千美元的销售业绩。

69 20 世纪来临时，语词和图片表达的信息量以指数级迅猛增长。电报技术和摄影技术领先，一个新的信息定义随之产生。这

1　丹尼尔·布尔斯廷（Daniel Boorstin，1914—2004）：美国历史学家、博物学家，曾任国会图书馆馆长，著有《美国人》（3 卷）、《神秘的法学》、《发现者》、《创造者》、《探索者》等。

样的信息排除互相关联的必然制约，信息在脱离语境的情况下展开，有助于迅捷的流动性，排斥历史连续性，以迷人的魅力取代复杂性和连贯性。接下来，西方文化气喘吁吁地遭遇到第四阶段的信息革命：广播。紧接着发生的是信息革命的第五个阶段：计算机技术。每一个阶段都携带着新的信息形式，信息量前所未有，信息流动的速度增加（如果虚拟的即时性能够再增加的话）。

现状如何呢？在今天的美国，我们有 26 万张户外广告牌，11 520 种报纸，11 556 种期刊，27 000 家影带出租店，5 亿多台收音机，1 亿多台计算机。98%的美国家庭拥有不止一台电视机。每年出版的新书达 4 万种（全世界达 30 万种），每天拍摄的照片达 4 100 万张。倘若这还不足以说明问题，每年投进我们信箱的垃圾邮件竟然多达 600 亿封（这是计算机技术的功劳）。

从全球数以百万计的源头，通过一切可能的渠道和媒介，信息源源不绝地向我们涌来，各式各样的媒介有光波、航路、纸带、计算机数据库、电话线、电报线、通信卫星、印刷机等。这一切的背后隐藏着一切可以想象的信息储存形式：纸张、录影带、录音带、光盘、胶片和芯片，可供检索的信息越来越多。我们像魔术师的学徒一样，在信息洪流中被冲得晕头转向。魔术师传授给我们的仅仅是一只有魔力的扫帚。信息已经成为一种垃圾，它不能回答人类面对的大多数根本问题；对平常的问题，信息也只能
勉强提供解答的方向。再换一种方式说，在技术垄断盛行的环境 70
里，信息和人的意旨之间的纽带已经被切断了；也就是说，信息杂乱无章地出现，并不指向具体的人，数量难测，速度惊人，但

从理论、意义或宗旨上看却是断裂分割的。

由此产生的是一个新世界。我在另一本书里把这个世界叫作躲躲猫[1]的世界；在这个世界里，忽而是一个事件，忽而是另一个事件，这样的事件突然冒出来，转瞬间就消失得无影无踪。这是一个难以把握的世界。在这个世界里，培根阐述的进步理念已经被技术进步的概念取代了。我们的目的不是减少愚昧、迷信和苦难，而是让我们自己去适应新技术的需要。当然，我们对自己说，这样的调适能够改善生活；然而那仅仅是正在消亡之中的技术统治文化的逻辑残存。我们的文化正在用信息自我消耗，而且许多人还不知道如何驾驭这个过程。我们的假设是，信息是我们的朋友，如果信息不足，文化受到的损害可能会令人扼腕，这个假设当然有一定的道理。另一方面，如果信息过剩，信息无意义，信息失去控制机制，文化也可能会吃尽苦头；可惜人们才刚刚开始明白这个道理。

1　躲躲猫（peekaboo）：把脸一隐一现逗小孩的游戏，多见于美国。

第五章

崩溃的防线

71 技术垄断是一种文化状态，也是一种心态。技术垄断是对技术的神化，也就是说，文化到技术垄断里去谋求自己的权威，到技术里去得到满足，并接受技术的指令。技术垄断需要一种新的社会秩序，所以，和传统信仰相关的大量文化成分必然会迅速消解。在技术垄断里感到最舒适惬意的人相信，技术进步是人类至高无上的成就，是解决最深沉的两难困境的工具。他们还相信，信息不是利弊皆有的祝福，只要信息的生产和传播继续不断，不受控制，它就可以给我们越来越多的自由、创造性和心灵的安静。然而事实刚好相反，信息根本就不会产生这样的结果；它似乎不会改变这些人的观念，因为他们坚定不移的信仰是技术垄断的结构必然产生的结果。尤为重要的是，抵御信息泛滥的防线崩溃之后，技术垄断就大行其道了。

72 信息及其控制机制的关系很容易描绘：技术垄断使可供利用的信息增加。随着信息供应量的增加，信息控制机制就受到很大的压力。为了对付新的信息，就需要增补控制机制。但新的控制机制本身就是技术，它们又反过来增加信息的供应量。当信息的供应量无法控制时，个人的心宁神静和社会生活的宗旨就必然会普遍崩溃而失去防卫。防线崩溃之后，人们就无法寻觅经验中的意义，就失去记忆力，就难以想象合理的未来了。

由此可见，给技术垄断下定义的一个办法就是说，抵御信息过剩的防御机制崩溃以后，社会遭遇的后果就是技术垄断。制度化生活难以对付过多的信息时，技术垄断随即发生。技术产生的信息压制文化时，文化试图把技术作为手段，以提供明确的方向和富有人情味的生活目的，但事与愿违，这样的努力注定要失败。有时，以毒攻毒治病是可能的，但只有充分认识到疾病控制机制以后，以毒攻毒才有可能。我在此描绘的防御机制是原则上可以利用的机制，我将说明这些机制是如何失去防御功能的。

失控的信息构成威胁，我借用上文的比方来帮助我们理解：防御信息失控的机制好比是人的生物免疫系统，免疫系统就是防御细胞生长失控的机制。当然，细胞的生长是一个正常的过程，没有这个过程生命就不能存活。但如果没有功能良好的免疫系统，有机体细胞的生长就不能够进行，有机体就会紊乱，重要器官本来就脆弱的关系就会遭到破坏。总之，免疫系统要摧毁不需要的
73 细胞。一切社会都具有生物免疫系统那样的制度和技艺。这些制度和技艺的功能就是维持新与旧、创新与传统、意义与观念紊乱的平衡，它们求得平衡的手段是“摧毁”不必要的信息。

必须强调指出，一切社会制度都行使控制机制的功能。指出这一点之所以重要，那是因为大多数讨论社会制度的作者（尤其

是社会学家）并没有把握这样一个思想：制度力量的削弱使人受到信息混乱的伤害。[1] 我们说制度的削弱使生活失衡，这仅仅是说，信息失去效用之后就成了混乱之源，而不是秩序之源。

有的时候，信息的功能纯粹是剥夺人的信息，不过信息的主要功能是指引人赋予信息适当的分量和价值。社会制度关注的是信息的意义，在实施信息准入标准的时候可能会相当严格。现以法庭作为一个简单的例子。有关举证的规则，有关参与审判的行为准则，几乎全是为了限制信息的准入量。在我们的法制里，法官不把“传闻”或个人意见当作证据来接受，除非伴有严格的受控条件，法官禁止旁听人表露感情，不允许原告提及被告过去的罪过，不允许陪审团听见围绕证据可否准入的辩论。这一切都是信息控制的例子。这样的控制规则来自一个司法理论：它界定什么信息有相关意义，尤其界定什么信息没有相关意义。这个理论可能有某些瑕疵，比如人们对信息管理的流动规则可能就有不同的意见；但有一个问题是谁也不会争辩的：必须以某种方式控制信息。即使一个最简单的案子，也可能涉及数以千计的事件和 74
争端；人们非常理解，倘若一切事件都获准进入法庭，有关程序的恰当理论就不可能得到确认，审理的过程就没完没了，法律本身就沦为毫无意义的摆设。总而言之，法律规则关注的是信息的“摧毁”。

值得一提的是，虽然各种源头包括生物学、心理学和社会学等源头的新信息已经使法理开发到极限，有关实用性的规律还是相当稳定的。这可以用来说明为何美国人过度使用法庭来寻求连贯性和稳定性。当其他制度不再能控制无节制的信息量时，法庭就成为真相的终极仲裁机制。至于法庭这个机制能够维持多久，谁也不知道。

我曾经说学校是信息控制机制。这个控制机制的标准常常见诸教学计划，清楚地表现在课程介绍中。大学情况指南介绍学校的课程、课题和研究领域，总体上宣示学校的办学宗旨：用功的学生应该思考什么问题。更加准确地说，从“指南”中没有列入的东西，我们可以了解到严肃学生不应该思考的问题。换句话说，大学指南是一个信息管理规划的正式描述，借以系统地排除、贬低并标记不重要的东西——简言之，就是将某些信息弃之不顾。大学指南之所以“有意义”（更加准确地说，它曾经“有意义”），其道理就在这里。通过纳入 / 排除机制，指南反映的是有关教育宗旨和意义的理论。在我执教的大学里，我不会发现占星术、精神治疗或神创论的课程。当然，有关这类课题的信息俯拾即是，但支撑这所大学的教育理论不允许这样的信息进入正规的课程结
75 构中。师生没有机会把注意力集中在这样的课题上，它们受到的鼓励是照章办事，仿佛这些课题并不存在。如此，学校表明自己的办学理念，表明什么是合理的知识。当前，有人接受这个观点，也有人持异议，由此引起的争论削弱了大学作为信息控制中心的功能。

课程结构瓦解最明显的征兆见诸“文化素养”的观念，有人把它作为组织原则提出来，且吸引了许多教育家的注意。[2] 其理念是，如果你粗通文墨，你就应该掌握数以千计的人名、地名和

警语；据信这就构成美国人文化素养的内容。然而，文化素养根本就不是组织原则，我将在本书最后一章予以阐述。实际上，这是把疾病称为治病良方。这里要强调的是，凡是要想在信息管理上良好运转的教育制度，都必须要在宗旨和意义上有一个明确的理论，必须要有清楚表达这个理论的手段；为此目的，它都必须要在很大程度上排除一部分信息。

再举一例，请考虑家庭这个制度。在18世纪末的发展过程中，欧洲的家庭理论包括这样一个前提：情感上保护家庭成员，以免冷漠和社会竞争对他们构成伤害。正如克里斯托夫·拉施所云，家庭是无情世界里的避难所。[3] 借用拉施的话说，这个理论主张保存“分离的宗教传统、陌生的语言和方言、地方的口头文化和其他传统”。为此目的，家庭要负责儿童的社会化，并成为信息管理的机构，虽然它是非正式的信息管理体系。成人生活的什么“秘密”可以进入家庭，什么“秘密”不允许进入家庭，这要由家庭来控制。有一些读者记得成人在孩子面前避免使用一些词语， 76
不议论一些事情，因为其细节和衍生的东西不适合孩子。不能控制孩子信息环境的家庭算不上够格的家庭，它仅仅是名义上的家庭，仅仅靠DNA遗传信息来维系。实际上，许多社会里的家庭就是这样的家庭——由遗传信息维系的群体，靠仔细的婚配来控制。在西方，家庭作为非生物信息管理的制度，始于印刷术的上升期。凡是可以想象的课题都有书可读之后，父母被迫承担各种各样的角色：保护者、养育者、品位和品格的仲裁者。父母的作用就是要排除损害家庭宗旨的信息，并据此界定儿童的意义。如今，家庭再也无法承担这样一个任务，我相信，这个事实对每个人都是一望而知的。

法庭、学校和家庭仅仅是信息控制制度的三个例子，它们构成文化的信息免疫系统。另一个例子是政党。我在一个民主的家庭里成长，父母的教导非常明确，应该给政治事件和政治评论赋予特定的价值。父母的教导未必需要清晰的论断。他们的言传身教由理论衍生而来；在我的记忆中，这个理论是：人们需要保护，因此他们就必须和政治组织结盟。我们对民主党忠心耿耿，因为它代表工人阶级的社会经济利益，我的家人、亲戚和邻居都属于工人阶级；只有一位叔叔例外，他是卡车司机，但他每次都选共和党，因此被认为是傻瓜和疯子。共和党代表富人的利益，按照这个标准来定义，共和党对我们工人阶级是不关心的。

77 这个理论澄清了我的家人评判信息重要性的感知和标准。其一般原则是，民主党人提供的信息总是受到认真对待，而且很可能是真实而有用的（来自南方民主党人的信息是例外，他们有助于我们选举总统，但由于他们特有的种族理论，所以除了选举之外，我们从来不会看重他们的意见）。共和党人提供的信息是垃圾，其有用之处只在于证明，他们多么专注于为自己谋福利。

我不准备断言，这个理论就是正确的。至于有人指控它失之过简，我的答辩是：一切理论都是过分简约的，至少会导致过分简约的后果。法治是过度的简约。任何课程设置也是过度的简约。家庭关于儿童的观念同样是过度的简约。这就是理论的功能——过度的简约，目的是帮助人组织、掂量和排除信息。理论的威力就在于简约。同时，理论的弱点也在于它过度的简约，面对新信息的攻击，理论是脆弱的。任何理论得到过多的信息支撑时，这些信息基本上就失去意义了。

信息控制最威严的制度是宗教和国家。它们发挥作用的方式比法庭、学校、家庭或政党更抽象。它们通过创造神话和故事来达到管理的目的，这些神话和故事表达的是有关人生基本问题的理论：我们为何来到这个世上？我们从何而来？到何处去？我已经暗示过中世纪世界无所不包的神学叙事，暗示过它给予人安康和有序感觉的强大解释力。或许，我对《圣经》的作用还强调得不够，其实《圣经》也是一种信息控制机制，在道德领域尤其如此。《圣经》在许多问题上给我们教诲：该做什么，不该做什么， 78
该避免什么样的语言（违者以渎神论处），该避免什么样的念头（违者以异端论处），该避免什么样的符号（违者以偶像崇拜论处）。《圣经》还非常细致地描绘了创世的过程，以至于难以适应望远镜和以后的技术产生的新信息；这是必然的结果，却也是令人遗憾的结果。由此可见，300 年前对伽利略的审判和 300 年后对斯科普斯的审判，都是关于是否容忍某种信息的审判。红衣主教贝拉明和威廉·詹宁斯·布莱恩指控被告的目的，都是旨在维持《圣经》控制信息的权威，《圣经》对信息的控制既包括世俗的世界，也包括神圣的世界。他们的失败不仅使《圣经》关于造化起源和结构的解释失败了，而且使《圣经》界定和划分道德行为举止的权威也被削弱了。

尽管如此，《圣经》的核心里却有一个强大的神话，对某些人来说，即使其残存部分也足以构成一个严格的控制机制。首先，它提出了一个有关生命意义的理论，并成为人的行为准则。在这个理论独木难支的时候，拉比希勒尔[1]为它做了有力的辩护，进行了深刻的阐述。这个理论大致是：只有一位上帝，他创造了宇宙，创造了其中的一切。人难以完全理解上帝，然而上帝和他的意志在历史过程中现身，尤其表现在他传授的十诫和先知的遗训之中，他的十诫和遗训均载《圣经》。十诫中最重要的戒律是爱上帝，并通过对他人的爱、怜悯和正义来表现对上帝的爱。在时间的尽头、世界的末日，一切民族、一切人都要在上帝的面前接受审判，
79 凡是遵循十诫的人都可以得到他的神恩，生活在他的眼前。凡是否认上帝，不遵守十诫的人都要在黑暗中消亡，都享受不到上帝的荣光。

借用希勒尔的话说，这就是生命意义的理论，其余的一切都是评注而已。

凡是信仰这个理论的人，尤其那些把《圣经》中的每句话都当作上帝训诫的人，都毫不犹豫地把其他理论一笔勾销，根本就不考虑有关生命起源和意义的其他理论；对基于其他理论的事实，他们总是嗤之以鼻，不给予一丝一毫的分量。再者，在观察上帝的律法及执法的详细要求时，他们接受的教诲是什么书不该读，什么游戏和电影不该看，什么音乐不该听，什么功课不该让孩子学，等等。拘泥于《圣经》的原教旨主义者被这个理论及其衍生

1　希勒尔（Hillel，公元前 1 世纪）：古耶路撒冷犹太教拉比，犹太教律法解释的权威，活跃于前 1 世纪，影响深远。

观念封闭起来了，他们避开了有害的信息，于是他们的行为举止就获得了意义，且目的明确，而且他们相信，自己的生命就有了道德权威。

另一方面，拒绝接受《圣经》理论的人，相信科学理论的人同样免于接触到有害的信息。比如，科学理论的教诲是不理睬占星术、精神治疗和神创论的信息；一般地说，这些人给诸如此类的信息贴上中世纪迷信或主观见解的标签。他们的科学理论不能提供有关道德信息的指南，所以他们给科学之外的信息的分量就接近于零了。不可否认，愈来愈少的人囿于《圣经》或其他宗教传统，愈来愈少的人把信仰和传统作为必须注意的权威源泉，结果，他们所做的决定就不是道德的决定，而仅仅是考虑实际问题的决定。这就是给技术垄断下定义的另一条路子：如果一种文化的理论不给道德领域可以接受的信息提供指引，把它称为技术垄断的文化就是恰如其分的。

我相信读者不至于断言，我在为任何原教旨主义张目。比如，80
仅仅因为一个作家的作品被解读为渎神，就判处他死刑，穆斯林原教旨主义者的这种做法，谁都是难以赞同的。又比如，谁也不会赞同基督教原教旨主义，它也曾经威胁处死渎神的作家，它也可能会导致同样的后果。我必须马上补充说，在这样的情况下，穆斯林、基督徒或犹太教徒靠一种修正之后的、温和的宗教理论生活，是完全可能的。我在这里说明的仅仅是这样一个意思：宗教传统以一种调控和评价信息的机制发挥作用。如果宗教失去了很大甚至全部的约束力，如果它沦为纯粹的逻辑死灰，混乱必然就接踵而至；如果是那样，应该注意什么问题，如何赋予它意义就无章可循了。

实际上，在本书写作过程中，另一个宏大的世界叙事正在西方解体。毫无疑问，紧守马克思主义基本原理的人绝不会放弃马克思主义理论，他们将继续以马克思主义的基本规定和约束为指南。马克思主义的强大威力唤起了十几亿人的想象和忠诚。像《圣经》一样，马克思主义包含了一个超越的理念，一切宏大世界的叙事都是如此。马克思主义为一个半世纪以来的哲学、社会学争论辩护，其理念是：一切制度性苦难和压迫都是阶级冲突的产物，因为人的意识是由其物质处境决定的。上帝对这一点不感兴趣，那是因为不存在上帝。然而蓝图是存在的，而且是可以认识的、有益的。这个蓝图在历史运行中徐徐展开，它明白无误地显示，工人阶级必将取得终极的胜利。最后的胜利到来时，无论有无革命运动，阶级本身都会消亡。所有的人将要平等分享大自然和创造性生产的丰硕成果，谁也不会剥削别人的劳动。

81 一般人认为，这个理论之所以陷入纷争，那是因为电视、电影、传真等技术提供的信息显示，资本主义国家的工人正在心满意足地分享大自然的恩赐，同时又享有相当程度的个人自由。如此看来，历史对工人阶级的命运似乎没有什么观点，即使有，历史运行指向的最后一章似乎也和马克思的预言不大相同。

以上叙事暂时存而不议。历史是漫长的，未来的发展也可能给马克思的预见提供证明论据的新鲜源泉。与此同时，有必要做几点说明：信奉马克思主义宏大叙事的人曾经拥有十分清晰的指针，他们知道如何衡量信息，因此能够理解正在发生的事情。如今，由于他们在一定程度上排斥马克思主义理论，他们就遭到一定程度的思想混乱的威胁。在西方尤其在美国，许多人打保票说，可以用所谓“自由主义的民主”（liberal democracy）取代马克思主义。然而，这种说法与其说是答案，不如说是提出问题，因为自由派民主叙述的是一个什么样的故事，并不是一清二楚的。

福山的著作《历史的终结》（*The End of History*）以明白而学术化的口吻欢呼自由派民主的胜利。他用一个独特的历史定义做出断言，不会再有意识形态的冲突，一切与现代自由主义竞争的人均已败下阵来。为了支持这个结论，福山引述黑格尔的话，断言黑格尔在19世纪初就持有类似的立场。那时，美国革命和法国革命表现出来的自由平等原理取得了胜利。法西斯主义 82
没落，当代社会不再面对威胁。然而，福山对200多年来自由派民主的变化不够注意。自由派民主在技术统治时代的意义和技术垄断时代的意义是截然不同的；实际上，在技术垄断时代，自由派民主非常接近于本雅明所谓的“商品资本主义”（commodity capitalism）。以美国为例，18世纪的伟大革命并不漠视商品资本主义，但又充满着深刻的道德内涵。美国不仅做了新政治形式的试验；而且实现了上帝的蓝图。诚然，亚当斯、杰斐逊和潘恩拒绝了《圣经》的超自然成分，但是他们从未怀疑这一场试验获得了上帝的认可。人们需要自由，但需要一个明确的目的。上帝赋予他们的权利隐含着义务和责任，不仅是对上帝的义务和责任，而是对其他民族的义务和责任；这个新兴共和国是他们的向导和橱窗，显示这样一幅前景：理性和精神追求融合能够创造奇迹。

当前形态的“自由派民主”是否能够提供道德内容充分的思想世界，并维持有意义的生活，这个问题尚无定论。这正是捷克新任总统哈维尔在美国国会演说时提出的问题。他说：“我们还不知道如何把道德问题放在政治、科学和经济之前。我们还不能理解，如果行动是有道德的，行动唯一真正的支撑就是责任。这里所谓责任是高于我的家庭、我的国家、我的公司、我个人成功的一种责任。”哈维尔的意思是，使他的国家摆脱有缺陷的理论是不够的；有必要找到另一种理论；他担心技术垄断并不能提供答案。换句话说：福山错了。另一种意识形态冲突是存在的，这就是“自由派民主”和技术垄断的冲突；19 世纪构想的自由派民主有超越
83 性的道德根基，20 世纪思想世界的技术垄断在运行的过程中，不仅缺乏一个超越性的叙述来提供道德支撑，而且缺乏强有力的社会制度来控制技术垄断产生的信息泛滥。

信息泛滥冲毁了学校、家庭、政党、宗教和国家依靠的理论基础，所以，美国的技术垄断不得不过度依赖技术方法来控制信息流。有三种手段特别值得注意；这三种手段互相联系，但为了说清楚，我们不妨把它们分开来描述。

第一种手段是官僚主义（bureaucracy）。在《控制革命》里，詹姆斯·贝尼格给官僚主义的排序，是“解决控制危机的技术办法中处在最优先的位置”[4]。当然，官僚主义并非技术垄断首创。其历史可以追溯到五千年前，虽然这个词在英语里露面的时间是 19 世纪。古埃及人似乎不大可能觉得官僚主义使人烦恼，但 19

世纪初以来，随着官僚主义重要性的增加，抱怨之声不绝于耳，这倒是毫无疑问的。约翰·斯图亚特·密尔[1]称之为“行政暴政”。卡莱尔称之为“大陆病”。在一段令人胆寒的文字里，托克维尔警告，官僚主义可能在美国扎根：

> 我曾经区分两种类型的集中制，一种体制型（governmental），一种行政型（administrative）。美国只存在第一种，第二种几乎不为人知。如果美国社会的指导力量拥有这两种管制手段，并且把指令的权力与能力和习惯结合起来去做每一件事情；如果在确立政府一般原理之后，美国社会陷入这些原理的繁文缛节；如果在调控国家的重大利益之后，美国社会 84
> 深入到底层去考虑每个人的利益，那么，自由很快就会在新世界被放逐得一干二净。[5]

当代作家 C. S. 刘易斯认为，官僚主义是魔鬼的技术表现：

> 我生活在管理时代，这是一个“行政管理”的世界。最大的邪恶不是在狄更斯喜欢描绘的“罪窝”里，甚至不是在集中营和劳改营里。我们在这些地方看到了罪恶的终极下场。最大的邪恶从构想到制定（提案、附议、通过、完善条文），却是在窗明几净、铺着地毯、温暖舒适、灯火通明的办公室

1　约翰·斯图亚特·密尔（John Stuart Mill，1806—1873）：英国逻辑学家、经济学家。

> 里完成的，参与的人都是谦谦君子，他们衣领洁净，指甲整齐，不留胡须，不提高嗓门说话。所以，我笔下地狱的象征是警察局或写字间的官僚主义，是恶心透顶的企业办公室。[6]

对这些抨击暂时存而不论，我们就可以说，官僚主义原则上只不过是一系列技术工作的协调机制而已，意在减少需要加工的信息量。比如贝尼格指出，标准化形式的发明就是官僚主义的主要构件，它容许“摧毁”情景中的一切细枝末节。它需要我们检查方格、填充空格，只允许数量有限的正式、客观、非个性化的信息；在某些情况下，解决问题就需要这样的信息。正如马克斯·韦伯[1]所言，官僚主义试图使信息流理性化，淘汰使注意力分散的信息，以便最大限度地发挥信息的效能。贝尼格举例说明如何用官僚主义谋求理性化的做法；1884 年在世界范围内按 24
85 个时区组织时间的决定，就是一个首要的例子。此前，相距短短一两里路程的几个小镇所用的时间，都可能不太一样，而且确有差别。这就使铁路营运等商务工作遭遇到不必要的麻烦。官僚主义忽略白日时间在运输系统各个节点上的时间差异，仅此一个简单举措，就剔除了信息混乱的问题，使大多数人感到满意，当然也并不是每个人都感到满意。必须指出，“上帝时间”（小说家玛丽·科雷利 20 世纪初就反对夏时制）被认为与此无关。指出

1　马克斯·韦伯（Max Weber，1864—1920）：德国社会学家、政治经济学家，社会学奠基人之一，著有《基督教新教伦理和资本主义精神》《经济与社会》《社会学的基本概念》《中国的宗教》《宗教与世界》等。

这一点很重要，因为试图最合理地利用时间时，官僚主义把一切无助于效率的信息和观念略去不计。“上帝时间”的观念就没有这样的贡献。

官僚主义原则上不是社会制度；反过来，排除某些种类或源头、减少信息的制度未必全是官僚主义。学校可能会排除精神治疗和占星术，法庭可能会排除传闻的证据。它们这样做有实实在在的理由，这些理由建立在它们赖以成立的理论上。但是，官僚主义没有思想、政治或道德方面的理论，它只有一个隐性的假设：效率原则上是一切社会制度的目标，其他目标即使相关，也价值较小。密尔认为官僚主义是“暴政”，C. S. 刘易斯把它等同于地狱，其道理就在这里。

官僚主义从旨在服务社会制度的一套技术手法转变为自成一体的元制度（meta-institution），并在很大程度上为自己服务。官僚主义是19世纪中叶和后期的产物。催生官僚主义的条件有：工业快速增长，运输和通信改善，政府介入越来越宽广的公共领域和商务领域，政府机构的集中化不断增长。在此基础上，20世纪又出现了信息爆炸和所谓“官僚主义效应”（bureaucrat effect）： 86
管理信息的技艺更加必需、更加宽泛、更加复杂了，需要管理这些技艺的人和机构随之增加，官僚主义的技术手法产生的信息也随之增加。这就产生了一个需要：用官僚主义来管理和协调官僚主义。另一个需要也随之产生：管理和协调的官僚主义机构和手法就随之增加。再次借用卡尔·克劳斯（Karl Kraus）对心理分析的评论，我们就可以说，官僚主义最后变成了它要治疗的疾病。

在演变的过程中，官僚主义不再是社会制度的仆人，而是其主人。官僚主义不解决问题，而是造成问题。更重要的是，它界定我们的问题；从官僚主义的观点看，它制造的问题总是效率问题。正如 C. S. 刘易斯所云，这使官僚主义极其危险，原因是这样的：官僚主义起初的意图是加工技术信息，如今却常常被用来处理道德、社会和政治问题。19 世纪官僚主义关注的主要是提高运输、工业和商品流通的效率。技术垄断时代的官僚主义挣破了这样的限制，它声称拥有凌驾于一切社会事务的威权。

注意官僚主义者的所作所为，有助于我们了解官僚主义的危险，我们将社会、道德和政治的事务托付给官僚主义时，就面临着危险。如世界史所示，官僚主义者只不过是被美化了的计算器而已。法语的 bureau 起初指的是一块台布，用来掩盖计算台的，后来衍生出桌子、安放桌子的房间的意义，最后派生出办公室及办公人员的意义，办公人员的职责就是管理这个计算房。bureaucrat（官僚主义者）这个词后来衍生出这样的含义：根据其训练、职责甚至气质，他对问题的内容及其全貌，
87 都漠不关心。官僚主义者只考虑决策背后隐藏的问题，只关心决策在多大程度上影响官僚体制的有效运作，他不用为决策的后果承担任何责任。在技术垄断时代，阿道夫·艾希曼（Adolf Eichmann）成了官僚主义者的范本和比方。[7] 在被控犯下反人类罪时，他辩解说，他没有参与纳粹政治或社会理论的制定；他仅仅处理技术问题，把大批人从一个地方运到另一个地方。至于他们被运走后尤其运到目的地以后会发生什么事情，这和他

本人的分工没有关系。诚然，技术垄断时代官僚主义者的工作远远没有那么恐怖，但是在今天的美国，艾希曼式的回答至少每天多达 5 000 次：我对自己的检测对人产生什么影响不承担责任，我只不过为我那部分官僚主义的效率负责任，那是必须不惜一切代价为之的效率。

必须指出的是，艾希曼也是专家。专业技能是技术垄断拼命控制信息而采用的第二种技术手段。当然，专家古已有之，始终都有，即使在工具使用文化里也有专家。如果没有专家，埃及金字塔、罗马驿道、斯特拉斯堡的城堡，是难以修建的。不过，技术垄断时代的专家有两个不同于过去时代的特征。首先，技术垄断时代的专家对与自己专业领域无关的东西，往往是所知甚少。比如，一般的心理分析师对文学、哲学、社会史、艺术、宗教几乎不知皮毛，人们也不指望他们具备这样的知识。其次，像官僚主义（专家和官僚主义的联系可能是若有若无的）一样，技术垄断文化的专家不仅号称能驾驭技术事务，而且号称能驾驭社会、心理和道德事务。在美国，我们有各领域的专家：如何养育儿童、教育儿童的专家，如何受人喜爱、如何做爱、如何影响他人、如
何广交朋友的专家。人与人关系的一切领域，无不被技术化，无 88
不拱手让给专家控制了。

产生这些专家特点的原因有三个。第一，官僚主义盛行，结果就产生了世界上首批完全机械论的专家，无知的专家却受到信赖并获得威望。第二，传统社会制度削弱，普通人对传统失去信心。第三，信息洪流汹涌而至，谁也不能掌握人类全部知识之

万一；这样的滚滚洪流在万物的底层汹涌澎湃。我在读本科的时候，一位热情的德语文学教授告诉我，歌德是最后一位通晓万物的人。我想，她惊人之语的意思并不是神化歌德，而是想要表明，到歌德去世的1832年，即使最有才干的人也不再可能理解已有的全部知识，整合所有的知识就更说不上了。

专家的角色就是专注于一个知识领域，筛选现有的知识，剔除与问题无关的知识，并利用剩下的知识来解决问题。这个程序运转良好的情景是：只需要一个技术性解答的情景，以及和人的用意没有冲突的情景；例如火箭的发射或下水道的修建。在另一些情况下，这个程序的效果就稍次：在技术需要和人的用意可能冲突的情况下，效果是比较逊色的，医学和建筑学领域就有这样的情况。当技术手段不能解决问题时，当效率无关紧要时，如果强行使用这样的程序，那就是一场灾难，教育、法律、家庭生活和个人不太适应的问题就是这样的情况。我想无需我的说服，读者也会相信，幼儿养育、做爱和交友中是没有专家的——是不可能有专家的。这一切是技术垄断论者的臆想，之所以看似可能有
89 这样的专家，那是因为他们借用了技术机器；如果没有这样的机器，这些专家就会被完全解除武装，暴露出入侵者和无知者的本来面目。

对官僚主义者和专家来说，技术性机制是不可或缺的，这样的机制可以被认为是信息控制的第三种机制。我心中浮现的不是计算机之类的“硬”技术；无论如何，我们都必须把计算机分离出来，单独进行论述，因为它体现着一切技术所象征的

东西。我心中想到的是“软”技术，比如智商测试、学习能力测试（SAT）、标准化形式、分类法、民意测验。我将在第八章“隐形的技术”里详细探讨一些软技术。之所以在这里提及这些软技术，那是因为在化简信息的类型和数量方面，它们的作用常常不被人注意，因此它们在界定传统中的作用也常常被人忽视。比如，没有一种测试是能够测量人的智能的。智能是一个普通的术语，用来指称人在多种新语境下解决实际生活问题的能力。除了专家之外，人人都承认，每个人的能力都有很大的差别，从工作总是有效的能力到总是低效的能力的差别，具体的差别因需要解决的问题而变化。然而如果我们相信，某种测试能够准确揭示一个人的智能，其结果就是，这个分值被当成了这个人的智能，并且被用于一切制度性目的。于是，测试就把一个抽象而多面的意义变成了一个精确的术语，从而漏掉其余一切重要的意义。你甚至可以说，智力测验是专家编造的一个故事，没有任何意义。虽然如此，专家依赖我们相信技术性方法的既成事实，也就是说，我们自己神化了机器给出的答案。我们逐渐接受了这样的信念：我们得到的智力测验分值就是我们的智能，就是我们的创造能力，就是我们施予爱的能力和承受痛苦的能力。我们逐渐相信这样的说法：民意测验的结果就是人们的信念，仿佛我们的信念可以被打包装进“我同意”和“我不同意”的胶囊。

天主教神父用酒、水和祷告辞来体现精神理念，他们承认其 90
中的神秘成分，承认他们使用的是隐喻。技术垄断论的专家使用表格、标准化测试、民意测验和其他技术手段来表现智能、创造力、敏感度、情绪失衡、社会偏离或政治意见，把它们打扮成技术性的真实，然而，他们却不承认其中的弦外之音或微妙含义。他们要我们相信，技术能够清楚显示人的境遇或信念的本性，因为分值、统计数字、分类系统为我们的境遇或信念赋予技术的真实。

不可否认，术语的技术化和问题的技术化是用于信息控制的一种严肃的形式。制度机构可以在分值和统计数字的基础上进行决策，有的时候，合理的替代手段是不存在的。在做这样的检测时，我们要抱深刻的怀疑态度，也就是要承认，这是为了操作上的方便，否则这样的检测就是骗人的错觉。在技术垄断文化里，我们赋予专家过分的威望，认可了这样的错觉，因为他们是用先进的技术性手段武装起来的。萧伯纳说，一切高技能的专业都是针对门外汉的密谋。我还要再向前迈一步：在技术垄断文化里，一切专家都被赋予了神父一样的魅力。我们的神父—专家被称为精神治疗专家、心理分析师、心理学家、社会学家、统计学家。他们服务的神灵不讲述公义、行善、悲悯或仁慈。他们的神灵讲述的是效率、精密、客观。技术垄断论里没有罪孽、邪恶这样的观念，其道理就在这里。罪孽、邪恶等观念来自一个道德世界，和专家的技术神学没有关系。所以，技术垄断论的“神父”把罪孽叫作“社会偏离”，把邪恶称为“心理病理”，把道德世界的问题变成了医学概念。罪孽和邪恶之所以消失，那是因为这些概念既不能测量，也不能客体化，所以专家就不能对付这些概念。

传统社会制度在组织感知和判断方面的威力下降，在这个过 91
程中，官僚主义、专业技能和技术性手段就成为主要的手段，技术垄断论希望借助这些手段来控制信息，以便使自己明白易懂、秩序井然。本书其余章节将要讲述的是，为何这样的意图行不通，我们将要讲述技术垄断痛苦而愚蠢的后果。

第六章

机器意识形态：医疗技术垄断

几年前，一家雄心勃勃的公司推出了一种取名哈伽什 92
（Hagoth）的产品。可以说，这是技术垄断论者的抱负最招摇过市的时刻。产品售价1 500美元，它可是百年一遇、物美价廉的产品啊，因为它可以向拥有者显示，来电人是否在说真话。这款机器可以计量来电人声音里的“紧张含量”，用声波的振动来测量来电人是否紧张。你把哈伽什连接在电话机上，在通话的过程中，你用几个关键问题问对方，比如：“你礼拜六晚上到哪儿去啦？”哈伽什配有16个指示灯，8绿8红，来电人回答时，哈伽什开始工作。他的声音紧张时电话机亮红灯，不紧张时电话机就亮绿灯。推销哈伽什的广告词是这样说的：“绿灯亮表示来电人不紧张，他说的话是真话。”换言之，用了哈伽什电话机以后，来电人就不可能用颤抖的声音讲真话，也不可能用平稳的声音说谎——这样的想法无疑会使尼克松莞尔一笑。至少我们必须说，哈伽什给真实下的定义很奇特，但由于它非常精密、精致，所以它笃定会引起 93
官僚主义者的赞赏。对标准牌号的智力测验的定义，也可以做相同的评价。实际上，智力测验的工作原理和哈伽什一模一样。你把铅笔连接在一位年青人的手指头上，问一些重要的问题，根据他的答案，计算机可以准确计算大脑的智能。[1]

谢天谢地，哈伽什在市场上销声匿迹了，当然我不可能知道原因。也许，它有性别歧视或文化歧视倾向，甚至不能准确计量声波的振动吧。说到机器时，技术垄断论最强调的是精准，可是它对机器里内嵌的理念，多半是不置一词，无论这个理念是多么奇特。

哈伽什销声匿迹了，然而其思想却保留下来，比如它幸存在所谓“测谎仪”里。在美国，警官、律师、公司执行官等人非常认真地看待这样的机器，公司负责人越来越频繁地坚持让雇员接受“测谎仪”检测。至于智力测验，它们不仅幸存下来，而且很兴盛，还有许多专业的测试前仆后继地涌现出来：天资测验、创造力测验、精神健康测验、性吸引力测验甚至婚姻兼容度测验。你也许会认为，两人共同生活若干年之后必定知道自己是否相处得好。然而技术垄断论却认为，这些主观形式的知识没有法定的地位，必须要由专家主持的测试来确定。毕竟，个人的判断是很不可靠的，充满晦涩，令人生疑，弗雷德里克·W. 泰勒早已提醒人注意其不足。测试和机器却没有这样的不足。哲学家或许会苦苦思考“何为真理”“何为智能”“何为美好生活”之类的问题。然而，技术垄断论却没有必要搞这种冥思苦想。机器勾销了复杂性、游移不定和晦涩模糊。机器运转神速，又标准化，且能够给我们提供看得见的、可以计算的数字。机器告诉我们，8 个

绿灯亮时，来电人说的是真话。就这么简单。它们告诉我们，智 94
商 136 的大脑智力比智商 104 的大脑高。这就是技术垄断论的魔术版本。

魔术之所以意味深长，那是因为它误导人的注意力。魔术唤起的是神奇的感觉，而不是理解。在技术垄断时代，我们陷入了机器神奇效果的重重包围之中，我们受到的鼓励是忽略机器里嵌入的理念。这就是说，我们对技术隐含的意识形态意义视而不见。在本章和下一章里，我将举例说明技术如何指引我们去解析世界。

在考虑医疗技术的意识形态偏向时，我们首先列举几个相关的事实。美国和英国的预期寿命相同，可美国医生人均做的心脏搭桥手术却是英国的 6 倍，美国医生做的化验比法国、德国、英国医生多。美国妇女做子宫切除的可能性是欧洲妇女的两三倍，而且美国 60% 接受子宫切除术的妇女还不到 44 岁。美国医生人均做的前列腺手术多于欧洲任何国家的医生。美国做剖宫产的比率在工业化世界里领先——比其他国家高出 50% ~ 200%。美国医生不做手术而用药物做保守治疗时，他们用药的剂量比其他任何地方的剂量都要大。他们用处方开的抗生素比英国医生多，患者可能有细菌感染时，他们一般会开抗生素。欧洲医生则与此相反，只有明确诊断感染是由细菌引起而且感染又严重时，欧洲医生才倾向于用抗生素。[2] 和其他国家的医生相比，美国医生给病
人做 X 光透视的人均数要多一些。在一篇检讨 X 光滥用的论文里， 95
一位放射科医生发现的病例显示，有些病人一个人就做过 50~100 次 X 光透视，但实际上 5 次透视就够了。其他的调查证明，根据

临床资料，几乎 1/3 的 X 光透视本来是可以不做或推迟做的。[3]

我们可以轻而易举地在本章的其余部分塞满类似的统计数字和研究结果。也许，以下的警告是美国的医疗实践的最佳总结。美国内医学会会长戴维·E. 罗杰斯在一篇致辞里说：

> 我们的干预更加透彻，却更加昂贵、更有风险。今天，经过三天的门诊之后，一位长者蹒跚步入医院，可能身体虚弱、不知所措、身体脱水、由于稽延而病情加重——这样的一幕并不异常。在医院里的前 48 小时里，一连串令人吃惊的化验和 X 光透视，已经使他精疲力竭了。[4]

凡是熟悉美国医疗的人，对这一切不会感到丝毫吃惊，因为大名鼎鼎的美国医学的特点是“富有进取性”。问题是为何形成这样的特点？这里有三个互相关联的原因，它们全都和医疗器械的强制使用有关系。第一个原因和美国国民性有联系，我曾经指出，这样的国民性非常亲近技术霸权。在《医学与文化》里，琳·佩耶尔对美国医学的进攻性做了这样的描绘：

> 过去好似无限量的土地资源产生这样一种精神：只要征
> 96 服自然环境……就没有办不到的事情。只有多用诊断手段寻找病因，并进行大胆的治疗，疾病才能够被征服，最好的办法是排除各种病因而不是增加患者的抵抗力。[5]

为了给自己的论断加上一点儿血肉，佩耶尔女士引用奥利弗·温德尔·霍姆斯[1]的话，这段话通篇都是霍姆斯惯常的辛辣讽刺：

> 一个每四年就要闹一次革命的民族，发明了鲍威刀和左轮手枪的民族……坚持派出游艇、赛马和男儿在航行、赛跑、拳击和棋赛中打遍天下的民族，除了“英雄”壮举之外，还有什么能够感到满意的呢？在星条旗飘扬的地方，90 克奎宁硫酸盐一口吞下，那值得大惊小怪吗？在国徽秃鹰的嘶鸣声中，三打兰[2]（180 颗）的甘汞一口吞下，有什么奇怪的呢？[6]

在这里，霍姆斯讥讽了咄咄逼人的精神。早在美国革命之前，本杰明·拉什[3]医生就对这种精神推波助澜，他或许是当时最有影响的医生。他认为，有些医生是医学发展的拦路石。他们“治病时，过分依赖自然的威力”。他尤其抱怨希波克拉底[4]及其传统，称之为妨碍医学发展的过失。拉什治疗黄热病相当成功，治疗办法是大剂量的水银、通便和放血。（他的成功大概是因为他治疗

---

1 奥利弗·温德尔·霍姆斯（Oliver Wendell Holmes，1809—1894）：美国医师、幽默作家，以“早餐桌上”的文明系列小品文而闻名，哈佛医学院院长，著有《早餐桌上的霸主》等。

2 打兰（dram）：重量单位，1 打兰等于 1.772 克。

3 本杰明·拉什（Benjamin Rush，1745—1813）：美国医生、政治家、教育家，《独立宣言》的签署人之一，主张废奴，同情智障人士，著有《化学大纲》《精神病的研究与观察》。

4 希波克拉底（Hippocrates，公元前 460—前 377?）：希腊名医，“医学之父”，奠定医学科学基础，存世的著作有《希波克拉底文集》。

的黄热病人的病情并不重，甚至他们的病根本就不是黄热病吧。）拉什特别热衷于用放血术治疗，大概是因为他相信，人体的血量是25品脱，他估计的这个血量是人体实际血量的两倍多。按照这样的估计，他建议的放血量实际上可以达到人体血量的4/5。乔治·华盛顿[1]临终前的几天里，拉什本人并不在场；但在华盛顿临终的那天夜里，主治医师给他做的放血术总共有7次。无疑，这和他的死亡有关系。请注意，这一切离哈维发现人体血液循环已经过去153年了。

97

姑不论当时的医学知识，且说拉什这位强有力的实干鼓吹者。他是《独立宣言》的签署人之一，这进一步说明了他富有进取性的秉性。他要医生和病人相信，美国人的疾病比欧洲人的疾病难对付，需要大胆用药。“绝望的重病需要大胆的治疗。”这是19世纪美国医学杂志里常见的一句话。美国人认为欧洲人的治疗不温不火、消极被动，甚至优柔寡断；相反，他们勇于接受疑难重症的挑战，所以迫不及待地接受拉什的影响；他们接受干预疗法，不听天由命，采用最大胆的治疗方法。正如佩耶尔先生所云，那时的理念是征服新大陆和疾病，因为气候和有害的动植物毒化了这个大陆。

于是，自滥觞之日起，美国医学就迷恋新技术。技术绝不是中性的，技术是武器，要用来征服疾病。美国医学盼望的武器不久就问世了。最早发明（不妨说是发现）的医疗器械是1816年法

1 乔治·华盛顿（George Washington，1732—1799）：美国第一任总统（1789—1797年在任）。

国医生雷奈克[1]发明的听诊器。这一发明问世的环境值得一提。

雷奈克在巴黎的内克尔医院工作，一天，他正在检查一位心率紊乱的女青年。他尝试用叩诊和扪诊（手压在病症部位以探查内脏），但那位病人太胖，没有效果。接着，他考虑用听诊（耳 98
朵贴在病人胸部去听心跳），然而病人的年龄和性别让他望而却步。他突然想起来，固体传导的声音会被放大，于是他卷了一个纸筒，把纸筒一头贴在病人胸部，另一头贴在自己的耳朵上。好啦！他听见的声音清楚而分明。他后来写道："从那一刻起，我就想，环境条件可能会给我们提供一种手段，使我们能够判断心脏的器质和功能，而且能够判定胸腔器官的各种声音。"雷奈克着手改良这个器械，最终确定用一个木质圆筒，并且把器械定名为听诊器（stethoscope），这个词由希腊词"胸腔"（stetho）和"观看"（scope）组成。[7]

尽管听诊器很简单，但这个发明的用途却非同寻常，在确诊肺结核上尤为有用。许多胸腔疾病再也不会紧锁深藏：用上听诊器之后，医生仿佛能够在病人活着时就进行解剖了。

然而我们不能假定，所有的医生和患者都热情接受听诊器。病人看见听诊器时，常常会感到害怕，心里立刻把听诊器和手术联系在一起，因为那时只有外科大夫才用听诊器，内科医生是不用听诊器的。反对用听诊器的意见有几种，大大小小的都有。小的反对意见是携带不便，为了解决携带的问题，有些医生

1　雷奈克（René Théophile Hyacinthe Laēnnec，1781—1826）：法国医师，听诊器的发明者，法国医学科学院院士。

把听诊器交叉起来戴在大礼帽里，但这种办法有时会造成哭笑不得的难堪。比如，有人指控一位爱丁堡医学院的学生，说他在打雪仗的时候携带危险的武器，原来是他的听诊器从大礼帽中
99 掉出来了。另一个不大不小的反对意见是内科医生提出的。他们说，如果使用听诊器，病人会把他们误认为外科大夫，因为在病人的心目中，外科大夫不过是工匠而已。内科医生和外科大夫的区别是明白无误的，而且完全有利于内科医生，内科医生的聪明才智、医学知识和医疗洞见深受病人钦佩。哈佛大学的解剖学教授奥利弗·温德尔·霍姆斯始终对医学的进取锋芒抱怀疑态度，这并不出人意料。他反对过分热心地使用听诊器，他以惯常的辛辣，写了一首滑稽歌谣《听诊器之歌》（*The Stethoscope Song*），讥讽一位内科医生的几次误诊，因为小虫子在他的听诊器里安家了。

另一个严肃的反对意见也是内科医生提出的，几百年来，反对的声音不绝于耳，在医学的技术器械发展过程中贯穿始终。他们说，在病人和医生之间横亘医疗器械会改变医疗实践；传统的诊断方法是询问病情、认真记录、仔细观察外表症状，如果让听诊器横插一杠子，这些诊断方法就会日益显得无关紧要了。医生会失去仔细检查的能力，越来越依靠医疗器械而不是经验和洞见。斯坦利·约尔·赖瑟尔在《医疗与技术统治》（*Medicine and the Reign of Technology*）中，就听诊器和印刷机对西方文化的影响做了详细的比较。他认为机印书使人拉开距离、客观地思考问题。同样，听诊器——

> 造就了客观诊断的医生，他拉开距离，不卷入病人的经验和感觉，走向比较若即若离的关系，和病人的关系比较远，和病人体内所有的关系则比较近。他不受病人动机和信念的干扰，听诊器能够帮助医生从病人体内的声音做出诊断；医 100
> 生听见这些声音，相信这些声音是客观的、没有偏向的，表现了身体的病变。[8]

上述文字表达了听诊器促成的两个重要观点：（1）医学是研究疾病的，而不是研究病人的；（2）病人所知不可靠，机器所知才是可靠的。

听诊器本身不可能使这样的观点挥之不去，尤其是在遭到反对的情况下；即使在美国，听诊器也遭到医生的反对。医生接受的训练，医生和病人的关系使他们对横亘在医患之间的机械器材持反对的态度。然而，每当一种新器械进入医生的武库后，这两个观点都会被放大。检眼镜（1850年由赫尔曼·冯·亥姆霍兹［Hermann von Helmholtz］发明）使医生能够看到眼球里的情况，喉镜（1857年由波兰生理学教授约翰·查尔麦克［Johann Czermak］发明）使医生能够检查喉腔和鼻腔，X光（1895年由德国物理学家伦琴开发）可以穿透脏器，但不能穿透骨骼。伦琴写道："如果把手放在荧光屏前，阴影显示骨头，周围组织则比较模糊。"他能够把这种效应再现在感光版上，他拍摄的第一张人体X光片是他妻子的手。

在世纪之交，医学稳步走上了几乎完全依靠技术的道路，尤其是在20世纪40年代发明了化验室并发现抗生素之后，医疗实践进入了一个新阶段。第一个阶段的特征是直接与患者交流，以患者的主诉为诊断的基础，同时根据医生的询问和观察。第二个阶段的特征是通过体检直接与患者的病体交流，同时使用仔细挑
101 选的一些技术。我们进入了一个新阶段，其特征是：通过医疗器械间接与患者的经验和身体交流。在这个阶段，我们看见病理学家和放射学家之类的专家涌现出来；他们解释技术信息的意义，这些专家和患者没有丝毫的交流，他们只和组织、照片打交道。医疗实践从一个阶段过渡到下一个阶段的时候，医生往往丧失了上一个阶段占主导地位的技能和洞见，这是意料之中的结果。赖瑟尔把他这个意思小结如下：

> 由此可见，在过去的两个世纪里，医生不知不觉间逐渐放弃了对主观症状的倚重，也就是放弃了对患者的主诉的倚重，毕竟病人主诉是不令人满意的，取而代之的是医生对技术证据的忠诚，也就是对机器报告的忠诚。于是，他们用一种片面的观点取代了另一种片面的观点。医生越来越多地使用诊断设备，他们和患者越来越隔膜，他们和患者的交流是间接的交流，中间隔着机器和专家的屏障。与此同时，医生越来越失去对诊断过程的控制。在这样的情况下，他们疏远了患者，和自己的判断也渐行渐远了。[9]

现代医生和自己的判断渐行渐远，还有一个原因。我们借用

一位医生说的话来说明这个原因。他善于检查患者，评估患者病史，他说：“凡是头痛的患者都想要并期待作 CT 扫描。”他又说，在他嘱咐的 CT 扫描里，大约 60% 是不需要做的，既没有临床依据，也没有主诉的根据。那么医生为什么还要做这样的检查呢？这是为了防备吃医疗官司。换句话说，医疗实践转入了完全依赖机器生成信息的阶段，患者也进入了这样的阶段。简而言之，如 102
果医生没有用尽一切可能的技术资源包括药物，如果患者没有得到一切诊疗手段，患者就不放心，医生就容易受到无能的指控。使情况复杂的是，现在的医患关系干巴巴的，和 100 年前的医患关系反差强烈，患者对医生没有亲近和同情的感觉，打官司时就没有碍手碍脚的顾虑。况且，医生从保险公司获得补偿的根据是他们做了什么检查，而不是他们在患者身上花费了多少时间。非技术性的医疗工作是耗时的工作。给头痛病人做 CT 扫描比较有利可图，花费大量时间了解患者的病史和病症就很不合算了。

这一切的后果是，即使谨慎和选择性的医疗技术手段也难以实施，因为经济上无利可图，而且业务上可能会产生灾难性的后果。现行文化的组织方式注定要支持凭借技术手段的医疗工作，文化的各个要素都有这样的倾向，包括法院、官僚主义、保险体系、医生的培养、患者的期待，等等。治疗方法多样的局面不复存在，只剩下一种方法——技术方法。如今，界定医疗能力的因素是用于治病的机器的数量和种类。

已如上述，三个相互关联的因素合力造成了医务界技术垄断的局面。美国国民性偏向于咄咄逼人的进取性，很容易适应医疗技术，此其一；19 世纪的技术统治论执着于发明，充斥着进步观念，完成了一连串令人惊叹的发明，此其二；美国文化完成了重新定向，使技术进取笃定成为医疗实践的基础，此其三。技术主导医学形成的观念可以这样来概括：大自然是难以驯服的敌人，只能够用技术手段来征服；解决技术方法产生的问题（医生叫作
103 “副作用”）只能进一步依靠技术（众所周知的一个笑话说，一种令人莞尔的新药不能治病，却有有趣的副作用）；医疗实践必须把重点放在疾病上，而不是患者身上（因此可以说手术或治疗是成功的，但患者死了）；来自患者的信息不能够像来自机器的信息那样去认真对待，自然就产生这样的结果：医生根据洞察力和经验做出的诊断价值不高，比不上医疗机械计算结果的价值。

这样的观念会促成更好的医学吗？在某些方面是肯定的，另一些方面却未必。有时答案是“对”。如果你想到的是医生用激光摘除白内障，快捷、无痛而且安全，你的回答就是“对”。另一种情况是：医生用腹腔镜摘除胆结石，只需在腹部扎一个小孔，把腹腔镜伸向病变部位，然后再在胆囊上扎一个小孔，就无须在腹部切口了。当然，倾向于回答“不”的人可能问：有多少胆囊切除术是因为用了腹腔镜才做的呢？这个问题是关键所在。

请考虑剖宫产手术。如今大约 1/4 的美国人是剖宫产出生的。凭借现代技术，美国医生现在成功接生的婴儿过去是可能会死去的。霍罗维兹大夫在《照看好你的医疗命运》（*Taking Charge of Your Medical Fate*）里说：“……剖宫产的目标是改善处境危险的胎儿的生存机会，这个目标已经达到了。”[10] 但剖宫产是手术，

当它被当作日常的分娩手段时，就存在着相当大的不必要的危险，因为孕妇剖宫产的死亡率是阴道顺产死亡率的两三倍。换句话说，剖宫产可以而且的确拯救了有生命危险的胎儿；然而，如果由于 104
其他的原因而施行剖宫产，比如为了医生或母亲的方便而做的剖宫产，却对健康甚至生命构成了不必要的威胁。

再举一例，心脏搭桥手术是为了清理堵塞的动脉，减少中风的风险。1987 年，10 万多美国人做了这种手术。现已肯定，心脏搭桥手术的风险超过中风的风险。再引霍罗维兹的话说："换句话说，搭桥手术致死的人可能会多于中风致死的人。"[11] 另一个例子是，每年因为胸部和牙齿 X 光透视而患癌症的人大约有 78 万。有人估计，在一代人的时间里，放射性诱发的癌症病例将达到 234 万。[12]

诸如此类的例子俯拾即是，多得令人吃惊。为了公允，关于技术在美国医学里有何价值的问题，最好是这样来表述：倘若美国医学并非这样完全倚重技术，倘若它能够摆脱技术欲罢不能的心结，美国医学会不会好一些呢？我这里的回答是毫不含糊的"对"。比如我们知道，哈佛大学医学院 1984 年的医学报告（没有奥威尔《一九八四》那种反乌托邦的反讽调子）显示，仅纽约州就有 3.6 万次由于疏忽大意而引起的医疗事故，其中的 7 000 例导致死亡。报告并未指明什么样的疏忽导致死亡的具体数字，但其中的例子有医生不问患者过敏史而用青霉素的情况。我们可以设想，许多死亡事故涉及粗心的处方、不问病史，还包括不必要的手术。换句话说，（由医师不当治疗诱发的）医源性事故已经成

为医务界的严重关切，患者更担心这样的事故。医生感到被拘束、
105 受支配的压力，因为客观的氛围要求他们使用一切可能的技术。报告认为，美国的手术很可能40%都不是必需的；患者更有理由因此而感到忧心忡忡。马丁·韦兹（Martin Weitz）在《医疗卫生令人震撼》（*Health Shock*）里转述约翰·麦金利（John McKinlay）的统计数字说，美国每年由于手术事故而死亡的人数超过了朝鲜战争和越南战争每年死亡的人数。早在1974年，参议院的一份调查报告就指出，美国医生每年所做的不必要的手术高达240万例，手术致死者多达1.19万人，费用多达39亿美元。[13] 我们还知道，尽管技术先进（很可能正是由于其先进），美国的新生儿存活率在世界上仅排名在第14位，美国医院是国内最危险的地方之一，这样说并不夸张。凡是医生罢工的地方，新生儿死亡率都会下降，这种情况也有人做了详尽的描述。

可以肯定，技术对医疗实践的控制，很少有医生会感到满意。许许多多的患者因为技术对医疗的控制而受到严重的伤害。由此我们可以得出什么结论呢？第一，技术在医疗实践中并不是中性的因素：医生不仅使用技术，而且被技术利用。第二，技术产生对人的强制性要求，同时还产生广泛的社会系统来贯彻其强制性要求。第三，技术重新界定医生的身份，使医生的注意力重新定向，对医生看待病人和疾病的观点进行重构。

和一些广为人知的疾病一样，技术统治问题的出现有一个缓慢的过程，起初是难以觉察的。随着技术的发展，制药公司和医疗器械制造商的影响也日益增强。随着医生培训制度的变化，患

者的期望值也发生变化。随着手术方法的增加，看似必需的诊断 106
方法也相应增加。在这个过程中，什么诊疗手段正在被人放弃呢？这个问题享受不到优先的地位，甚至根本就提不出来。时代精神把这个问题放在令人生气和毫无意义的两个范畴之间。在日益增强的技术垄断论的影响之下，人们已没有时间或没有意向去议论技术垄断的弊端了。

第七章

机器意识形态：计算机技术垄断

如今，美国技术垄断文化已经迫不及待、莽莽撞撞地接受了计算机，正如它拥抱医疗技术一样。这一事实不容否定。这也许是势之必然，但很不幸则是确定无疑的。这并不是说，计算机在符号美景中大煞风景，而仅仅是说，像医疗技术一样，计算机篡夺了文化的威力，把特定的心态强加于人，所以专注于人的文化原本是想要谢绝它的。因此，检讨嵌入计算机技术里的理念，值得我们一试。当然已经有人做了尝试，约瑟夫·魏泽堡[1]尤其值得一提。他的大作《计算机威力和人的理性》(*Computer Power and Human Reason*)是不可或缺的必读书。不过和任何人一样，他遭遇到一些困难，因为计算机具有所谓“普适性”：(1)计算机的用途多得数不清；(2)计算机整合进了其他机器之中，因此我们难以将计算机技术推进的理念从其他机器里分离出来。比如，计算机和听诊器截然不同，听诊器只能在有限的场合发挥有限的作 107

1 约瑟夫·魏泽堡(Joseph Weizenbaum，1923—2008)：美国麻省理工学院计算机教授，发明“伊莉扎”(ELIZA)程序，著有《计算机威力和人的理性》。

108 用。有人说，保险箱窃贼用听诊器来探查保险栓，除此之外，只有医生才用听诊器。然而，人人都用计算机，或被计算机利用，而且计算机的用途似乎是没有尽头的。

姑不论电子文档、电子数据表和文字处理等著名的计算机功能，计算机创新甚至奇异的用途清单也足以令人叹为观止。我的面前放着《纽约时报》的一篇报道，它告诉我们计算机如何辅助水族馆设计师仿照过山车设计水滑道，如何获得8英尺（约2.4米）高人造浪的效果。[1] 我记得另一篇文章讲如何用个人计算机在公司董事会会议上发言。[2] 还有一篇文章谈计算机制图帮助陪审员牢记证据。《诉讼学》（*Litigation Sciences*）杂志计算机制图部的负责人格雷戈里·马扎雷斯（Gregory Mazares）说："我们是习惯电路、聆听、视觉取向的人，陪审员则倾向于相信眼睛看到的材料。这种技术使信息简约，避免大量信息突发给人的轰炸，使陪审团能够集中注意力。"[3] 马扎雷斯先生帮助习惯电器的人牢记信息，富兰克林计算机公司的首席执行官莫顿·戴维（Morton David）出版电子版《圣经》，使人以闪电般的速度检索《圣经》里的任何词语。（顺便说明，"闪电"一词在新国际版《圣经》里出现42次，在钦定版《圣经》里出现8次。如果你想检索这个词，你可以在几秒钟内得到这个结果。）戴维满脑子这样的事实，所以他说："我们的技术产生的重大变化堪与谷登堡发明的活字印刷媲美。"[4] 还有一篇文章谈计算机用于投资决策，其功能包括设计各种"万一……如何"的情景，不过，该文没有提这些方案的准确性。[5] 在《技术评论》（*Technology Review*）里，我们发现描写计算机如何辅助警察确定求助人所在位置的一篇文章；文章预言在不久的将来，警察就能够在刹那之间得到求助者的大量信息，并 109
判断应该在多大程度上认真对待来电人的诉求。

你也许会问，查尔斯·巴贝奇[1]在1822年（雷奈克发明听诊器之后6年）宣告，他发明了一种可以完成简单算术题的机器时，他是否想到以上可能性。也许是吧，因为他还没有来得及完成那台机器，就马上着手去造一台更加雄心勃勃的机器，以完成更加复杂的任务。但这一台机器也半途而废，到1833年，他竟然把自己的计算器研究计划束之高阁，另起炉灶去搞一台可以编程的机器，这台机器成为现代计算机的先驱。他构想的编程机也没有完成，不久它就演变为用穿孔卡操作的机器，这是由法国纺织机演变而来的机器，纺织工人用这样的机器来控制织机上的经纬纱。

在以后的37年中，巴贝奇不断改进他的编程机，每一个新的设计都胜过前一个设计。[6]有一阵子，他突然意识到，数字运算的机械化使他掌握了一种操纵非数字符号的手段。如果说巴贝奇的洞察力堪与希腊人公元前3世纪发现字母表化（alphabetization）的原理相比，那并非牵强附会。所谓字母表化是这样一个原理：字母可以从其声音功能剥离出来，用作信息分类、储存和检索的系统。总之，有了这个洞见之后，巴贝奇就能够思考设计“智能”信息机的问题，虽然当时的机械技术还不足以实现这样的想法。然而，他离我们今天所理解的那种计算机还有一些时日；现代计

1　查尔斯·巴贝奇（Charles Babbage，1792—1871）：英国数学家、分析仪发明者，他的分析仪原理近似于现代计算机。

算机的发明还要等待多种进一步的发现和发明，包括电报、电话、
布尔代数、以继电器为基础的电路，直到产生克劳德·香农[1]创造
110 的数字逻辑电路。今天，没有修饰语的“计算机”通常指的是约
翰·冯·诺伊曼[2]在20世纪40年代发明的那种计算机。在此之前，
computer指的是做机械运算的人（与早期typewriter的用法相似）。
后来，计算从人手转移给机器，computer这个词也由指机器转向
指人，由于冯·诺伊曼计算机的威力，这个转移加速完成了。

当然，数字计算机发明之后，事情很清楚，计算机能够在某种意义上执行所谓“智能”的功能。1936年，伟大的英国数学家阿伦·图灵[3]证明，人能造出完成许多实际功能的机器，像人一样能解答问题的机器。图灵宣告，如果机器能够通过打印的信息与人交换思想，如果它支持会话的目的，这台机器就可以叫作“智能”机器。在麻省理工学院人工智能实验室创建的初期，约瑟夫·魏泽堡编制了一个“伊莉扎”（ELIZA）的程序，这个程序证明，满足图灵试验的智能标准是非常容易的。对一个含有专有名词“某某”的问题，该程序的回答是：“您为什么对‘某某’感兴趣？”机器的回答里包含了这个专有名词，还用了一个问号。换句话说，它能够把陈述句的语序颠倒过来，构成一个疑问句，以寻求有关那个陈述句里某个词的更多的信息。由此可见，“伊

---

1 克劳德·香农（Claude Shannon，1916—2001）：美国应用数学家，创建信息论，和韦弗（W. Weaver）合著《通信的数学理论》。

2 约翰·冯·诺伊曼（John von Neumann，1903—1957）：匈牙利裔美国数学家、量子物理学家，对数理逻辑、控制论和高速计算机的发展均有贡献。

3 阿伦·图灵（Alan Turing, 1912—1954）：英国数学家、人工智能之父，提出“图灵机”和“算法”的概念，为计算机科学打下了理论基础。

莉扎”这个程序很像卡尔·罗杰斯[1]那样的心理学家，至少相当于一位友好的、收费不多的治疗师。有些使用该程序的人难以相信，他们只不过是在和一台机器对话。实际上，制造出一台图灵机之后，约瑟夫·魏泽堡最终把该程序从计算机网络中分离出来，神奇的效果促使他完成《计算机威力和人的理性》。该书考问人工智能研究者的研究计划，考问这样的设想是否合理：凡是计算机能够做的，计算机都应该做。它还考问这样的路子：按照人们对 111
世界的解释去研究计算机的影响——也就是计算机的意识形态，我将转向这个问题。

戴维·波尔特[2]著《图灵人：计算机时代的西方文化》(*Turing's Man: Western Culture in the Computer Age*)，这个书名最充分地表达了计算机传达的理念。这个书名当然是比方，类似于所谓“谷登堡人”，即从16世纪起到不久前那个时代的人。波尔特所谓图灵人对计算机的主要兴趣是计算机的实际功能，他认为计算机就像一本书，但他主张，图灵人是我们时代一种占支配地位的隐喻；图灵人暗示人与信息、工作、权力和自然的关系，我们借这个隐喻对时代进行界定。我们最好用以下方式描述这个关系：计算机把人界定为“信息处理器”，把自然定义为信息处理的对象。总之，图灵人的比方传达了一个根本的信息：人是机器——虽然是思考的机器，但终归是机器。由于这个原因，计算机是技术垄断

1　卡尔·罗杰斯（Carl Rogers，1902—1987）：美国心理学家，首创以患者为中心的心理疗法，著有《患者中心治疗》《心理治疗与人格改变》等。

2　戴维·波尔特（Jay David Bolter，1951—　）：美国计算机科学和应用专家，著有《图灵人：计算机时代的西方文化》《书写空间》《补救》等。

论典范的、无与伦比的、近乎完美的机器。计算机把我们有关自然、生物性、情感或精神的主张置于从属地位。它凌驾于一切人类经验之上，展示它的“思考”功能胜过我们的思维能力，借以支持它君临一切的主张。实际上，马文·明斯基[1]对人工智能表现出近乎狂热的歇斯底里，他说：芯片“大脑”的思维能力令人望而生畏，“如果我们走运，人工智能的大脑会把我们当作‘宠物狗’”[7]。约翰·麦卡锡[2]断言：“即使简单如恒温器的机器也可以说有信念。”哲学家约翰·塞尔[3]提出一个平淡的问题，麦卡锡却做了一个不平淡的回答：“我的恒温器有三种信念（beliefs）——这里太热，这里太冷，这里不冷不热刚刚好。”[8]

这个回答的重大意义在于：它给“信念”这个词下了一个新
112 的定义。这句话摈弃了过去的观点：人具有内在的心理状态，内在的心理状态是信念的基础。它提出相反的观点：“信念”只不过是某人某物的所作所为。这句话还隐含着另一层意思：模拟一个想法相当于复制这个想法。最重要的是，这句话摈弃了这样一个观点：精神活动（mind）是一种生物现象。

换句话说，这里的隐喻已然发狂。起初的隐喻是，人在某些方面像机器；稍后走向的命题是，人几乎就是机器；最后达到的命题是，人就是机器。正如麦卡锡所云，最后的结论必然是这样

---

1 马文·明斯基（Marvin Minsky，1927—2016）：美国人工智能专家，图灵奖得主，著有《知识表征框架》《心灵社会》《情感机器》等。

2 约翰·麦卡锡（John McCarthy，1927—2011）：美国语言学家、计算机专家、人工智能之父，图灵奖得主，著有《人工智能与计算机数学理论》等。

3 约翰·塞尔（John Searle，1932— ）：语言哲学家，著有《言语行为》《思想、大脑与科学》等。

的结论。顺理成章的结论就是：我们可以制造出模拟人的智能的机器，人工智能领域的研究是必然的走向。这种思路最意味深长的后果是它代表的还原主义。但魏泽堡竭力提请大家注意，人的智能是不能移植的。一个显而易见的事实是，人的智能得天独厚，有一个生物性根基，有一种难以触摸的精神生活；机器能够在某些有限的方面模拟人的精神生活，但绝不可能复制人的精神生活。机器不可能感知，同样重要的是，机器不可能理解。“伊莉扎”能够问：“你为什么很为你母亲担心？”这个问题可能正好是治疗师的问题。但机器本身并不知道这句话的意思，甚至不知道这个问题还有意义。（当然，可能有些治疗师也不知道这句话的意义，他们只不过是按部就班、习以为常、漫不经心地问问而已。如此，我们就说，他们的动作像机器。）使人脑独步天下的是意义，而不是表达。我这里使用的“意义”指的是，人表达的意义大于符号相加产生的结果，超越了至少两个人共享的符号所指。我的理解是，意义还包括所谓情感、经验和感知，这些东西不必用符号来 113
表达，有时还不可能用符号来表达。尽管如此，情感、经验和感知还是“有意义”。如果没有具象的符号，计算机只不过是一堆垃圾。虽然用机器复制人脑功能的追求自古以来就有根基，虽然数字逻辑电路赋予这种追求一个科学的结构，然而，人工智能没有也不会产生能够创造意义、具有理解力和情感的动物，人就是这样的动物。

这一切似乎一望而知，然而人作为机器（或机器作为人）的比方还是很强大，这个比方肆意入侵我们日常的语言。人们常常说给自己“编程”或“消除编程”，把大脑说成是“配线的硬件”，能够“检索数据”。把思维当作单纯的信息处理和编码，已经成为司空见惯的事情。

也许最令人心寒的例子是，我们的语言大量吸收“人作为机器”的比方，因而落入陷阱。这种情况起始于1988年11月4日。那一天，ARPANet网的计算机慢如蜗牛，塞满了无关的数据，后来竟完全堵死。问题很快传遍美国和海外的6 000台计算机。起初的猜想是，一个软件编程寄生在其他编程上，这种情况被称为“病毒”（又一个人—机比方）。后来查明，入侵者是一个自足的程序，显然是用来使计算机瘫痪的，“蠕虫”这个名字由此而生。但技术上误用的“病毒”一词保留下来，原因无疑是它耳熟能详，和人有关系。雷蒙德·戈兹分析大众媒体对这件事情的描写，他发现报纸的评论用了大量的人—机比方：计算机受到“感染”，病毒有“剧毒”和“传染性”，正在对受感染的计算机进行“隔
114 离检疫”，正在努力给网络“杀毒”，程序师希望开发“疫苗”，让计算机“预防”新的攻击。[9]

这种语言不仅是生动如画的神人同形同性论，它还反映了人在人—机关系感觉方面的深刻变化。如果计算机可能患病，那它也能够保持健康。只要健康，它们就能够做到思路清晰、正确决策。言下之意是，计算机有意志、意向和理性，也就是说由于计算机的决策，人的责任就减轻了。通过一种形式上的语法点金术，“我们用计算机计算”就变成了“计算机计算”。如果计算机计算，那么它也可能“下决心”误算，甚至拒绝计算。银行出纳员

说无法告诉你户头上的余额，因为“计算机出故障了”，他的意思就是计算机误算了或不算了。言下之意当然是，银行里的职员谁也不负责。计算机出错、疲劳或生病了，为什么怪罪人？我们可以把这种思路叫作“动因迁移”（agentic shift），这是我向斯坦利·米尔格兰姆[1]借用的术语，其意思是，人把某一结局的责任从自己身上迁移到一个抽象的媒介身上。[10]在这样的情况下，我们放弃了控制权，放弃对计算机的控制而不感到非常后悔；也就是说，我们可能会去追求误导人的目标甚至是非人性的目标，因为计算机可以达成这样的目标，或者说我们幻想计算机可以达成这样的目标。

有的时候，各种机器呈现出人的一面，甚至是超人的一面。也许，我听见过的最荒唐的话是我的一位学生说的话。有一天天气闷热，我们的教室没有空调。有人告诉他，温度计显示 98 华氏度，他应声说：“难怪这么热！”这句话使天气脱身，于是天气对室内的温度就不承担责任了。只要温度计规规矩矩工作，我们就觉得舒服。但计算机的“人性”远远超过温度计，且几乎胜过任
何技术。和大多数机器不一样，计算机不是进行工作，而是指导 115
工作。正如诺伯特·维纳[2]所言，计算机是“指令和控制”的技术，如果没有可供计算机控制的东西，它就没有价值。计算机对官僚

1　斯坦利·米尔格兰姆（Stanley Milgram，1933—1984）：美国心理学家，以“服从权威试验”和“六度分隔理论”而著名，他的“服从权威试验”引起很大的争议，著有《对权力的服从》《电视与孤僻行为》《社会生活中的个体》等。

2　诺伯特·维纳（Norbert Weiner，1894—1964）：美国数学家、美国科学院院士，控制论创始人，获总统勋章，著有《控制论》《人有人的用处》等。

主义者至关重要，其原因就在这里。

官僚主义者拥抱技术，这自然是意料之中的事情，因为技术制造的错觉是，决策似乎在官僚主义者的掌控之中。表面上看，计算机有智能，且不偏不倚，所以它几乎有一个充满魔力的倾向：把人的注意力从履行官僚主义职能的人转移到它自己身上，仿佛它就是真正的权威源泉。用计算机武装起来的官僚主义者是我们时代未获承认的立法者，成为我们可怕的负担。我们不能够排除这样的可能性：倘若阿道夫·艾希曼当时说，把犹太人送进焚化炉的不是他，而是一批计算机，他就可能不为自己的行为承担责任了。

在我的学术生涯里，虽然（或由于）我做“行政工作”比较晚，我还是常常感到惊诧，人们竟非常顺从地接受如下的解释：“计算机显示……”或“计算机断定……”。这就是“此乃神意”的翻版，就是技术垄断论的语言。两种版本的效果差不多。你们不会感到奇怪，我很少诉诸这类骗人的把戏。但有时我被逼到墙角无路可走时，也不得不让步投降。至今无人回答说：“（计算机搞的是）垃圾进，垃圾出。”这种完全不设防的态度有一种卡夫卡[1]式的荒诞味。在他的小说《判决》（*The Trial*）里，主人公约瑟夫·K被控有罪，至于什么性质的罪，谁提出指控，他本人却浑然不知。计算机把我们太多的人变成了约瑟夫·K式的人。计算机常常成为不知名的原告，这位原告不会透露指控的信息源，法

1 卡夫卡（Franz Kafka，1883—1924）：奥地利作家，表现主义代表人物之一，代表作有《城堡》《变形记》《判决》等，死后有《卡夫卡全集》问世。

官也不会要求它提供信息源。计算机已经做出宣判，表面上看似乎就足够了。至于谁给计算机输入数据，为何输入这样的数据，为谁提供方便，以什么预设为根据，所有这些问题都被省略掉，无人去关心了。

不仅个人事务里有这样的情况，而且公共决策里也有这样的 116
情况。五角大楼、税务署和跨国公司等大型机构告诉我们，它们检测的依据是计算机生成的答案；一般地说，这足以使我们心安理得、安然入睡。无论如何，这样的决策过程使我们不至于抱怨或控诉。计算机强化了官僚机构，压抑了追求重大社会变革的冲动，至少是产生这种结果的部分原因。魏泽堡写道："人们已经多次宣告计算机革命的来临和计算机时代的成立，然而如果用革命胜利产生的社会变革来衡量革命胜利的话，那就可以说，没有发生过计算机革命。"[11]

计算机使政治、社会和商务机构实现自动化运行，在这个过程中，计算机未必使这些机构提高效率，但有一点是肯定的，它们使人不注意是否必需这些机构，如何改进这些机构。大学、政党、教派、司法审理、公司董事会并不会由于自动化而改进工作。它们只不过更加吓唬人，更加技艺化，或许还多了一点点权威，然而它们的预设、理念和理论里的缺陷却会原封不动。换句话说，在生成激进而重大的社会、政治和宗教思想上的威力方面，计算机技术尚未接近印刷机的水平。如果印刷机像大卫·理斯曼[1]所谓

---

1 大卫·理斯曼（David Riesman，1909—2002）：美国社会学家，代表作有《孤独的人群》。

的“思想炸药”，那么计算机只不过是思想的滑石粉而已，因为它的性能仅仅是掩饰我们不令人满意的机构和思想。

我不想走魏泽堡那么远；他说计算机仅仅是完成非重要功能的精巧设备，计算机革命是胡说八道的大爆发。也许，他这个
117 评判将来需要修正，因为计算机是有无数用途的技术，用西摩尔·帕珀特[1]的话说，计算机是像海神普罗透斯[2]一样多变的机器。比如，你必须注意计算机生成的图像在虚拟现实里的意图。如果你布置一套微型的眼睛般的屏幕，你就可以屏蔽真实的世界，到模拟的三维世界里去移动，这个世界的景观会随着你脑袋的动作而变幻。蒂莫西·利瑞[3]热衷于虚拟现实，这并不意味着虚拟现实有一个建设性的未来。然而谁知道呢？也许，对那些无法对付真实世界的人来说，虚拟现实提供的治疗胜过“伊莉扎”软件吧。

我们能够看清的是，迄今为止的计算机技术加强了技术垄断的根基，使人相信技术革新等于人类进步。技术垄断的盘根错节靠的是几个互相联系的观念。

已如上述，技术垄断放大了人作为机器和机器作为人的比方，而且到了超越理性的程度。顺便说明，我并不断言，计算机技术是这个比方的始作俑者。你可以在医学里察觉这个观念：医患双方都相信，人就像机器一样，由零件组成，零件有缺陷时可以用

1　西摩尔·帕珀特（Seymour Papert，1928—2016）：美国数学家、计算机科学家、麻省理工学院终身教授、教育信息化奠基人、人工智能先驱，发明了计算机 LOGO 语言。

2　普罗透斯（Proteus）：希腊神话中能任意改变自己外形的海神。

3　蒂莫西·利瑞（Timothy Leary，1920—1996）：20 世纪 60 年代美国反文化代表人物，研究迷幻药和虚拟现实。

机器配件来替换，新的配件和原有配件功能相同，不会损害其余的零件，甚至不会影响其他的零件。当然，这个假设在一定程度上行得通；然而，既然人不是机器，而是生物有机体，人体器官互相联系，而且深受心态的影响，人好比机器的隐喻在医学上就有严重的局限，就可能造成毁灭性后果。把这个机械比方用到产业工人头上时也可能产生类似的后果。现代工业技术之成立是依靠这样一个观念：机器由可以分离、互相替换的部件组成。但在组织工厂的过程中，工人也被视为可以分离、互相替换的部件，于是工厂就产生了深刻的异化和深沉的苦难。这就是卓别林《摩 118
登时代》电影要表达的主题，也就是说，如果按照这个比方办事情太过火，那就会造成心理创伤。计算机不同于一般的机器，由于它“思考”，而不是工作，所以它强化机械比方的威力无与伦比，它对技术垄断论来说价值连城。技术垄断论依靠我们这样一个信念：我们像机器一样工作时就处在最佳状态，在一些重要的方面，我们可以委托机器代理我们工作。这些信念隐形的后果是，我们失去对人类判断力和主体性的信心。唯有人类能够观照全局，看到事物涉及的心理、情感和道德层面，可惜我们让这个得天独厚的能力贬值了。我们相信机械运算的威力，用机械的威力取代了我们观照全局的能力。

由于计算机常见的运行机制，它过分倚重交流的技艺程序，它给人提供的实质内容很少。除了电光之外，计算机最能够说明马歇尔·麦克卢汉的警语“媒介即信息”，在这个方面，再也没有比计算机更典型的技术了。计算机几乎全是过程。比如我们可以说，伟大的“计算机使用者”是不存在的，而伟大的作家、画家或音乐家却比比皆是。不错，有“了不起的程序”和“了不起的程序员”，然而，他们之所以了不起，仅仅是由于它们模拟人的官能时有聪明之举，或者是由于它们在运算、速度和容量上创造了新的可能性。[12] 当然，如果戴维·波尔特此言不错，未来的计算机以一种新型书籍的面目出现，拓宽并丰富书写技术的传统，那倒是可能的。[13] 既然印刷术替代手稿时创造了新的文学形式，所以电子书写创造新文学形式的可能性也是存在的。但就目前情况而言，计算机技术的功能与其说是真正用于交流的新手段，不如说它是一种新的运输方式。它运输信息，大量、快速且多半以计算的方式运输信息。实际上，计算机实现了笛卡尔把世界数
119 学化的梦想。计算机容易把事实转换为统计数字，把问题转换为方程式。这当然有用处（计算过程中揭示的模式一般容易忽略），但如果盲目应用于人的事务，它也可能牵制我们的注意力，带来一定的危险。计算机强调速度，能够生成前所未有的大量信息，这也会产生干扰和危险。在特别的语境下，计算、速度和海量信息可能会天下无敌。然而，计算机技术的“信息”是全面的，它带有支配的性质。质言之，计算机体现的主张是，我们在个人和公共两个层次上面对的最严重的问题，需要通过快速的信息检索来解决。我却认为，这显然是谬论。我们最严重的问题不是技艺问题，而且问题也不是信息不足产生的。倘若核灾难发生，那不会是由于信息不足。人们死于饥荒，那不是因为信息不足。倘若家庭破碎、儿童受虐待、犯罪使市民恐惧、教育显得无能，那也

不是信息不足产生的结果。数学方程式、即时通信、海量信息和这些问题，根本就没有丝毫的关系。解决这些问题，计算机是派不上用场的。

然而，由于计算机“无所不在”，它就迫使人尊敬它，甚至要忠于它，它主张在人类事务的一切领域扮演无所不包的角色。有人坚持认为，否定计算机在广阔领域里至高无上的地位是愚蠢之举；可是这些人缺乏的正是保罗·古德曼[1]所谓的“技术的谦虚”，其意思是，要有全局意识，既不要断定、也不要妨碍技术的具体功能。诺伯特·维纳要人们警惕不够谦虚的态度，他说，原子弹发明之前，倘若数字计算机已经是常用工具，人们就可能
说，没有计算机就不能发明原子弹。然而事实上，原子弹就是在 120
计算机不普及的时候发明的。我们要提醒自己注意，不用计算机也可以做许多事情，这一点至关重要。

西摩尔·帕珀特的主张就值得我们注意。他希望学生能够认识世界，能够进行批判性思考，能够学会如何创造知识。他的《头脑风暴》(*Mindstorms*)给人的印象是，他的计算机程序语言LOGO使之成为可能。然而，千百年来，优秀的教师在没有LOGO帮助的情况下也能够做到这一点。我并不是说，即使经验丰富的老师妥当地使用LOGO语言，它也无助于事；但如果你要说，经验丰富的老师使用铅笔加纸张或言语写作，他的效果赶不上LOGO语言的效用，我就要表示怀疑了。

---

1 保罗·古德曼(Paul Goodman，1911—1972)：美国社会批评家、反正统文化代表人物之一，著有《在荒谬中成长》《王城》《古德曼政论文集》等。

达拉斯牛仔队在橄榄球比赛中屡屡夺冠，有人就把他们的节节胜利归功于计算机在球员的评价和选拔中发挥了作用。但最近几年，达拉斯队只勉强胜了几场，人们就不再大肆鼓吹计算机了，可能是因为他们认识到，计算机和赢球没有关系——从来就没有关系吧。有人会说，写明快、简洁而时髦的散文和用计算机做文字处理没有关系。有些学生不相信，不用计算机进行文字处理还可以写出一手好文章，我却想说，用了文字处理机也未必能写好。

技术傲慢始终是技术垄断论的严重危险，因为技术垄断助长技术的傲慢。技术垄断论还助长麻木，使人看不到在获取新技能的过程中可能会丢失的技能。我们要记住不用计算机的情况下能够做什么，这一点至关重要；要提醒自己注意，在使用计算机的时候可能会失去什么，这一点同样重要。

我的面前有贝尔纳·洛维耳爵士写的一篇文章，他是英国焦德雷尔班克射电天文站的奠基人；文章说，计算机窒息了科学创新。[14] 他记录了计算机运行提供遥远星系的详细情况，这样的发
121 现令人震惊，他用轻松的笔调抒写了自己的敬畏之心。与此同时，他又忧心忡忡地说："没有想象力的、专注于狭隘的计算机辅助的研究，和无拘无束地运用所谓奇缘佳运的研究正好是对立的，所谓奇缘佳运就是凭借诀窍或多或少偶然获得的良好效果。"他举例说明纪念碑式的偶然发现，断言这样戏剧性的发现风光不再；他担心，计算机是非常狭隘的信息过滤器，因而对奇缘佳运式的发现非常不利。当然，他并不"反对"计算机，只不过提出问题，要我们考虑其代价而已。

联邦航空局负责绩效研究的首席科学家克莱·弗里希（Clay Forishee）提出了同样的告诫。他怀疑，自动运行的商业飞机是否对飞行员产生了负面的影响，使他们在遭遇故障时不能做出创造性的反应。西北航空公司负责飞行标准的经理罗伯特·布利（Robert Buley）更进一步指出："如果我们让飞行员屈从于技术，我们就会失去（紧急情况下的）创新精神。"[15]

伊桑·卡茨（M. Ethan Katsch）在《电子媒介与法律变革》（*The Electronic Media and the Transformation of Law*）一书里也表示担忧。他写道："人们提倡在司法界用计算机化系统取代印刷品，纯粹是为了提高效率。"[16] 他接着说，计算机几乎无限储存和检索信息的功能，对过去的判例构成了威胁，可人们对这样的威胁却浑然不知。他又说："先例不多时，先例系统不是必需；先例过多时，先例系统又不能运转。"如果此话正确，即使是部分正确，那究竟意味着什么后果呢？律师是否因此而不能挑选相关的先例呢？法官是否经常由于"先例过载"而困惑不解呢？

我们知道，完全依靠机器的医生失去了根据观察做出诊断的
能力。我们不妨问，由于沉浸于计算机文化，我们还在失去什么 122
其他的技能和传统呢？技术垄断论者不提这样的问题。提这类问
题的人被称为技术悲观主义者、杞人忧天的耶利米[1]，甚至被贴上
更难听的标签。我却认为，所谓悲观主义者浑身流露着对技术的
谦恭态度，他们就像古埃及的法老塔姆斯。

1　耶利米（Jeremiah）：公元前 7—前 6 世纪的希伯来大先知，此处喻指悲观主义者。

第八章

隐形的技术

如果把意识形态界定为一套难以意识到的假设，而这些假设 123
又促使我们努力去描摹世界的形貌和条理，那么，我们最强大的意识形态工具就是我们的语言。语言是纯粹的意识形态。它不仅教导我们事物的名称，而且更加重要的是，它还教导我们什么事物可以命名。它把世界划分为主体和客体。它指明什么事件被当作过程，什么事件被当作事物。它教导我们时间、空间和数的观念，形成人与自然、人与人关系的观念。比如，在英语语法里，总是存在行为的主语、表示主语行为的动词和接受行为的宾语。这是一种咄咄逼人的语法，对那些认为世界仁慈的人来说，这样的语法是难以掌握的。这种语法使我们必然形成这样的世界观：事物互相推搡，且常常互相攻击。

当然，我们大多数人在大多数时候对语言的运行都浑然不觉。124
我们深锁在自己语言的边界里；我们不知道，对于这些边界之外的人来说，对于和我们的语言截然不同的人来说，这个世界像什么样子。我们往往假设，人人都以同样的方式看世界，无论其语言多么不同。只是在偶尔之间，这种幻觉才会受到挑战；对掌握两种以上截然不同的语言的人来说，由于这些语言截然不同的结构和历史，它们的意识形态是可以看出来的。比如，《读卖新闻》就引述 1987 年诺贝尔医学奖得主利根川进[1]的话说，日语不利于培养科学研究里清晰而有效的理解。他以麻省理工学院教授的身份向远方的日本同胞说："我们应该考虑改变我们在科学领域里的思维过程，努力用英语思维。"应该指出，他没有断言英语比日语好，他只是说就科学研究而言，英语胜过日语，也就是说英语（或其他西方语言）有一种日语不具备的意识形态偏向。我们把这种意识形态偏向称为"科学观"（scientific outlook）。如果说科学观对你和我都自然而然，那是因为我们的语言使之如此。我们认为的推理是由我们语言的性质决定的。用日语推理和用英语、意大利语或德语推理，显然是不一样的。

简言之，就像任何重要的机器设备比如电视或计算机一样，语言有一个意识形态议程，我们往往看不见的议程。语言的议程深深地整合在我们的人格和世界观里，只有靠特别的努力，且常常要经过特殊的训练，我们才能够探查到这个议程。语言和电视、计算机不同，它不像是我们力量的延伸，而是我们是何人、像什么人的自然流露。这就是语言深刻的奥秘：因为它来自我们人体
125 之内，所以我们就相信，它是世界直接、未经编辑、没有偏见、不带政治色彩的表现，它就是世界的真实面貌。与此相反，机器

1　利根川进（Susumu Tonegawa，1939—　）：美国麻省理工学院日本籍教授，1987 年诺贝尔医学奖得主。

处在我们人体之外，显然是由我们制造的，所以机器可以被修正，甚至可以被抛弃；机器如何重新按照它自己的面貌改造世界，是容易看清楚的。在许多方面，一句话的功能很像一台机器的功能，在问句里我们最容易看出这个偏向。

为了说明我所指的意识形态偏向，我们举填空题为例。如果要得满分，你的回答必须要准确无误：

托马斯·杰斐逊卒于 ______ 年。

如果把填空题改为多项选择题：

托马斯·杰斐逊卒于：（1）1788 年；（2）1826 年；（3）1926 年；（4）1809 年。

试问，这两个问题哪一个比较容易？我想你会同意我这样说：除非你知道杰斐逊去世的准确年代，两个问题都困难。然而，对我们大多数只知道杰斐逊大致生卒年代的人来说，第二个问题的安排使我们“知道”答案的可能性大大增加了。回答多项选择题时，学生总是比回答填空题“聪明”，即使两种问题题材的内容相同。即使最简单的问题也不是不带偏向的，且不可能是不带偏向的。在这个语境下，我所谓的偏向不是常见的指责：某一场考试“带有文化偏向”。当然，许多问题可能是有文化偏向的。（比如，为什么要问托马斯·杰斐逊，甚至要问他哪一年去世呢？）

我的目的是说，任何问题的结构都像它的内容一样缺乏中性。问题的形式既可能使我们一路顺风，也可能使我们障碍重重。问题稍加改头换面，就可能产生相反的答案，正如以下故事所示。两
126 位神父不能断定，是否可以允许抽烟和祷告同时进行，于是就写信请教皇给一个权威的裁示。其中一位神父的措辞是：“祷告时允许抽烟吗？”教皇的回答是不允许，因为祷告时应该全神贯注。另一位的措辞是：“抽烟时允许祷告吗？”教皇告诉他是允许的，因为任何时候祷告都是妥当的。一个问题的形式可能会使人看不见答案，然而一旦换用另一种形式，答案就清清楚楚、一望而知了。下面这个故事的真实性可能有问题，但我认为其微言大义不会有问题。

立陶宛有一个小村子出了一个非同寻常的大问题。一种莫名其妙的疾病折磨着许多村民。大多数病人都必死无疑（虽然并非每个病人必死无疑），症状是陷入死亡一样的深度昏迷。当时的医术不像现在这样先进；当埋葬看来是妥当的时，人们却无从准确判断病人是否真的已经死亡。村民担心他们有几位亲属被活埋了，而且同样的命运也可能等待着他们。如何解决难以判定病人生死的问题成了一个两难的问题。

一些人建议，棺木里储存丰富的食物和饮水，棺木上钻一个孔通气，以防备“死者”还活着。这花钱不少，但看来很值得。但另一些人想出一个花费较少、更加有效的主意：每一口棺材的盖板里面都钉上一根12英寸长的木棍，正对下葬人的胸口。于是，盖上棺盖的时候，一切的不确定性都不复存在了。

故事并没有挑明，村里人挑选了哪一种解决办法，不过他们的选择和我这里要说的目的没有关系。重要的是注意：不同的解决办法是由不同的问题生成的。第一种办法回答这样一个问题：我们如何确定，我们下葬的人仍然活着？第二种解决办法回答的 127
问题却是：我们如何确定我们安葬的每个人都已经去世？

由此可见，问题就像计算机、电视、听诊器或测谎仪，因为问题和技术设备的机制都是一样的：指引思路、生成新思想、敬重旧观念、揭露事实或掩盖事实。在这一章里，我希望考虑这样一些机制：这些机制的功能像机器，但一般人并不把它们看作技术的组成部分。之所以我要读者注意这些机制，正是因为它们常常被人忽视。为了实用的目的，我们不妨把这些机制称为技术，或许它们是身披伪装的技术，但毕竟是技术。

除了语言之外，数学符号 0 也是技术，它最不像技术，但的确是技术。简要说明 0 有助于我们阐明稍后的其他技术例子。

0 这个数字在 10 世纪从印度进入欧洲。到 13 世纪，它已经占领了西方人的意识。（古罗马人和古典时期的希腊人不知道 0，不过到希腊化时期，巴比伦的数学家已经有类似的概念。）没有 0 就难以完成简单的数学运算，有了 0 就十分简单。倘若你需要尝试 MMMMMM × MMDCXXVI 这道乘法题，你就会确认我这种判断没错。不过顺便指出，有人告诉我，这个乘法计算是可以完成的，只是运算的过程太艰难，看起来不太可能由人来完成而已，中世纪数学家并没有忽略这一事实。实际上没有证据表明，罗马数字的确被用于计算；没有证据表明，有人有意把罗马数字用来计算。为了计算，罗马数学家用的是算盘；从 11 世纪到 13 世纪，数学家之间展开了争夺，写罗马数字的人用算盘计算，写印度数字[1]的人用十进制计算，因为印度数字包含 0。用算盘的人反对说，
128 0 记录的是 10 幂的缺失，罗马数字就没有这样的记录，所以 0 给罗马人的印象是哲理上或审美上令人不快的感觉。毕竟无论处在什么位置，0 都会影响数值，而它本身却并无数值。它是符号的符号；从词源上说，它来自印地语的 cipher，意思是“虚空”，含义是“无”。对用算盘计算的人来说，用记录“无”的符号纯粹是一个古怪的念头。我现在担心，我也可能站在他们一边。

我评述 0 这个例子有两个原因。首先，我要强调指出，0 是一种技术，它使一些概念可能并容易形成；在没有它的情况下，一般人就无法理解这些概念。倘若它没有明确的意识形态，它至少含有一个概念。我曾经在上文说过用字母或数字给学生的试卷判分，也提到希腊人完成字母表化的技术。这两个例子说明，和 0 的使用一样：符号就像机器，能生成新的心态，并生成关于现实的新概念。其次，0 的采用，以及整个印度数字系统的采用，使精密的数学成为可能，最终产生了如今一种非常强有力的技术：统计学。

统计学使大型的模式从隐形变为显形，使新的感知和现实成为可能。统计学在科学里的运用众所周知，所以无须我们特别评述，但有一点值得一说，倘若世界真如未来学家所言由亚原子粒

1　印度数字：即阿拉伯数字，最初由印度人发明，由阿拉伯人传到欧洲。

子层次的或然性构成，那么统计学就成为描绘世界运作机制的唯一手段。事实上，物理学里的测不准原理就确定，在事物属性方面，物理学不能够超越统计学的预测。

实际上，物理学家之所以认为世界的性质是或然性的，那可能是统计学发明后产生的结果。另一个更加实际的问题是，统计学在多大程度上获准进入不属于它的领域？按照定义，技术垄断 129
允许技术像脱缰的野马一样自由驰骋，我们就可以设想，统计学的应用没有受到限制。我们这样的猜想是正确的。

也许，最滥用统计学的例子是弗朗西斯·高尔顿[1]的著作。他生于1822年，1911年去世，他有生之年正是技术发明最繁盛的时期。他可以被认为是技术垄断论的始祖之一。他还以“优生学”的创始人闻名。优生学这个术语就是他本人首创的，所谓优生学就是根据父母的遗传特征来安排婚姻家庭，以便生育最优良后代的“科学”。他相信，任何东西都能够计量，统计方法尤其是很好的技术，能够打开通向真知灼见的大门，对人的各种行为样式都能够了解。你看见电视上选美，看到美女们按照统计数字排序时，你应该记得弗朗西斯·高尔顿，他对数字有病态的浪漫情怀，是这种白痴形式的始作俑者。他不满意所谓“美人窝”那种笼笼统统的说法，于是就动手给不列颠群岛作了一张“美人分布图”。他告诉我们，他把自己在各地市井街巷看见的“女孩子分为吸引人、相貌平平和令人讨厌”三类。然后，他用统计数字证明，伦

1　弗朗西斯·高尔顿（Sir Francis Galton，1822—1911）：英国人类学、遗传学、气象学家，创建优生学。

敦女人最美，阿伯丁[1]的女人最丑；无疑，这使他在苏格兰度假时处境尴尬。这仿佛还不过瘾，他又发明了一种方法来量化厌烦情绪（计算烦躁的次数），他甚至探讨祷告有效性的统计方法。

不过，高尔顿的主要兴趣是用统计数字证明智能的遗传性。为此目的，他在 1884 年的国际博览会上建立了一间实验室；人
130 们只需付 3 便士就可以测量颅骨和智力。显然，要求退款的来访者并不会得到加分，虽然这也是智能的表现。可以肯定的是，要求退款的人不多，因为高尔顿被认为是当时智力最发达的人之一。实际上，据美国最积极推动智商测试的人刘易斯·特尔曼[2]测算，高尔顿的智商超过 200。特尔曼还异想天开地为死者测量智商，根据他的估计，查尔斯·达尔文（高尔顿的表亲）的智商只有 135，哥白尼的智商只在可怜的 100~110 之间。[1]

统计学在智力“测验”里扮演了恶劣的角色。我给大家提供一种权威的历史研究和分析方法，以为证明。请参考斯蒂芬·杰·戈尔德[3]所著《人的误测》(*The Mismeasure of Man*)。在这里，我只引述戈尔德提出的三个要点。我相信，它们足以说服任何一位智商高于哥白尼的人，使人看到滥用统计数字的危险。

第一个要点叫作神化，也就是把一个抽象概念（多半是一个词）转换为一个客观的事物。在这样的语境下，神化就以下述方式起作用：我们用“智能”这个词来指人的多种能力。世上并没

1 阿伯丁（Aberdeen）：苏格兰阿伯丁郡首府。
2 刘易斯·特尔曼（Lewis Terman，1877—1956）：哈佛大学心理学家，智商测试发明人。
3 斯蒂芬·杰·戈尔德（Stephen Jay Gould，1941—2002）：美国古生物史家，提出“间断—平衡”假说，著有《人的误测》《熊猫的大拇指》等。

有“智能”这样的事物。它仅仅是一个词，而不是一个东西，而且是一个抽象程度很高的词。然而，如果我们相信，它就像胰腺、肝脏一样是一个客观的事物，我们将会相信，科学方法能够给它定位，并对它进行测量。

第二个要点是排序（ranking）。排序需要一个标准，以便把个体安放在一个序列中恰当的位置。高尔顿问，还有什么比客观数字更好的标准吗？由此，在智能排序中我们就假定，智能不仅是一种现象，而且是一个单一的事物，位于大脑之内，只要赋予它一个数字，我们就可以了解它。这好比说，决定“美丽”的标准就在女人的乳房尺寸中。接下来就只需要测量乳房，并据此给每一位女人排序，于是，我们就有了一个测量“美丽”的“客观”尺度。

第三个要点是，在这样的测量过程中，我们本来可以提出这 131
样一个有局限、有偏向的问题：“谁是美人中最美丽的人？”然而，这种未经数字量化的问题是谁也不会注意的，正如戈尔德所述：“科学秘法宣称，数字是客观性的终极检验标准。”这就是说，我们给概念下定义的方式会在我们的意识里逐渐淡化，换句话说，定义本质上的主观性将消失得无影无踪，客观的数字却被神化了。你也许会认为，这样一个测量过程建立在乳房尺寸上看起来荒唐可笑，而且的确是特别荒唐可笑的；然而如果我们相信这种量化的测量方式，我们就必然得出错误的结论：就客观胸围指数而言，多莉·帕顿[1]就比奥黛丽·赫本[2]美丽。再从智能测量来看，高尔顿的智能就相当于哥白尼的两倍了。

然而，在技术垄断论的圈子里，这一切都弄得非常认真，虽然并非无人提出抗辩。爱德华·李·桑代克[3]搞了一辈子的智力测量，但还是发出了一些感慨，他说智力测验有三个小小的缺陷："这些测验检查的究竟是什么并不清楚；对测量的数据进行加减乘除，计算比率，究竟在多大程度上妥当，也不清楚；测量的数据对智力的意义，也不为人知。"[2]换句话说，那些搞智力测验的人的确不知道自己在做什么。因此，戴维·麦克莱兰[4]才说："心理学家应该感到羞愧，他们提倡有关智能的总体观念，却产生了这样一个测量问题。"约瑟夫·魏泽堡总结说："'智商'这样的'科学'观念把科学家和公众的思想都彻底搞乱了，其混乱之程度罕有与之匹敌者。智力能够在一个单一的线性度量表上量化，这个观念造成了无穷的伤害，对我们的社会造成了普遍的伤害，对教育的伤害尤其严重。"[3]

斯蒂芬·杰·戈尔德讲述了这样一些伤害，霍华德·加德纳[5]

1　多莉·帕顿（Dolly Parton，1946—　）：美国乡村歌手、作曲家、演员。

2　奥黛丽·赫本（Audrey Hepburn，1929—1993）：美国电影演员，奥斯卡金像奖得主。

3　爱德华·李·桑代克（Edward Lee Thorndike，1874—1949）：美国心理学家、教育心理学家、联结主义心理学创始人、古典行为主义代表人物之一，以研究动物智力和测定智力而闻名，著有《动物的智慧》《教育原理的心理学基础》《教育心理学》等。

4　戴维·麦克莱兰（David McClelland，1917—1998）：美国社会心理学家，用心理测试等手段研究需求和动机，提出了著名的三种需要理论，著有《成就的动机》《成功的人》《意识的根源》《权力的内心体验》《人格》《人的动机》等。

5　霍华德·加德纳（Howard Gardner，1943—　）：美国发展心理学家，有专著18部，论文数百篇，提出"多元智能理论"，这一理论被认为是人类智力认识上的一大飞跃，代表作有《智力的结构：多元智力理论》《心境》等。

在他的《心境》(*Frames of Mind*)里试图减轻这种伤害。然而，技术垄断论拒不接受这样的批评，因为它相信科学是完全客观的 132 事业。技术垄断论缺乏一套明晰的伦理，又拒不接受传统，却偏要寻求一种权威的源头，它只能在统计学的客观理念里找到它寻求的源头。

技术垄断论寻求权威性的客观源头，表现得特别明显；他们不仅想测量个体的人有多么聪明，而且想测量群体的智能。测量的方法不可能得到这样的答案，这是事实；除此之外，我们还必须问，宣告一群人比另一群人聪明究竟有什么好处呢？假定测量结果显示，亚洲人的智能胜过高加索人，高加索人胜过美国黑人，那又有什么好处呢？这样的信息对老师或雇主有什么用处吗？老师或雇主要不要认为，某一位亚洲人比每一位美国非洲人聪明呢？或者说 6 位亚洲人是不是比 6 位非洲裔美国人聪明呢？显然不是的。尽管如此，天知道有人会怎么想啊？我们不要忘记一位统计学家的一个故事：他试图涉水过河，河水水深平均 4 英尺，可是他淹死了。换句话说，在崇拜统计数字的文化里，天知道什么样荒谬绝伦的东西会灌入人们的脑子。

为什么我们用统计学来搞这样的测量呢？唯一看似合理的回答是，这是出于社会政治原因，其恶意被掩盖在表面的“科学探索”之下。倘若我们相信非洲人比白人笨，而且这个结论不仅是我们个人的意见，而且得到了客观测量的确认，那么我们就可以相信，我们拥有一个无懈可击的权威，我们就可以让这个权威来决定资源的配置。就这样，技术垄断论把科学用作使民主“合理”

的手段了。

民意测验是统计学用于误测的另一种方式。正如统计学产生了一个庞大的测试产业一样，民意测验为“公共舆论”造就了庞
133 大的产业。你也许一开始就承认，这样的调查可以说是可靠的，尤其是在问题非常受限的条件下，调查的方法可能是可靠的。比如，你准备投票选 X 还是 Y？但说一种方法可靠并不等于判断它有用。对投票倾向的了解究竟使选举过程丰富多彩了还是意义降格了？这个问题尚待解决。然而，当民意调查被用来指引公共政策时，我们就遇到了一个截然不同的问题。

我曾经旁听过一群美国议员的讨论会，历时两天，议题是：可以做什么来使美国的未来更安然无恙、更加富有人性？他们请了 10 位顾问来发表意见和建议。其中的 8 位就是搞舆情调查的。他们介绍调查揭示的趋势：人们不再对妇女运动感兴趣，不再认为环境问题是极为重要的问题，不认为“毒品问题”在愈演愈烈，等等。一望而知，这些调查结果会成为议员们如何管理未来的思想基础。在场的议员们（顺便提一下，包括所有的议员）的观点退隐到背景之中。他们的感知、直觉、洞察和经验反而黯然失色、无关紧要了。面对“社会科学家”，他们倾向于按照“趋势”进行判断，以满足平民百姓的需要。[4]

公共舆论调查把民主建立在健全和科学的基础上，这样说并非没有道理。如果我们的政治领袖代表我们，他们就不需要掌握我们“相信”的信息。原则上说，这里不存在问题。问题存在于其他地方，且至少有 4 个问题。

第一个问题和调查人向公众提问的形式有关系。请读者回头参考同时抽烟和祷告是否妥当的故事。我们还可以举一个更加逼真的例子：如果我们要问人是否认为继续污染环境是可以接受的， 134
我们会得到截然不同的回答，这和提问的方式大有关系。你认为环境保护极端重要吗？你认为街道上的安全比环境保护更加重要吗？公众在任何问题上的“舆论”几乎都随着提问的方式而发生变化。（不妨指出，在议员们举行的那次研讨会上，没有人询问民意调查中提问的方式。他们感兴趣的是结果，而不是如何得到结果的方式，他们似乎根本就没有想到，结果与获得结果的方式是不可分割的。）

一般地说，调查者设计的典型问题为是非题。需要指出，对是非题的回答不能够给“公共舆论”这个术语以丰富的意义。比如对“你认为，政府的禁毒规划能够减轻毒品问题吗”这样一个是非题，如果你的回答是“不”，那么，从这个“不”字里，人们难以了解你的意见有多大的意义或价值。另一方面，如果让你详细讲述或笔谈你的意见，统计学又派不上用场。重要的是，调查中使用的统计数字会改变“公共舆论”的意义，使之发生戏剧性的变化，就像电视可能会戏剧性地改变“政治辩论”的意义一样。在美国技术垄断论的背景下，公共舆论一般是对一个尚待考察的问题做出的是或否的回答。

第二个问题是，民意测验的技法催生了这样一个假设：“意见”（opinion）是人身上的一个什么东西，你可以靠问卷来给它定位，可以把它从人身上抽取出来。但我们有另一个可供选择的假设，我们可以说，舆论是杰斐逊脑子里的想法。“意见”不是特定时刻呈现出来的一个事物，而是一个思考的过程，由不断获取知识以及考问、讨论和辩论形成的思维过程。一个问题可能“招引”（invite）一种想法，但也能修正并重构这个“意见”；我们最好说，人们并不是真正“抱有”（have）什么想法，而是处在“形成想法的过程中”（involved in opinioning）。把“意见”当作可
135 以测量的事物就歪曲了这个过程；实际上，人们参与形成舆论的过程；如何参与这个过程就深入到民主社会意义的核心了。民意调查并没有向我们提供这个过程的任何信息，相反，它往往掩盖了这个过程，使我们看不见这个过程。

由此就自然引出第三个问题。一般地说，问卷调查忽略调查对象对问卷课题的了解。在不执着于计量和排序的文化里，这样的忽略恐怕会被认为是古怪的。让我们设想这样一种情况，看看人们对民意测验有何看法：问卷里的问题成双结对，在每一个对子里，总是一个问题问人们“相信”什么，另一个问题问人们“知道”什么。让我们设计一些数字，看看这样一段文字：“最近的民意测验显示，72%的美国公众认为，我们应该撤销对尼加拉瓜的经济援助。在这 72%的调查对象中，28%的人认为，尼加拉瓜在中亚；18%的人认为，这个国家是新西兰附近的一个岛屿；27.4%的人认为，‘非洲人应该自己帮助自己’，显然他们把美洲尼加拉瓜和非洲的尼日利亚混淆了。而且，在所有的调查对象中，61.8%的人不知道我们在援助尼加拉瓜，23%的人不懂‘经济援助’为何物。”倘若民调专家提供这样的信息，调查的威望和威力

就会大打折扣。也许，国会议员面对这样严重的无知时，也不得不更多地信赖自己对问题的理解。

民意调查的第四个问题是，它把政治领袖的责任和选民的责任搞颠倒了。诚然，国会议员应该代表选民的利益，与此同时，议员们也应该自己判断什么最符合公众的最大利益。为此目的，他们必须要用自己的经验和知识。民意调查兴盛之前，政治领袖对选民的意见虽然并不冷漠，但人们对政治领袖的评判主要还是
看他们如何根据自己的智慧来决策，也就是说政治领袖要对自己 136
的决策负责。随着民意调查程序的细化和拓宽，要求政治领袖放弃依靠自己的判定进行决策的压力越来越大，他们转而听从选民的意见，无论这些意见是多么孤陋寡闻、缺乏远见。

在电视收视率里，我们能够更加清楚地看到这个责任迁移过程。“好”电视节目的定义成了单纯的高收视率。“差”节目就是收视率低的节目。因此，电视剧作家的责任在于他是否能够创作出吸引数以百万计观众的剧本，自始至终都是如此。一句话，作家完全为观众负责。他不需要顾及传统、审美标准、主题的真实性、品位的高雅，甚至不需要考虑观众是否容易看懂。公共舆论铁的法则成了唯一重要的标准。电视台的执行官喜欢说，他们的媒体是美国最民主的制度：每周一次的收视率调查决定节目的存亡。另一个主张给这个主张增加了分量：创造性的艺术家从来就不会冷漠对待观众的喜好和意见。比如他们会说，作家为人民写作，为得到观众的嘉许和理解而写作。然而，作家也需要为自己写作。而且，他们写作的时候并非总是因为观众有什么东西要他

们去表达。由于民意调查总是顺从公众的偏好，它就会改变作家写作的动机；于是写作完全就是为了增加观众的“人头数”。通俗文学依赖的是受众的希望，而不是艺术家的创作才能，这样的依赖程度是前所未有的。

搁置统计技术这个论题之前，我必须要提请读者注意一个事实：统计数字产生了大量毫无意义的信息；断定什么信息对文化有利本来就是一个难题，由于大量无意义信息的存在，这个难题
137 就更加复杂了。这比“信息超载”问题更为严重。这是“信息委琐”（information-trivia）的问题，它把所有的信息放在平等的水平上。《纽约客》（*New Yorker*）杂志的漫画家罗伯特·曼科夫（Robert Mankoff）讽刺这种技术的无用，他在这方面的才能无人能出其右。画中有一位看电视的人全神贯注，正在听主持人宣告：“人口普查的初步统计结果显示，在我国历史上，女性人类学家的人数首次超过了女性职业高尔夫球手的人数。”统计学和计算机携手时，公共话语中就产生大量的垃圾。收看电视体育节目的人知道，曼科夫这幅漫画与其说是戏仿，不如说是纪实。百无一用、毫无意义的统计数字淹没了收视者的注意力。体育节目主持人把这种数字称为“图形”，借以说明，用图形表现的信息对比赛的动态是有力的辅助。比如有这样一段解说词：“自 1984 年以来，水牛城比尔队赢了两场球，在全场结束前的 6 分钟里，他们已经领先 4 分。”又比如这一段解说词：“德怀特·古登（Dwight Gooden）担任投球手的比赛，有 17%是在希亚体育场打的；轮到他投球时，只有一位球员进垒；他们挫败了对方的第三击球手和第四击球手，但不超过三次。”[5]

你拿这样的信息怎么办？你懂它的意思吗？然而，这样无用的信息似乎还有市场。比如，《今日美国》（*USA Today*）的读者常常在头版看到当天一个白痴似的统计数字，像这样的例子：“1980 年到 1989 年，在香蕉消费上领先的四个州是堪萨斯、北达科他、怀俄明和路易斯安那。奇怪的是，1989 年占第 9 位的内华达，去年竟下降到第 26 位，这也是它在猕猴桃消费上占有的名次。”[6]

诸如此类的胡说八道成为日常会话的支柱，使日常生活根本就没有多大的意思，这的确是令人吃惊。我曾经听见纽约人洋洋得意地告诉客人，纽约市的人均犯罪率在全国仅占第 8 位，可是他们却不愿意下午 6 点钟以后上街。

我当然不是说，这样用数字说话毫无用处。如果我们了解到， 138
在 20 岁到 30 岁之间的非洲裔美国人中，每 6 人就有 1 人曾经坐过牢，国家在非洲裔美国儿童身上花的教育经费比在白人儿童身上花的教育经费少 23%，我们掌握的事实可能就有助于认清其中的因果关系，并进而行动起来解决问题。不过，像一切技术一样，统计数字往往会失去控制，在我们的头脑里占据过多的位置，侵犯我们的话语，造成语言的浩劫。统计数字失控时，我们需要知道的东西就被埋葬在鸡毛蒜皮的信息堆里了。

还有一点实际上是本章的核心。有些技术以伪装的面貌出现，鲁迪亚德 · 吉卜林[1] 称之为“休眠中的技术”（technologies in

---

1　鲁迪亚德 · 吉卜林（Rudyard Kipling，1865—1936）：英国小说家、诗人，诺贝尔奖得主。写了不少好的小说和儿童文学，如《基姆》《营房谣》《七海》《生命的阻力》《丛林之书》等，但他声称殖民地人民是“白种人的负担”，为帝国主义和殖民主义张目，因而声誉不太好。

repose）。它们不像技术，所以它们发挥或好或坏的作用时，就不会受到批评，甚至使人浑然不觉。IQ 测试、民调、排序和评分就是这种技术，信用卡、会计程序和成绩测验也是这种技术。在教育界，我们所谓“课程”（academic courses）也是这样的技术。课程是用于学习的技术。我大约“传授”过 200 门课程，但我不知道为何每一门课程都必须刚好上 15 周，也不知道为何每一次会议的时间刚好要限定 1 个小时又 50 分钟。如果你的回答是，那是为了便于行政管理，那么课程安排就是一种骗人的技术。它本来是作为值得向往的、用于学习的结构，实际上却成了分配时间的结构，便于档案记录，便于控制教师的时间而已。重要的启示在于：课程的起源和存在理由被掩盖起来看不见了。我们相信它存在的理由是一回事，可它实际存在的理由却是另一回事。生活在技术垄断里的人有一个特点，他们多半意识不到技术的源头和结果。[7]

139 也许，缺乏这种意识的最有趣的例子是，人们普遍相信，现代企业发明了管理技术。管理是一种权力和控制体系，用来最大限度地利用相关知识，用于利用人力的等级组织，用于利用从下到上又从上到下的信息流动。一般认为，管理是现代企业创造的，是企业对工业革命的经济技术需求的合理回应。然而，阿尔弗雷德·钱德勒[1]、西德尼·波拉德[2]，尤其基斯·霍斯金[3]的研究结果却

---

1 阿尔弗雷德·钱德勒（Alfred Chandler，1918—2007）：美国经济史家、管理史学家，著有《有形之手：美国企业的管理革命》《战略与结构》等。

2 西德尼·波拉德（Sidney Pollard，1925— ）：英国经济史家，著有《现代管理学的诞生》，参与编辑《剑桥欧洲经济史》等。

3 基斯·霍斯金（Keith Hoskin）：美国教育学家，著有《教育与学科规训制度的源起》。

揭示了截然不同的一幅画面，得出了一个令人吃惊的结论：并不是现代企业发明管理，而是管理发明了现代企业。[8]

管理最可能的起源地当然应该是18世纪末和19世纪初的英国。然而，晚至1830年，仍然没有迹象表明，英国工业界知道管理为何物，也没有迹象显示，有什么类似于“管理课”的东西存在。管理是美国人创造的，而且正如基斯·霍斯金和理查德·马克韦（Richard Macve）所示，管理的出现是“非常突然”的。管理并不是美国工业界明显需要的产物，因为美国工业在19世纪中叶是世界经济的边缘力量。管理之根可以追溯到一种新的教育体制，1817年由美国军事学院的第四任院长希尔维纳斯·泰雅[1]首创。他做了两项革新。第一项是从巴黎高等技术学院引进的用分数给学生判卷打分的制度。我在上文已经说过，给试卷打分的办法18世纪末起源于剑桥大学，欧洲大陆的几所学校接受了这一制度。泰雅借用这种技术恐怕是美国的首例。每一位老师都知道，分数改变了整个的经验，改变了意义之意义。界线分明的成功失败符号引发了学生中的激烈竞争。评分给人的表现提供“客观的”计量尺度，产生了一种难以动摇的幻觉：可以用准确的计算来衡量价值。用米歇尔·福柯[2]的话说，人变成了“可以用数字计算的人”。 140

1 希尔维纳斯·泰雅（Sylvanus Thayer，1785—1872）：美国军人，1817—1833年任西点军校校长，管理学先驱。西点军校原名美国军事学院。

2 米歇尔·福柯（Paul Michel Foucault，1934—1984）：法国哲学家、史学家，著有《精神病与人格》《疯癫与文明》《词与物》《知识考古学》《性经验史》《异常者》《主体的诠释学》等。

泰雅的第二项革新是部属与参谋部制度（line and staff system），这显然是他自己的发明。他把学院分成两个系，每个系都按等级系统组织。霍斯金和马克韦做了这样的描述：“他要求部属呈送日报、周报、月报，而且全都要用书面报告。这是连续不断的接力式的书面交流和命令，从底层到顶层逐级上报，信息强化之后才达到中心的‘参谋部’。”泰雅摈弃传统领袖直接、显性的管理。他用书面报告、图表、备忘录、人事档案等媒介来间接管理，略带一丝现代首席执行官的管理方式。

我们不知道泰雅手下的200名学生中的大多数人对他的新制度做何反应（霍斯金和马克韦称为“文牍中心原理”[grammatocentric principle]，意思是说一切围绕文书来组织）。但我们确实知道，这个新制度给丹尼尔·泰勒（Daniel Tylor）和乔治·惠斯勒（George Whistler）两个人留下了深刻的印象。他们两人于1819年毕业，领上尉衔，同时带走了泰雅将军的组织方法。

丹尼尔·泰勒在斯普林费尔德兵工厂工作，1832年做了时间和动作研究（比弗雷德里克·泰勒的“科学管理”早6年启动），他在兵工厂为每一个工种确立了客观的生产标准。工人受到监管，他们的实际生产率要用他确定的标准来衡量。他还首创了质量控制和库存盘点。这些方法使生产力获得急剧增长，使成本迅速下降。

141 与此同时，乔治·惠斯勒（他是詹姆斯·惠斯勒之父，他的妻子被称为“詹姆斯·惠斯勒之母”）成为西部铁路的总工程师，1839年开发了一个管理系统，希尔维纳斯·泰雅为此感到骄傲。他用等级分层管理铁路，上层是一个中心研究室，往下依次是大区域经理和地方经理。他运用文牍中心原理，收到奇效；无疑，这是他从军校学到的，他曾经在西点军校的参谋部服役，任军士长。

毫无疑问，可计算原理和文牍中心原理是现代管理体系的基础。可计算原理的必然结果是详细的核算制度、库存控制和生产力标准。文牍中心原理提倡的思想是：管理企业的最佳方式就是通过下属的报告来了解企业。换句话说，你要通过“数字”来管理，你要和日常的生产现实拉开距离。值得一提的是，企业管理的基础结构起源于非企业的环境。不久，美国企业就开始采用泰雅、泰勒和惠斯勒的原理，创造了我们现在认为的现代公司。实际上，管理对我们所谓的公司进行界定；经过一段时间的发展之后，约翰·肯尼斯·加尔布雷斯[1]在《新工业国》(*The New Industrial State*)里说：“也许，庞大而复杂的企业组织，就是先进技术可以触摸到的体现，在这一点上，企业组织比机械更加典型。”

管理原理为何具有教育意义，这有两个原因。第一，正如加尔布雷斯所言，和0、统计数字、IQ测量、阅卷判分、民意测验等技术（technology）一样，管理发挥着技术的作用。当然，管理不是由机器零件组成的。它是由程序和规则组成的，管理的

---

1 约翰·肯尼斯·加尔布雷斯（John Kenneth Galbraith，1908—2006）：哈佛大学教授、经济学家、外交家，曾任美国驻印度大使，著有《富裕社会》《美国资本主义：抵消力的观念》《新兴工业国》等。

142 目的是使行为标准化。我们可以把这样的程序和规则称为技艺（technique）；技艺没有可怕之处，除非它们像许多机器一样成了独立于人的东西。技艺与人会产生摩擦。在技术垄断条件下，我们往往相信，唯有通过技艺（和机械）的独立，我们才能够达到既定的目标。这个观点很危险，因为谁也没有理由去反对用理性的方式去应用技艺，并以此实现人的目的。管理之类的技艺也许是现代企业运行的最佳方式，实际上我对这一点不持异议。我们是技艺动物，我们偏爱技艺，能够创造技艺，且能够实现高水平的清晰度和效率。如上文所述，语言本身是一种技艺，是看不见的技术，凭借语言，我们可以实现更高水平的清晰度和效率。我们要达到人性化的目标，否则就会堕落到非人性化的层次。关于语言，我们要问的问题现在是而且始终是：谁是主人？这和我们考问其他的技艺或机器一样。我们控制语言，还是语言控制我们？一句话，争论的核心不是技艺本身，而是应不应该让技艺高歌猛进，应不应该神化一些技艺，应不应该排除其他一些技艺。和技术一样，技艺往往独立于它服务的系统之外，成为独立自主的存在，像仿人机器人那样，不再服从自己的主人。

管理之所以给人启迪的第二个原因是，管理是一个重要的实例，说明“隐形技术”（invisible technology）如何具有颠覆力，并能够强有力地产生新的行为方式，典型的例子是摇尾巴的狗。没有高度技术化的管理结构，企业和其他机构的运转虽然是完全可能的，我们却难以想象这样的局面。我们几乎习惯于相信，管理本来就是万物自然秩序的一部分，正如学生和老师习惯于相信，没有大学“课程”的结构，就不可能办教育一样。搞政治的人相信，没有民意测验的帮助，他们就会随波逐流，难以扎根。一种 143
处事方法和一种制度紧紧相连以后，我们就分不清孰先孰后、前因后果了；于是，为了达到制度的目的而改变制度就难以实现，甚至连替代的方法也难以想象了。

由此可见，弄清楚我们的技艺从何而来、有何用处，是完全必要的。我们必须使这些技艺显明易察，以便使技艺重新纳入我们的监管之下。在下一章里，我希望探讨技艺那复杂而庞大的阵容，以便于我们驾驭技艺；我把技艺那复杂而庞大的阵容叫作唯科学主义。

第九章

唯科学主义

1989 年 12 月 5 日,《纽约时报》负责采写社会科学的记者 144
丹尼尔·戈尔曼(Daniel Goleman)用很大篇幅介绍“最近的研究发现”。根据他的报道,心理学家发现人怕死,这个发现使不太了解心理学研究的读者感到不安。用戈尔曼的话说,心理学家提出一个“高度概括的理论,他们把死亡恐惧置于核心地位,赋予它前所未有的角色”。报道说,心理学家并未告诉我们,死亡的角色是否会受到怀疑;但他们的理论足以使人提出这样一个假设:一切文化都“规定了如何过‘美好的’‘有意义’的生活,都提出了长生久视的希望,如基督教的来世观念和印度教的转世观
念”。仿佛这个发现还不足以令人震撼,于是戈尔曼又说,这些 145
心理学家还发现:人对死亡的态度取决于人的道德准则,心胸开阔的人比较宽容价值观念不同的人——这句话等于是说:心胸开阔的人往往是心胸开阔的人,而且即使这个事实已为人知,人们的认识也不到位。

1990 年 9 月 11 日,戈尔曼再次披露一批新的研究成果,研

究显示：亚裔美国学生之所以成绩好，那是因为他们的家庭完整，且重视高学位。1990 年 10 月 2 日，他又报道说，心理学家发现，善于社交的儿童往往不太受其他儿童欢迎。

我引述《纽约时报》的报道，那是因为许多人认为该报是“公共记录的报纸”，其报道可以被认为是最优秀的社会科学成果。当然，戈尔曼可能是一只“鼹鼠”，或便衣特工，其目的是讥讽社会科学的委琐，揭示我们文化水平不高。不过，我怀疑他当“鼹鼠”的可能性。看来他信赖社会科学，正如许多人信赖技术垄断一样。换句话说，他相信，只要严格按照物理学和生物学确立的原理去从事研究，人类行为的研究就可以产生有关人类境遇的客观事实、可以验证的理论和深刻的认识，甚至可以产生放之四海而皆准的规律。

我曾经把这种信念的源头追溯到奥古斯特·孔德头上，我们可以为这样的立场辩护，但这样的溯源过分简约。实际上，“人的科学”的滥觞与其说起始于一个人，不如说起始于一所大学。这所大学创办于 1794 年，叫巴黎高等技术学院（前已提及，它迅速采用了起源于剑桥大学的做法，用数字给学生的功课评分）。该
146 校网罗了法国最杰出的科学家、数学家和工程师，以它对自然科学方法的热情而著名。拉瓦锡[1]、安培[2]在这里任教，后来到校执教

---

1 拉瓦锡（Antoine Laurent Lavoisier，1743—1794）：法国化学家，氧气发现者，现代化学奠基人。

2 安培（André Marie Ampère，1775—1836）：法国物理学家、电磁学家，电流强度单位安培即以他的名字命名。

的还有伏尔泰和洪堡[1]。他们对化学和物理学的贡献奠定了现代科学的基础，在这个方面，巴黎高等技术学院的荣耀实在是实至名归。但该校的另一些人对自然科学方法过分热情，他们相信，人脑智力无限，尤其在科学研究方面的智力无穷无尽。所谓“科学傲慢”最著名的表现见诸拉普拉斯[2]的著作。他在1814年出版的《概率的哲学导论》里说：“如果一个人在给定的事例中理解启动自然的一切力量，如果他知道构成自然的一切天体的位置，如果他的头脑足以容纳一切他能够分析的数据，他就可以用一个公式来表达宇宙最大天体和最小原子的运动；没有任何东西对他是不确定的；未来和过去都同样展现在他的眼前。”[1]

毫无疑问，今天再也没有科学家认真对待拉普拉斯的这个观点了，但19世纪时的确有少数人予以唱和。这种科学理想的精神激励少数几个人相信，我们可以获取可靠的、可以预测的有关星球和原子的知识；同样，我们对人的行为也可以了解到这个程度。早期最著名的“社会科学家”里有这样一批人，比如圣西门[3]、安凡丹[4]，当然还有奥古斯特·孔德。他们有两个共同观点对技术垄断论产生了深刻的影响：（1）自然科学提供的方法能够揭示人心的秘密，也可以揭示社会生活的方向；（2）社会科学揭示的原理

1　洪堡（Alexander von Humboldt，1769—1858）：德国自然科学家、自然地理学家、政治家，地球物理学的创始人之一。

2　拉普拉斯（Pierre Simon de Laplace，1749—1827）：法国数学家、天文学家，提出太阳系起源的星云假说。

3　圣西门（Saint-Simon，1760—1825）：法国哲学家，著名空想社会主义者，主张知识分子统治社会、消灭贫穷、以宗教代替理性。

4　安凡丹（Prosper Enfantin，1796—1864）：人称“安凡丹老爹”，法国空想社会主义者，圣西门的门徒。

可以合情合理地用来重组人类社会。“社会工程学”的思想在这些人身上滥觞，唯科学主义的种子在他们的身上萌芽。

147 我所谓唯科学主义是三个互相联系的观念，它们共同构成技术垄断论的一个基石。其中的两个观念是方才已经提及的观念。第一个不可或缺的观念是，自然科学方法可以用来研究人类行为。这个观念是心理学和社会学的主要支柱，至少在美国是这样的情况；社会科学之所以收效甚微，在很大程度上可以用这个观点来解释；用哈耶克[1]的话说：“社会科学对我们理解社会现象贡献甚少。”[2]

已如上述，第二个观念是，社会科学生成的原理可以用来在合情合理的基础上组织社会。

第三个观念是，科学可以用作一个全面的信仰系统，赋予生命意义，使人安宁，使人获得道德上的满足，甚至使人产生不朽的感觉。

我想在此说明，这些思想如何盘旋上升、互相纠缠，赋予技术垄断能量与形态。

今日“科学”普遍的含义是物理学、化学和生物学的研究成果，这个意义上的科学是 19 世纪初普及的，得力于 1831 年英国科学协进会的成立（虽然默里[2]主编的《新英语词典》把科学一

---

1 哈耶克（Friedrich A. Hayek，1899—1992）：奥地利裔美国经济学家，1974 诺贝尔经济学奖得主，著有《价格与生产》《货币理论与经济周期》《资本纯理论》《通往奴役之路》《自由宪章》《哲学、政治学与经济学》《法律、立法与自由》《货币的非国家化》《经济的自由》等。

2 默里（James Augustus Henry Murray，1837—1915）：英国词典编纂学家、《牛津英语词典》主编、《不列颠百科全书》撰稿人，两度出任英国语言学会主席。

词的现代意义定在 1867 年）。到 20 世纪初，其他人盗用这个词；自此，它就日益用来描绘心理学家、社会学家甚至人类学家的成果而广为人知。我断言：这是科学一词的滥用，它具有一定的欺骗性，且产生混乱，因为它在一定程度上模糊了过程和实践的区别。我的断言不会令人感到奇怪。

用英国哲学家奥克肖特[1]的定义，我们可以说，"过程"（processes）指的是自然界发生的事情，行星运行、冰雪融化、叶绿素的生成就是这样的过程。这样的过程和人的智能没有关系，受铁的规律制约，由自然的结构决定。如果你愿意，你甚至可以说，过程由上帝创造。另一方面，奥克肖特所谓"实践"（practices）指的是人的创造，是人的决策和行动的产物，比如这本书的写作和阅读、建立新政府、餐桌上的谈话或陷入情网就是"实践"的例子。这些事件是人的智能与环境相互作用的产物；人类事务里当然有一定程度的规律性，但它们并不受铁的规律的制约，并不是一成不变的。换句话说，无意识的眨眼和有意识的使眼色的差异是不可改变的。眨眼可以纳入"过程"的范畴，有生理的原因，可以在既定的假设和理论的语境下去理解和解释。相反，使眼色必须要纳入"实践"的范畴，充满了人为色彩的、难以知晓的意义，无论如何是难以用因果关系来解释或预测的。 148

由此可见，我们所谓科学是一种追求，它寻求支配"过程"的永恒而普适的规律，并假定过程之中存在着因果关系。顺理成

1　奥克肖特（Michael Oakeshott，1901—1990）：英国哲学家、政治学家，著有《经验及其模式》《政治中的理性主义》《论人的行为》等。

章的结果是，理解人类行为和情感的追求无论如何不能叫作科学，或许只有最委琐的行为和情感除外。当然，你可以指出这样一个事实：自然科学和人类行为科学的学者常常对自己的观察做量化的研究，在这个共同的基础上，你可以把两者纳入一个类别。一个简明的比方可以说，既然油漆工和油画家使用的都是油彩，它们从事的就是同样的工作，目的也一样。

149 科学家用数学来揭示和描绘自然的结构。相反，即使用量化的方法，社会科学家最多只能够使自己的思想带上一丝精确的色彩。然而，这样的社会研究里并不存在任何特别科学的东西。各色各样人都给事物计数，以求精确，但他们不会因此而自称科学家。保释担保人留意本市的谋杀案有多少宗，法官计算他们管辖范围内的离婚诉讼，企管人员计算顾客在自己商店里花销的金钱，幼儿喜欢数自己的手指头和脚指头，以免糊涂到连自己有多少手指头和脚指头都说不清楚。有的时候，计数得到的信息有助于得到一个主意，甚至有助于支持一个主意，但单纯的计数本身并没有意义。

同理，单纯的观察本身也没有意义，虽然有的时候说，如果你主张经验主义，你就抱着科学的态度。经验主义的意思是先观察然后做结论。因此，除了患妄想狂的精神分裂者，人人都是经验主义者。经验主义的另一层意思是，别人能够和你一样清清楚楚看见你提出的实证。比如你可以举例说，我写了几本书，除了这一本还有几本，于是你得出结论说，我喜欢写书。你可以提供一盘录音带作为证明，我可以应你的请求提供这盘录音带，告诉你我喜欢写书。这样的证据就可以说是经验主义的证据，你的结论也可以说以经验为依据。尽管如此，你的做法并不是科学家的做法。你只不过是在以理性的行为做事，许多并非科学家的人都可以称自己是理性的人。

当然，科学家努力以经验为依据，并尽可能精确；与此同时，他们又努力保持高度的客观性，这是他们基本的追求之一；也就是说，他们做独立的研究，无论别人怎么看，也不管别人怎么说。科学家认为，人们对外部世界的观点始终是一个需要克服的障碍；众所周知，科学家描绘的外部世界和大多数人心目中的世界是截然不同的。况且，在追求客观性时，科学家一开始就假设，他们 150
研究的客体对研究者来说是中性的。海森堡[1]所谓的测不准原理显示，亚原子层次的粒子的确“知道”（know）自己正在被人研究，至少是某种意义上的“知道”。比如，电子在受到追踪时总是改变自己的动量或位置。尽管如此，在“知道”的一般意义上，电子并不“知道”或“关心”自己正在和科学家互动。树叶、苹果、行星、肾脏、桥梁也不知道自己和科学家的互动。这个事实本身使科学家得到解脱，他们不必研究这些客体的价值观和动机，单单这个原因就足以把科学和所谓的社会科学区别开来，把社会科学的方法论放到“形而上学和伪客观”（默达尔[2]语）的地位。[3]

1　海森堡（Werner Karl Heisenberg，1901—1976）：德国物理学家、哲学家和社会活动家，量子力学的创始人之一，提出著名的“测不准原理”。

2　冈纳·默达尔（Gunnar Myrdal，1898—1987）：瑞典经济学家、经济学奖，著有《货币均衡论》《美国难题：黑人问题与现代民主》《社会研究的客观追求》等，与英国经济学家哈耶克共获 1974 年诺贝尔经济学奖。

几乎没有什么实验能够揭示社会科学理论的谬误，社会科学方法的地位因此而受到进一步的削弱。显然，社会科学理论的消亡是由于它们使人厌烦，而不是因为它们被批驳为谬误。但卡尔·波普尔[1]证明，科学依靠一个基本的要求：理论的表述必须要允许人们用试验来证明它是否错误。倘若理论不能经受是否错谬的检验，那它就不是科学理论，弗洛伊德的恋母情结就是一例。精神治疗专家能够举例支持恋母情结理论的有效性，但如果你问“什么证据可以证明该理论是错误的”，他们就无言以对。相信上帝创世说（有时称为特创论）的人面对“什么证据可以证明上帝不存在”时，总是保持沉默。

顺便说明，我并不是说，恋母情结和上帝不存在，也不是说，这样的信仰是有害的——绝非如此。我只是说，原则上没有检测
151 手段证明这些说法是错误的，它们处在科学的界域之外，“社会科学”里的大多数理论都不在科学的范围之内。

下文紧接着说我认为社会科学是什么，同时阐述为什么技术垄断论想要和科学攀亲。我想举一个例子说明，如果社会科学自称为科学，它为什么会使人误入歧途。

有一项社会科学研究深受敬佩，至少从技术角度看是这样的，如果不是从道德角度看的话。那就是斯坦利·米尔格兰姆主持的（所谓）实验。他的记述见于《对权力的服从》（*Obedience to Authority*）一书之中。在这项臭名昭著的研究里，米尔格兰姆诱

1　卡尔·波普尔（Karl Popper，1902—1994）：英国哲学家，赞同反决定论的形而上学。代表作有《开放社会及其敌人》等。

骗人对“无辜受害者”进行电击，实际上这些“受害者”是实验里的合谋人，他们并没有受到电击。然而，大多数应邀观察的人却相信，那些“受害者”真的受到了电击，而且在心理压力的作用下，许多观察者真的出现了休克的症状；倘若米尔格兰姆在实验里真的用了电击，那些受害者当然就必死无疑。米尔格兰姆精心策划了实验的环境，他在书里用了大量的统计数字，说明多少人按照要求去进行电击，多少人没有按照要求去做。大约65%的被试者很顺从地去对“受害者”进行电击，而不是为“受害者”的健康考虑。米尔格兰姆的结论是：面对自己认为的合法权威时，大多数人会听从命令。换句话说，人们所处的社会环境是行为的控制因素之一。

我们来分析这个结论。首先，它只不过是普通的人类经验，尽人皆知，从摩西·迈蒙尼德[1]到你的姑父姑母都知道，例外的人恐怕就是美国精神治疗专家了。米尔格兰姆进行实验之前，向大批的精神治疗专家发出问卷，请他们判断，有多少被试者会按照 152
指令对接受实验的人进行电击。精神治疗专家认为，听命令的人比实际顺从的人要多一些，他们的估计建立在对人类行为的了解上（心理学家最近才承认，人怕死）。我并不暗示，真正的科学家绝不会得出平凡的结论；我只想说，平凡的结论是很罕见的，因为平凡的结论绝不会收到令人激动的效果。与此相反，平凡的结论几乎总是社会研究的特征，但社会研究总是伪装成科学。

---

1 摩西·迈蒙尼德（Moses Maimonides，1135—1204）：犹太教法学家、哲学家、科学家，出生于西班牙，中世纪最伟大的犹太学者，著有《犹太律法指导》《迷途指津》等。

其次，米尔格兰姆的研究并非严格意义上的经验研究，因为它赖以建立的基础不是自然而然的生活环境下的人。我想，如果在耶鲁大学或别的实验室里去观察人的行为，谁也不会对此特别感兴趣；人们感兴趣的是，人在什么情况下的行为对他们的生活别有一番意义。不过，米尔格兰姆的任何结论都应该向公众说明：它们只适用于米尔格兰姆实验室条件下的行为。即使我们假定，实验条件下的行为和更加逼真的生活情景中的行为有一定的对应性，谁也无法预计实际生活情景里的行为究竟会像什么样子。谁也不能够认真地断言，接受合法权威指令和服从指令之间存在着因果关系。事实上，米尔格兰姆本人就告诉我们，这里不存在因果关系，因为35%的被试者命令“权威人士”滚开。米尔格兰姆不知道，为什么有人会叫他滚，有人没叫他滚。我个人可以肯定地说，倘若要求他的参加者先阅读汉娜·阿伦特的书《艾希曼在耶路撒冷》(*Eichmann in Jerusalem*：*A Report on the Banality of Evil*)，然后才在实验室里现身，那么，拒绝接受指令、叫他滚开的人数就多得多了。

不过，让我们首先假定我是错的，并假定米尔格兰姆的被试者100%地按指令行事，无论他们是否读过阿伦特这本书。让我
153 们再假定，我讲述一个真实生活中的一个真实故事，一群人不顺从一个合法权威的指令，比如纳粹占领下的丹麦人协助9 000人逃亡到瑞典。你会不会说，因为米尔格兰姆实验的结论与此相左，这样的事情就不会发生呢？你会不会说，这样的事情推翻了米尔格兰姆的结论呢？也许你会说，丹麦人的回应与米尔格兰姆的结

论没有关系，因为他们并不认为纳粹的占领构成了一个合法的权威。但是，我们如何解释法国人、波兰人和立陶宛人对纳粹官方的合作态度呢？我想你不会做这些假定的，因为米尔格兰姆的实验既没有确认也没有证伪任何有关人性的理论。顺便说明，我发现他的研究既富有魅力，又令人恐怖，但那不是科学。那完全是另一种东西。

这自然引出我的另一个话题：如何看待米尔格兰姆从事的研究，如何看待研究人类行为和处境的研究工作。我首先指出西格蒙德·弗洛伊德和阿尔伯特·爱因斯坦的相似之处。弗洛伊德把自己的一本书送给爱因斯坦，请他评价。爱因斯坦回答说，他认为这本书堪称典范，但他没资格评判它的科学价值。弗洛伊德回信说，如果爱因斯坦对它的科学价值不置一词，那他把这本书说成是典范就是不能想象的：要么是科学，要么就是谬误。当然，弗洛伊德错了。他的研究成果的确是典范的成果，而且还是纪念碑式的成果；然而到了今天，几乎再也没有人相信弗洛伊德从事的工作是“科学”，正如受过教育的人不会相信马克斯·韦伯、刘易斯·芒福德、布鲁诺·贝特尔海姆[1]、卡尔·荣格[2]、玛格丽特·米德[3]、阿诺德·汤因比从事的研究是“科学”一样。他们所

1　布鲁诺·贝特尔海姆（Bruno Bettelheim，1903—1990）：奥地利裔美国心理学家，研究儿童心理和教育，著有《仅有爱是不够的》《魅力的用处》等。

2　卡尔·荣格（Carl Gustav Jung，1875—1961）：瑞士精神病学家，精神分析学派创始人之一，曾经是弗洛伊德最亲密的同事，著有革命性的《无意识心理学》，提出无意识两层次的假说：人生活在被压抑的事件和集体无意识的原型之中。

3　玛格丽特·米德（Margaret Mead，1901—1978）：美国著名人类学家，心理人类学的创始人之一，著作甚丰，20 世纪 30 年代以《萨摩亚人的成年》而一举成名。

做的和斯坦利·米尔格兰姆所做的一样，是记述人面对自己的文154 化提出的问题时的所作所为和情感，他们从事的工作是一种讲故事的形式。当然，科学本身也是一种讲故事的形式，但科学的假设与研究方法和社会研究有云泥之别，把两者统称为科学，实在是使人误入歧途。事实上社会研究者的故事在结构和功能上都很接近想象力丰富的文学；换句话说，社会研究者和小说家都是对人的一系列事件做出独特的解释，并且用各种形式的例子来支持自己的解释。社会研究者和小说家的解释既可能被证明是正确的，也可能被证明是错误的，但两者的魅力都来自语言的力量、解释的深度、例证的相关意义和主题的可信度。社会研究和小说创作的一切要素里都有一个可以辨认的道德意旨。“正”“误”这两个词用于数学或科学的意义在这里不适用。这是因为这些解释里不存在普适天下、不可改变的正确或错误。没有什么关键的测试可用来验证或证伪这些解释。没有什么由它们演绎而来的自然法则。它们受到的局限是时间、情景的局限，尤其是受到研究者或作家文化偏向的局限。

以 D. H. 劳伦斯[1]为例，他的小说讲述一个女人的性生活；从这位查泰莱夫人的性生活，我们可以了解到一些人的秘密，我们自问，查泰莱夫人这样的人是否比我们过去的想象更加常见。劳伦斯没有自称为科学家，但他仔细而深刻地观察他熟悉的人并断

1　D. H. 劳伦斯（D.H. Lawrence，1885—1930）：20 世纪英国最富争议的作家之一，受弗洛伊德心理学影响，描写性及两性关系，兼有自然主义、现实主义和神秘主义特色，著有 10 部长篇小说，要者有《虹》《恋爱中的女人》《查泰莱夫人的情人》等。

定：普天之下的虚伪比有些哲学家梦想的虚伪更加泛滥。阿尔弗雷德·金赛[1]也对女人的性生活感兴趣，他和助手访谈了数以千计的女人，以了解她们自认为的性行为。每个女人讲述自己的故事，虽然每个故事都是由金赛访谈的问题精心构造的。一些人可以谈允许范围内的一切，一些人只被允许谈很少的一点点，有人也许说了谎话。不过，所有的故事放在一起之后，某时某地的一个集体故事就浮现出来了。这个故事比劳伦斯的故事抽象，多半是用统计数字的语言讲述的，当然，它不会有多少心理学的洞察力， 155
但它仍然是一个故事。你不妨称之为一个一千零一夜的部落故事，由 101 个女人讲述，但它的主题和劳伦斯的主题差别不大——有些女人的性生活比故事里讲述的性生活更加奇怪、更加活跃，尤其超过了弗洛伊德让我们相信的程度。

我并不是说，劳伦斯和弗洛伊德没有区别。劳伦斯展开故事的语言结构叫作叙事体。金赛的语言结构叫作说明文。这两种体裁当然不同，虽然并非我们想象的那样大不相同。有人评论亨利·詹姆斯[2]和威廉·詹姆斯[3]兄弟时是这样说的：亨利写小说像心理学家，威廉研究心理学像小说家。无疑，用我所谓“故事”的意义，说明文能够像记叙文那样展开一个故事。当然，劳伦斯的

1　阿尔弗雷德·金赛（Alfred Charles Kinsey，1894—1956）：美国生物学家、心理学家，以研究人类性行为著称，著有《男人的性行为》《女人的性行为》。

2　亨利·詹姆斯（Henry James，1843—1916）：美国作家、评论家，晚年入英国籍，作品涉及美国文化与欧洲文化的对立，从心理学角度反映现实主义小说的先锋，著有《一位妇女的画像》《鸽翼》《波士顿人》《金碗》《小说的艺术》等。

3　威廉·詹姆斯（William James，1842—1919）：美国哲学家、心理学家、实用主义者，机能心理学创始人。

故事完全受他想象力的局限，除了他了解的事实之外，他不必查找其他任何事实。他的故事是纯粹的个人感受，我们称之为“虚构”（fiction），其道理就在这里。金赛的故事是别人讲述的，他受到的局限是人家的回答。因此，我们可以把他的故事叫作记叙。然而，正如一切故事一样，金赛的故事也贯注着道德偏向和社会学理论。这是因为问题是金赛设计的，访谈对象是他挑选的，访谈的环境是他决定的，如何解释受访者的回答也是由他决定的。这一切都决定了他的故事的形态和要义。实际上我们可以设想，金赛和劳伦斯一样，从一开始就知道故事的主题，否则他可能就不喜欢讲这个故事了。

156 小说家和社会研究者都用原型和隐喻来构建故事。比如，塞万提斯[1]就塑造了堂吉诃德这个永恒的原型，一位不可救药的梦想家和理想主义者。社会历史学家马克思就塑造了资本家的原型，他塑造的是无名无姓但残忍而狡诈的资本家。福楼拜塑造了爱玛·包法利夫人的原型，她是感到压抑的资产阶级浪漫主义者。玛格丽特·米德塑造的原型是萨摩亚岛上无忧无虑、不觉得内疚的青少年。卡夫卡塑造的原型是与社会格格不入、虚度光阴的都市人。马克斯·韦伯塑造的原型是一群辛勤工作的人，他们的驱动力是他所谓的基督教新教伦理。陀思妥耶夫斯基[2]塑造了极端利己主义者的原型，但爱心和宗教狂热使利己主义者得到救赎。

1　塞万提斯（Miguel de Cervantes，1547—1616）：西班牙小说家、剧作家、诗人，创作《堂吉诃德》。

2　陀思妥耶夫斯基（Fyodor Mikhaylovitch Dostoevsky，1821—1881）：俄国小说家，写小人物的苦难，擅长心理描写，代表作有《白痴》《罪与罚》等。

B. F. 斯金纳[1]描绘了自动化的原型，因宜人的技术而得到补偿的原型。

我认为我们有理由说，19 世纪的小说家为我们的文化创造了大多数最有力的隐喻和形象。到了 20 世纪，这样的隐喻和形象却多半出自社会历史学家和社会研究者的笔端。请想想约翰·杜威、威廉·詹姆斯、埃里克·埃里克森[2]、阿尔弗雷德·金赛、索尔斯坦·凡勃伦[3]、刘易斯·芒福德、B. F. 斯金纳、卡尔·罗杰斯、马歇尔·麦克卢汉、芭芭拉·塔奇曼[4]，诺姆·乔姆斯基、罗伯特·科尔斯[5]，甚至斯坦利·米尔格兰姆，你不得不承认，我们关于自己是什么人的观念、关于我们国家的观念多半来自社会历史学家和社会研究者讲述的故事，大大超过了最知名小说家给我们讲述的故事。

顺便说明，我不是说，社会研究者的隐喻和小说家、剧作家的隐喻是以同样方式创作的。小说家创作的方式是详细而具体地描绘人的行为和情感，社会学是小说家创作的背景，个体心理是

1　B. F. 斯金纳（B.F. Skinner，1904—1990）：美国行为主义心理学家、新行为主义的代表人物，获美国心理学会杰出科学贡献奖，1968 年获美国国家科学奖。

2　埃里克·埃里克森（Erik H. Erikson，1902—1994）：美国神经病学家、发展心理学家和精神分析学家，提出心理发展的八个阶段，指出每一阶段的特殊社会心理任务，认为每一阶段都有一个特殊矛盾，矛盾的顺利解决是人格健康发展的前提。

3　索尔斯坦·凡勃伦（Thorstein Bunde Veblen，1857—1929）：美国经济学家和社会学家，制度学派创始人，研究商品供给和创造利润之间的根本矛盾，著有《有闲阶级论》《企业论》等。

4　芭芭拉·塔奇曼（Barbara Wertheim Tuchman，1912—1989）：美国历史学家，两次荣膺普利策奖，一次获奖的作品是《史迪威与美国在中国的经验》，其他著名作品有《八月炮火》《骄傲之塔：战前世界的肖像》《远方之镜：动荡不安的 14 世纪》等。

5　罗伯特·科尔斯（Robert Coles，1929—　）：美国心理学家、精神治疗专家，著有《危机中的儿童：勇气与惧怕研究》。

小说家创作的焦点。相反，社会研究者的研究方法是倒过来的；其焦点是一个比较宽广的领域，个体生活的轮廓靠演绎和暗示来揭示。此外，小说家用展示来推进情节。社会研究者用的是抽象
157 的社会事实，靠理性、逻辑和论辩来推进说理。因此，小说往往更加有趣。奥斯卡·王尔德[1]、伊夫林·沃[2]向我们展示慵懒、炫耀的富人；相反，索尔斯坦·凡勃伦则论证有闲阶级的诞生。巴德·舒尔伯格[3]用萨米·格里克（Sammy Glick）来展示自恋的人物；相反，克里斯托夫·拉什[4]用社会学分析来解释自恋文化的根源。由此可见，不同人讲述的故事是有差别的；大多数时候，小说家讲的故事读起来更有趣。然而，社会研究者讲述的故事至少有同样的吸引力，而且在我们这个时代，他们讲述的故事显然是更加可信的。

为何这些社会研究者要讲述自己的故事呢？他们的根本目的是道德教谕。他们的目的和佛陀、孔夫子、希勒尔（Hillel）、耶稣的目的相同（同理，和 D.H. 劳伦斯的目的也一样）。诚然，社会研究者很少鼓吹自己的知识建立在神圣经典不可争辩的基础上，更不会声称自己以神的启示为根基。然而，我们绝不能被布道者

1　奥斯卡·王尔德（Oscar Wilde，1854—1900）：爱尔兰作家、诗人、戏剧家。19 世纪末英国唯美主义的代表，提倡“为艺术而艺术”，著有《认真的重要性》《少奶奶的扇子》《道林·格雷的画像》，晚年长诗《瑞丁监狱之歌》揭露了其中的非人道待遇。

2　伊夫林·沃（Evelyn Waugh，1903—1966）：英国小说家，擅长讽刺上层社会流弊，著有《衰落与瓦解》《邪恶的肉体》《荣誉之剑》《旧地重游》等。

3　巴德·舒尔伯格（Budd Schulberg，1914—　）：美国好莱坞剧作家，奥斯卡奖得主，作品有《在滨水区》《码头风云》《什么使萨米逃走》《醒着的梦》《聪明的糊涂和糊涂的聪明》《我喜欢这个不讨人喜欢的人》。

4　克里斯托夫·拉什（Christopher Lasch，1932—1994）：美国社会学家，著有《自恋文化》。

和社会研究者方法上的区别蒙蔽了眼睛，也不能受表面上差别的欺骗。我想说，像凡勃伦一样，说耶稣是精明的社会学家，这并没有亵渎神明的意思。事实上，耶稣关于富人、骆驼和针眼的教诲，就是凡勃伦《有闲阶级论》(*Theory of the Leisure Class*)最好的小结。作为社会研究者的耶稣和凡勃伦的差别在于，凡勃伦要啰唆一些。[4]

和科学不一样，社会研究从来不发现任何东西。它只是重新发现人们过去知道、现在需要重述的东西。实际上，倘若文明的代价是压抑人的性行为，发现这个道理的并不是弗洛伊德。如果人们的意识是由其物质环境决定的，发现它的也不是马克思。如果媒介即是信息，发现它的也不是麦克卢汉。他们只不过是用现代的风格重述一些古老的故事。而且，这些故事在未来的几十年、几百年里还要反反复复地重述，不过我想效果可能会比他们讲述的效果差一些。这是因为，技术垄断似乎不想听这样的故事，而 158
只想看事实——硬性的事实、科学的事实。我们甚至可以说，技术垄断论比较喜欢精确的知识，而不是真实的知识；可以说技术垄断想要一劳永逸地解决主体性的两难问题。由于机器的非人格性，由于它无穷无尽的可重复运作，它就成了一种有控制力的隐喻，且被认为是进步的工具；在这样的文化里，主体性就成了非常难以接受的观点。人的判断力的多样性、复杂性和歧义性是技艺的敌人。这些敌人嘲弄统计数字、民意测验、标准化测试和官僚主义。在技术垄断论者的眼里，社会研究重新发现古老的真理、评判并批评人的道德行为，这是不够的。技术垄断论者认为，把某人称为“说教者”是对他的侮辱。诚然，社会研究提出隐喻、意象和理念，使人的生活能够获得一定程度的理解和尊严，但那不足以使技术垄断论者满足，社会研究缺乏科学才拥有的光环。于是，把心理学、社会学和人类学转换成“科学”就有必要了，在这样的情况下，人类本身就成了客体，很像植物、行星或冰块的客体。

人怕死，来自稳定家庭的儿童重视功课且成绩很好——诸如此类的事情本来是司空见惯的事情，可有人偏要宣告它们是科学研究的“发现”；原因就在于他们把社会研究当成了科学。于是，社会研究者就可以把自己当成科学家，也可能被别人看作科学家，没有偏向、没有价值观、没有背负纯主观意见包袱的科学家。于是，社会政策就可以宣称是建立在客观判断的事实上了。在技术垄断论的支配下，认为黑人儿童和白人儿童分校读书不道德，那是不够的，用《黑孩子》(*Black Boy*)、《隐身人》(*Invisible Man*)或《下一次的烈火》(*The Fire Next Time*)做例子是没有用处的。你必须向法庭证明，标准化的学业和心理测试揭示：黑孩子的成绩比不上白孩子，他们觉得分校读书受了侮辱。在技术垄
159 断论盛行时，你可以说，容忍无家可归的现象是不道德的，是堕落，但仅仅在嘴巴上说说还不够。如果你请法官、警察或官僚主义者去读《悲惨世界》(*Les Miserabbles*)或《娜娜》(*Nana*)，他们不会搭理你，甚至请他们读《圣经》你也会劳而无功。你必须要用统计数字证明，无家可归的人既不幸福，也消耗经济。陀思妥耶夫斯基、弗洛伊德、狄更斯、韦伯、马克·吐温、马克思

等等，都不是合法知识的分配者。他们都有趣，都值得读；但他们是老古董。至于“真理”，我们必须要转向“科学”求教。这自然引入了我所谓唯科学主义的要害问题，我们要看看在技术垄断论情况下唯科学主义兴起的原因。

我尽力证明，科学、社会研究和想象力丰富的文学是三种截然不同的事业。归根到底，三者都是讲故事的形式，都是人们条理清晰地解释自己经验的尝试。然而，三者目的不同，提出的问题不同，遵循的程序不同，给“真理”赋予的意义不同。从大多数方面来看，社会研究和科学几乎没有共同之处，和其他形式的想象力丰富的文学倒有大量相似的地方。尽管如此，有些社会“科学家”却追求与物理学、化学、生物性等自然科学家一样的身份认同，而且不仅是名义上的认同，但自然科学家探究的是自然界的规律。研究人类境遇的学者为什么要寻求与自然科学家一样的身份认同，这一点不难解释。现代世界的伟大成就——实际上可能是仅有的成就，诞生在医学、药学、生物化学、天体物理学，而且，机械工程、生物工程和电子工程的一切成就，都是靠运用自然科学的目的、假设和程序取得的。这些伟大的成就赋予科学令人敬畏的权威，赋予号称“科学家”的人类似的尊敬和威望。除此之外，19 世纪科学家的希望也保留下来：自然科学的假设和 160
程序可以原封不动地用来研究社会，并且和自然科学一样，达到增进预见和控制的目的，并得到同样的工程业绩。实践证明，这个希望既使人误入歧途，又使人产生幻觉。然而，由于附加在“科学家”标签上的心理、社会和物质利益的诱惑，这样的幻觉是非常强大的，所以我们不难发现，社会研究者总是觉得，这个标签难以割舍。

然而，社会研究者之外的人为什么心甘情愿，甚至迫不及待地采取合作的态度，使这个幻觉保持下去，其中的原因就不那么容易看清了。部分原因是，人们对自然科学和社会研究有深刻的误解，对物质和社会两个世界的差异有深刻的误解。但原因不止于此。当新技术、新技艺和伽利略、牛顿和培根等人的精神为自然科学奠基的时候，过去对物质世界的权威记述就失去光彩，《创世记》里的伟大故事就是一例。科学使一个领域（《创世记》）里的伟大记述令人生疑，于是神圣故事里的整个信仰大厦就受到损害，大多数人寻求道德权威的源泉最后也被一扫而光了。我认为不难指出，失去神圣信仰的世界自此以后就开始寻求一个替代性的道德权威源泉。据我所知，没有任何负责任的自然科学家声称，文艺复兴时代的自然科学家和近代的自然科学家都没有声称，自然科学的程序或发现能够告诉我们应该做什么，也没有告诉我们与他人打交道的方式孰善孰恶，孰好孰坏。实际上，由于自然科学要求对研究对象持客观的态度，自然科学的原则本身就迫使自然科学家放弃他角色里的道德评判或宣示。自然科学家对道德问题发表意见的时候，当他们说孰善孰恶时，他们就和其他人没有区别，他们就成为关注地球危局的公民，就是理性的男男女女，
161 就是有良心的人，他们就与你和我一样了；他们就必须为自己寻求答案，寻求道德判断的终极权威。这是一个渴望倾听的世界，渴望更强大道德权威的世界，人们乞求自然科学家说，科学而不

是人在诉说终极的道德权威。可是，自然科学家并不能问心无愧地承担这样的任务。

从一开始，我们的社会“科学家”就不如自然科学家谨慎，他们有关科学的观点始终不那么严密。换句话说，对他们的程序能够回答什么问题和不能够回答什么问题，他们的思想更加混乱。他们把指引我们立身行事的权力托付给他们的“发现”程序如何严密；无论如何，他们在这一点上从来就不那么小心谨慎。这就是为什么社会“科学家”常常在电视上露面，[著作]登上畅销书的排行榜，进入机场书架的“自助”书籍中。他们之所以频频亮相，并不是因为他们能够告诉我们为什么一些人有的时候循规蹈矩，而是因为他们声称要告诉我们应该怎么做。他们之所以到处抛头露面，并不是因为他们比同人阅历更广，或经历了更多的苦难，或思想更深刻，并不是因为他们更仔细地思考了一些问题，而是因为他们同意维护这样的幻觉：他们的数据、程序、“科学”在说话，而不是他们自己在说话。我们之所以欣然接受这些东西，之所以欢迎他们或明或暗的主张，那是因为我们迫不及待地需要寻找新的源泉，超越我们肉体凡胎脆弱判断的源泉。于是，在蛮力的权威之外，我们似乎只剩下程序的权威，但蛮力的权威难以被认为是道德的权威。

这就是我所谓的唯科学主义。唯科学主义不仅是技艺的滥用，比如量化问题，比如毫无意义的数字问题；唯科学主义不仅是把人类经验的物质领域和社会领域混为一谈的问题；也不仅是社会研究者声称把自然科学的目的和程序用来研究人间事务的问

162 题。唯科学主义包含这一切，而且还包含了更加深沉的东西。它是一种绝望中的希冀和愿望，归根到底是一种虚幻的信仰。它相信，某种标准化的程序即“科学”能够提供一种无懈可击的道德权威的源泉，一种超人的基础；它相信，这个道德权威可以回答许多问题，比如：“什么是生命？何时出现生命？为什么出现生命？”“为什么存在死亡和苦难？”“什么是正确或错误的行为？”“什么是善的结局？什么是恶的结局？”“我们应该如何思考、感知和行事？”里根总统说，他相信堕胎不对，至于受精卵什么时候开始进入有生命的阶段，我们则要听科学家怎么说——如果你像里根总统这样说，那你就在个人层次上信奉唯科学主义。如果没有科学家挺身反对这样的意见，如果报纸的“科学”版不登载批驳的文章，如果人人有意无意地以合作的态度长期维持这种幻觉，那就是文化层次上的唯科学主义。科学能够告诉我们，心脏什么时候开始跳动，宫外孕各阶段胎儿有多高的存活率。至于何为“生命”的“真正”定义，何为“人”的定义，科学并不拥有这样的权威去确定诸如此类的标准，就像你和我没有这样的权威一样。社会研究能够告诉我们，一些人在自认为的合法权威面前会如何行事。然而，社会研究不能够告诉我们什么时候“权威”是合法的，什么时候“权威”是不合法的，也不能够告诉我们，我们必须如何决定服从权威，什么时候服从权威是正确的，什么时候服从权威又是错误的。这样去询问科学，指望科学回答这样的问题，盲目接受科学对这些问题的回答——这就是唯科学主义。唯科学主义是技术垄断论的大错觉。

弗洛伊德晚年与自己辩论他所谓的“幻觉的未来”。他指的幻觉是对存在、知识和道德权威的超自然、超人源泉的信仰，即对上帝的信仰。他盘问的不是上帝是否存在，而是在没有上帝幻觉的情况下人是否能够生存；也就是说，在这种幻觉的情况下，人类是否在心理上、文化上和道德上能够生活得更好。弗洛伊德 163
以最强有力的声音表述了他的疑问（通过与他设计的另一个自我的辩论），最后“胜利”的是弗洛伊德的理性（或他对理性的信仰）：人类可能会活得更好或更糟，但人类必须要在没有上帝幻觉的情况下生活。弗洛伊德没有看到，就在他写《幻觉的未来》（*The Future of an Illusion*）时，他的著作又在支撑另一种幻觉，这样一个未来的幻觉：凭借客观而中立的科学家的努力，凭借道德权威的经验源泉，自然科学和社会“科学”的程序最终能够揭示人类行为“真正的”真相。他未能预见我们这个时代终极权威形象经历的一个奇异的变化，从白髯垂胸的老人形象变成了穿白大褂的年青男女的形象。倘若他预见到这个变化，他可能会修正他盘问自己的问题。他未能修正这个问题，让我来做这个修正吧。我不会提供答案，我希望提出问题以期引起新的辩论：关于上帝幻觉的问题、关于唯科学主义幻觉的问题、根本没有幻觉的问题、根本不希望道德权威的终极源泉的问题——在技术垄断时代，这些问题中的哪一个最可能对人类有利，哪一个最可能对人类有害呢？

第十章

符号大流失

不久将来的某一天，加利福尼亚夏敦埃酒（Chardonnay）的 164
广告人可能会灵机一动创作出以下画面：耶稣独自一人站在沙漠绿洲里；清风徐来，优雅的棕榈树叶在他身后婆娑起舞；舒缓的中东音乐撩动着空气，耶稣手握一瓶夏敦埃酒，用深情的眼光凝视着，然后转向镜头说：“我在迦南把水变成酒时，心里想到的就是这种酒。今天一喝，你就会成为信徒。”

倘若你认为这样的广告在你的有生之年不可能出现，那你还可以设想另一种情景：我写这本书的此刻，有一则广告正在频繁播放，这是希伯来国民牌的法兰克福香肠。潇洒的山姆大叔身着红白蓝相间的服装，面带恰到好处的微笑，画外音描绘希伯来国民公司生产的醇美健康的法兰克福香肠。结尾时，画外音提高嗓门说，希伯来国民牌的法兰克福香肠就是好，它胜过国家标准。
为什么？镜头移向苍天，画外音说，因为“我们必须要符合更高 165
的权威制定的标准”。

我想请读者自己来断定，哪一则广告更加令人难以置信：耶稣被用来卖酒还是上帝被用来卖法兰克福香肠？无论你的判断是哪一则，你都必须要记住，无论那假设的广告还是那真实的广告都不是亵渎神明的例子，它们的问题更加严重。毕竟，亵渎是对一个符号的威力表示礼赞的一种形式。渎神者和偶像崇拜者一样，他们都认真对待符号，难怪美国总统希望用宪法修正案来惩治亵渎美国国旗的人（约 1991 年）。

我们在这里探讨的不是亵渎圣贤，而是委琐的庸俗化，对付委琐的庸俗化是不可能用法律制约的。在技术垄断论的条件下，主要文化符号的委琐化（trivialization）多半是由商业企业造成的。这种局面的出现并不是因为美利坚大公司（Corporate America）贪婪，而是因为人们对技术的崇拜占了先机，使其他形式的崇拜难以立足。在技术垄断论的条件下，凡是从传统的宗教和民族背景获取意义的符号必然会很快失去活力，换句话说，其神圣或严肃的内涵将会被耗尽。一位神的升格需要另一位神的降格。“你们在我的面前没有其他神”，这句话同样适用于技术神灵。

有两个互相纠缠的原因使传统符号委琐化。首先，正如社会批评家杰伊·罗森[1]明白表述的那样，符号尤其图像可以无限重复，但符号并不是不可耗竭的。第二，符号使用得越频繁，符号的意义就越是削弱。丹尼尔·布尔斯廷 30 年前出版的经典著作《图像》（*The Image*）就强调了这个规律。[1] 他描绘了 19 世纪中叶滥觞的“图像革命”，视觉形象的复制因此变得轻而易举，民

1　杰伊·罗森（Jay Rosen，1956—　）：纽约大学新闻学教授，提出公共新闻的核心概念，主张公民新闻（Civic Journalism）或公共新闻（Public Journalism）。

众因此不断接触到自己文化里的符号和图标。通过拓印、石印、 166
照片和后来的电影电视，宗教和民族的符号得到普及，成为司空见惯的形象，漠然处之的态度随之产生，尽管漠然的态度未必就是鄙视的态度。有人似乎相信，神圣图像的情感冲击力总是不变、始终不变的。布尔斯廷仿佛是要回答这些人的问题，他提醒我们说，图像革命之前，大多数人看见的图像都是很少的。比如，耶稣和圣母的画像在教堂之外就难得一见。民族领袖的画像只有在富豪的家里或政府大厦里才能看到。那时的书籍里固然有图像，但书价高，而且书籍大多数时候又待在书架上。彼时的图像在周围环境里并不令人注目，所以稀罕的图像就具有特殊的力量。布尔斯廷认为，当图像处处可见时，接触图像的经验必然要变化，也就是说，图像的重要意义随之减少。他告诉我们，只有一张图片时，这一张图片顶得上万语千言。与此相反，有一千张图片时，尤其这一千张图片是相同的图片时，它们几乎就一文不值了。

布尔斯廷与罗森指引我们注意的是一条平平常常的心理学原理。你可以自己做一番验证（如果你尚未做过的话），你可以反反复复说一个词，即使是最重要的词，不久你就注意到，这个词变成了毫无意义的声音，因为重复耗尽了它的象征价值。凡是在美国军队里服过役或在大学宿舍里住过的男人，都有过淫秽词语的经验，尤其领教过那些所谓四字母的淫秽词，那些臭名昭著的淫秽词使我恶心，我不愿在此列举。你从小接受的教育就教你别用的那些词，那些通常使人尴尬，使人不舒服的词，一旦滥用之后，就失去了令人震惊或尴尬的效果，就不再唤起特有的心态。

它们就沦为声音，而不是符号了。

167 再者，符号失去意义的过程是一个因变量，如果用得越频繁，如果不问语境滥用，它们失去意义的速度就越快。比如，淫秽语用在使人生气、厌恶或仇恨的情景时，具有很强的表现力。倘若在一句话里每三个词就用一个淫秽词，而不论情感的语境，它就会失去魔力，且失去一切意义。林肯总统、华盛顿总统的肖像在总统日[1]用来宣告亚麻制品的销售量时，马丁·路德·金的生日庆典被当作家具打折的时机时，这些神圣符号就失去了意义。山姆大叔、上帝、耶稣用作亵渎圣贤的媒介，去为一个委琐的目的服务时，这些符号的意义就丧失殆尽了。

有时有人说，美利坚大公司滥用神圣符号或严肃符号，这虽然不虔诚但却是健康的表现形式。毕竟，不虔诚是过分虔诚或虚伪虔诚的矫治剂；当虔诚被用作政治武器时，不虔诚尤其是必要的苦口良药。你不妨说，不虔诚是克服偶像崇拜的终极答案，亵渎圣贤则不是；大多数文化都确立了一些手段，使不虔诚可以得到表达的机会；这些机会有剧场、玩笑、歌曲、政治言论甚至假日。比如，犹太人在普林节[2]这一天就可以拿虔诚开涮。

然而，广告对传统符号的利用丝毫不能说明，过分的虔诚本身是一种罪恶。商务是很严肃的事情，不会搞这样的暗示；只要它指向消费的理念，它无论如何也不会反对虔诚，而消费绝不

1 总统日（President's Day）：华盛顿和林肯的生日，美国的法定假日，在每年二月的第三个星期一。

2 普林节（Purim）：纪念犹太人免遭波斯宰相哈曼（Haman）杀害的犹太教节日。

会被当作儿戏。在使用山姆大叔、国旗、美国秃鹰或总统肖像时，在使用自由保险单（Liberty Insurance）、自由转换理赔保险（Freedom Transmission Repair）、林肯储蓄贷款（Lincoln Savings Loan）这些名字时，商界并没有留下不虔诚的把柄。它只不过宣 168
告，在技术垄断论的条件下，区分神圣和世俗没有多大的意义了。

在这里，我并没有进行标准牌号的批评，并不想历数资本主义过分的弊端。发展市场经济，让市场经济尊重语词和图标的严肃性，让它不在委琐或愚蠢的语境下使用这些语词和图标，是完全可能的。实际上，在 1830 年到 19 世纪末美国工业大发展的时期，广告并没有在经济里扮演重要的角色，仅有的那一点儿广告也使用直白的语言，不利用重要的文化符号。直到 20 世纪初才出现所谓"广告业"，为其铺路的是 1879 年 3 月 3 日开始实施的邮政法，该法案使杂志获得优惠的发行费。于是，杂志就成为全国范围广告的最佳渠道，商界人士抓住这个机会，使自己公司的名字成为商务净化的象征。乔治·伊斯曼[1]于1888年发明便携式照相机时，斥资 2.5 万美元在杂志上打广告；1895 年，"柯达"和"照相机"就成了同义词，在一定程度上现在依然是同义词。皇家发酵粉公司、面包师巧克力公司、象牙香皂公司、吉列剃须刀等公司打入全国市场，靠的就是在杂志上打广告。甚至杂志本身打入全国市场也是靠在杂志上打广告。最突出的例子是《主妇杂志》（*Ladies Home Journal*），在 1883—1885 年期间，老板 C. H. K. 库

1　乔治·伊斯曼（George Eastman，1854—1932）：美国发明家和工业家，发明胶卷干片冲卷工艺、可卷胶片、盒式照相机、彩色照相法等。

尔提斯为这本杂志花的广告费就高达50万美元。到1909年，《主妇杂志》的发行量就达到100多万册了。

虽然库尔提斯对广告满腔热情，但使广告和杂志联姻的最重要人物则是法兰克·芒西[1]，他1925年去世时，威廉·艾伦·怀特[2]
169 对他的赞词是："法兰克·芒西给他那个时代的新闻业的贡献是肉联厂老板的才干、钱商的道德和殡葬业主的风度。他和同行成功地把昔日高贵的行业变成了一个只有8%安全感的行业。愿他安息无虞。"坏心肠的芒西有什么"罪过"呢？简言之，他完成了两个发现：第一，低于成本价出售的杂志可以获得庞大的发行量；第二，大发行量可以吸引大量的广告，大量的广告可以带来高额的利润。1893年10月，芒西在纽约《太阳报》(*Sun*)登广告，宣布《芒西杂志》(*Munsey's Magazine*)定价从25美分降到10美分，全年定价从3美元降到1美元。第一期10美分的《芒西杂志》发行量达到4万册；不出4个月，其发行量就飚升到20万册；两个月之后，其发行量就高达40万册了。

然而，另一个发现就不能怪罪芒西了。为方便起见，我们可以把它归之于宝洁公司(Procter and Gamble)：猛攻人的非理性时广告能收到奇效。我这里所谓非理性当然不是疯狂，而是说，利用语言的魔力甚至诗意的力量，产品可以一路畅销。1892年，

1 法兰克·芒西(Frank Munsey，1854—1925)：美国出版商，芒西集团老板，其集团是20世纪初三大报业集团之一。

2 威廉·艾伦·怀特(William Allen White，1868—1944)：美国新闻传播学家、记者，主持或编辑多种有极大影响的刊物，1923年普利策奖得主，著有《堪萨斯怎么了》《致一位焦虑的朋友》《真正的问题》《变化的西部》等。

宝洁公司邀请公众用歌谣体撰写象牙牌香皂的广告词。四年之后，H-O 公司率先打出这样的广告：婴儿坐在婴儿椅里，面前放着 H-O 牌麦片，手握小汤勺，欣喜若狂。到世纪之交时，广告商不再认为，理性是传播商品和理念的最好工具。广告在一定程度上成了深度心理学，一定意义上已成为美学理论。在这个过程中，资本主义意识形态的一条根本原理被人摒弃：生产者和消费者从事理性的事业，消费者的选择建立在仔细考虑商品质量和自身利益的基础上。至少这是亚当·斯密昔日的想法。今天，介绍商品 170
品质的广告却十分罕见。广告制作和消费者的性质有密切的关系。电影和体育明星、平静的湖泊和男子的垂钓、精美的筵席和浪漫的情调、全家人乘旅行车到乡间野餐——这些画面一点不涉及商品的性质。但这些广告诉说的一切正是消费者可能的担心、想象和梦想。于是，权衡商品消费花销的重心就从产品研究转向了市场研究，这个导向使企业偏离生产高品质的商品，走向使消费者感觉自己有身价的道路。企业的正经事成为假性的治疗，消费者成为受心理剧安抚的病人。

这就意味着，靠近技术垄断论的核心地带有一个庞大的产业，它有权力用一切可用的符号来吞噬消费者的心灵，以助长商业利益。虽然各种估计略有出入，但保守的猜测是，到 65 岁时，美国人人均看过的电视广告已经接近 200 万种。如果再加上广播广告、报刊广告和户外广告，符号超载和符号流失就达到了人类历史上空前的高度。当然，并非广告里的一切形象和语词都被吃掉，都脱离了严肃或神圣的语境，而且你必须承认，在目前的情况下，用耶稣的形象来推销酒是难以想象的，至少用耶稣来推销夏敦埃酒是难以想象的。然而另一方面，耶稣的诞辰却被商业用来消耗几乎全部的基督教符号系统。限制这种商业行为的条件实在是少之又少，所以我们不妨把这种形式的消耗叫作文化强奸，给这种文化强奸开绿灯的意识形态赋予技术进步无限的至上地位，对传统受到的损害却麻木不仁。

171 我这样说的意思是，大众广告并非符号大流失的原因，如果没有技术使之成为可能，如果没有世界观使之值得向往，这样的文化滥用就不可能发生。就它在美国采取的制度形式而言，广告是一种世界观的征兆，这种世界观把传统看成障碍。当然，如果没有对符号的尊重，传统就不可能起作用。实际上，传统就是承认符号的权威，承认产生符号的叙事意义。由于符号被侵蚀，叙事的损失随之而起，技术垄断力量使文化虚弱的最严重的后果之一，就是符号的耗竭和叙事的流失。

我们不妨用教育为例。在技术垄断条件下，我们改进青年教育的方式是改进所谓的“学习技术”。目前，人们认为有必要把计算机引进课堂，正如当年人们认为有必要把闭路电视和电影引进课堂一样。对“我们为什么必须这样做”这个问题，当时的回答是“使教育更加有效、更加有趣”。这样的回答被认为理直气壮，因为在技术垄断条件下，效率和趣味不用为自己辩护。可见，人们一般不注意，这个回答并没有解决“什么是学习”的问题。“效率和趣味”是从技术角度做出的回答，只回答了手段问题，而没有回答目的的问题；这样的回答并没有找到考虑教育哲学的路子。实际上，它把教育哲学的路子堵死了，因为“效率和趣味”回答的是如何走的问题，而不是为何走的问题。按照教育哲学的定义，不回答为何学习的教育哲学是不存在的，这大概是不言自明的道理。孔夫子、柏拉图、昆体良[1]、西塞罗[2]、伊拉斯谟、洛克[3]、卢梭[4]、杰斐逊、罗素[5]、蒙台梭利[6]、怀特海、杜威都认为，必须要通 172
过教育促进一种超验的政治、精神或社会理念。孔夫子提倡传授“道”，因为他在传统里找到了维持社会秩序的最佳希望。柏拉图是我们第一位体系清晰的法西斯主义者，他希望教育培养哲学王（philosopher kings）。西塞罗主张，教育必须把学生从当下的暴政中解放出来。杰斐逊认为，教育的目的是教育年青人如何保护自己的自由。卢梭希望教育把年青人从邪恶、专断的社会秩序人为的束缚中解放出来。约翰·杜威提倡的教育目的之一，是帮助学生在不断变化、迷惑模糊的世界里，在前途不明朗的情况下正常生活。

1　昆体良（Quintilian，公元 35?—100?）：罗马修辞学家，著有 12 卷《雄辩术原理》。

2　西塞罗（Marcus Tullius Cicero，公元前 106—前 43）：罗马政治家、律师、古典作家、演说家，有大量哲学、政治学、演说辞存世。

3　洛克（John Lock，1632—1704）：英国唯物主义哲学家，反对“天赋观念”论，在认识论、政治、教育和医学上均有贡献，大多数著作已有中译本。

4　卢梭（Jean-Jacques Rousseau，1712—1778）：18 世纪欧洲启蒙时代最伟大的思想家之一，激励了美国革命和法国大革命，对浪漫主义运动也产生了影响。他的“社会契约论”超过了英国的经济自由主义和孟德斯鸠的实证论。提出“世俗的宗教”和“自然教育”等伟大思想。著有《爱弥儿》《社会契约论》等，对后世产生了重大的影响。

5　罗素（Bertrand Arthur William Russell，1872—1970）：英国哲学家、数学家、逻辑学家、社会评论家、作家，分析哲学主要创始人，获 1950 年诺贝尔文学奖，对符号逻辑、逻辑实证论和数学体系的发展产生重大影响，著有《数学原理》《西方哲学史》《哲学问题》《数理逻辑导论》。

6　蒙台梭利（Maria Montessori，1870—1952）：意大利医生、教育家，创办“儿童之家”，提出蒙台梭利教育法，强调儿童潜能的自由发展，著有《蒙台梭利教育法》《启发人的潜力》等。

只有知道这些伟人为何提倡教育之后，我们才能够明白他们建议的手段。但为了弄懂他们提倡教育的理由，我们还必须弄懂决定他们世界观的叙事。我所谓叙事指的是人类历史故事，这样的故事给历史赋予意义，对当前做出解释，为未来提供指导。这个故事的原则，是有助于文化组织其制度、弘扬其理想、为其行动寻找权威。我要冒重复的危险指出，世界上最宏大的叙事是宗教，比如《创世记》《薄伽梵歌》《古兰经》里的宏大叙事。和伟大的历史学家阿诺德·汤因比一样，许多人相信，如果没有全面的宗教叙事作为核心，一种文化就必然要衰亡。也许是这样吧。毕竟还有其他的源泉——神话、政治、哲学、科学等源泉，不过，如果没有超验源泉和力量的叙事，任何文化都不可能兴旺发达，这一点倒是确定无疑的。

这并不意味着，只要这样的叙事存在，文化的稳定和力量就有了保障。破坏性的叙事也不少。一种叙事赋予历史意义，但未必赋予人生存的保证，比如阿道夫·希特勒在20世纪30年代给
173 德国人民提供的故事就是这样的。希特勒吸收条顿民族的神话，复活古代和原始的象征体系，编织了一个雅利安民族智商的故事，从而振奋了德国人的精神，赋予他们劳动的意义，舒缓他们的压抑，提倡明确的理想。这个故事美化过去、阐明现在、预言未来，鼓吹千万年不朽。然而，第三帝国只存活了12年。

细说雅利安至上的故事为何短命的原因，和我的论题无关。我的要义是，一切文化都必须要有叙事的故事，只要人们愿意，他们都能够找到这样的故事，即使这样的故事导致万劫不复的灾

难。否则，生活就毫无意义，且终将走向自我否定。每一种叙事都有自己的形式和情感特征，都有表达自己形式和特征的符号，这些符号需要人的尊重、忠诚和奉献。以美国宪法为例，它仅仅在一定意义上是一部法律文书，而且我还要补充说，这个意义其实很小。民主国家比如英国并不需要一部成文宪法来保障法治和自由。美国宪法的重要性主要是这样的功能：它是我们从何而来的故事的象征。这是我们政治版的《创世记》。如果你嘲弄它、忽视它、绕开它，那就等于宣告作为照耀世界的道德之光的美国没有什么意义。同理，自由女神像是美国故事的关键符号，其象征意义在于，美国是渴望自由的民众向往的自然的家园，无论他们来自何方。这样的故事失去力量当然有几个原因。实际上，本书试图描绘的就是其中一个原因。这个原因是：技术垄断的发展如何压制过去更加富有意义的故事。如果使表达、支持和戏剧化这个故事的符号变成委琐的东西，衰落就必然是这个委琐化过程如影随形的命运。符号的流失既是叙事失落的症状，也是叙事失落的原因。

上述教育家的哲学建立在符号丰饶的叙事上，他们尊重这些符号；按照他们的理解，教育揭示的故事是这些符号不可分割的一部分。因此我们现在要问，美国教育想要给我们讲什么样的故 174
事？在日益强大的技术垄断下，我们相信的教育目的是什么？人们的回答令人沮丧，其中的一个回答是可以从任何一则广告演绎出来的，教育广告鼓励年青人待在学校。但这些广告既没有隐性地暗示也没有明确地点破教育的目的：教育有助于用功的学生找到好的工作。这就是教育的目的，仅此而已。但这个回答不完全。这样的广告背后还有一个道理：我们教育自己和日本人、德国人竞争，在经济竞争中夺魁。这样的目的至少可以说不宏伟，不鼓舞人心。其背后的故事暗示，美国不是一个文化之国，它仅仅是一个经济之国，美国已经成为穷途末路的教育哲学的避难所。我还可以补充说，这样的信念反映在里根总统签发的教育委员会起草的《国家在危机中》（*A Nation at Risk*）[1] 的报告里，跃然纸上的教育理念是：教育是经济政策的工具，舍此无他。

教育工作者用“电视广告检测”来推动教育，你可以从中感觉到他们拼命寻找一个更加吸引人的故事的紧迫感。请你设想，如何用电视广告来呼吁家长支持学校呢？什么样的广告能取得比较好的效果呢？（为恰如其分，姑且搁置直接面向学生的诉求，因为任何时代的年青人都倾向于认为，无论上学的理由是什么，上学总是好主意。请见莎士比亚《皆大欢喜》［*As You Like It*］关于“人生七个阶段”那一段。）

你能够想象，倘若杰斐逊或杜威出面制作这样的电视广告，那会是什么样子吗？他们的广告词可能是：“你的孩子是民主国家的国民。教育会使他们学会界定理性思维的能力，会增强他们捍卫自由的能力。至于工作和职业，那就留待稍晚和方便的时候再
175 去考虑吧。”（穆勒语，他乐意和杰斐逊或杜威的教育宗旨攀亲。）请问今天会有人觉得，这是激发兴趣的动机吗？也许有少数人有

1 《国家在危机中》，1983 年由美国教育优化全国委员会拟订，里根总统签发。

这样的感觉吧，但这不足以成为一个国民教育计划的基础。我想，约翰·洛克制作的电视广告也许更缺乏感召力。他可能会说：“你的孩子必须要上学，因为他们将在那里学会让身体服从头脑。他们将学会控制自己的冲动，学会如何在精神生活中得到满足甚至激情。倘若不实现这个目标，他们就不能学会彬彬有礼，也不能做到知书、识理。”今天有多少人欢迎这样的使命呢？实际上，今天我们指望谁说这样的话呢？芭芭拉·布什[1]？李·艾柯卡[2]？唐纳德·特朗普[3]？即使令人尊敬的比尔·科斯比[4]也不太令人信服。这样的广告词会使所有的美国人笑破肚皮。

近年来，有人竭力为教育提供一个全面的宗旨，E. D. 赫施[5]博士就是突出的代表。在最近出版的《文化素养》（*Cultural Literacy*）中，他对文化素养做了这样的界定：能够理解并使用一些重要的语词、年代、警语和姓名的能力，对我们的文化里有教养的人们来说，这些语词、年代、警语和姓名是交流的基础。为此目的，他和同事们一道编纂了一个清单，涵盖了他们认为有文化的美国人必须掌握的知识。该书第一版（1987）收录的条目有诺曼·梅勒[6]，但没有菲利普·罗斯（Philip Roth）、伯纳德·马拉

1　芭芭拉·布什（Barbara Bush，1925—2018）：美国总统老布什的夫人，小布什的母亲。

2　李·艾柯卡（Lee Iacocca，1924—　）：20 世纪 80 年代和 90 年代初是美国商业偶像第一人，挽救克莱斯勒汽车公司，以《反败为胜》一书名扬国际，他的自传曾经风靡中国大陆。

3　唐纳德·特朗普（Donald Trump，1946—　）：美国地产大亨，第 45 任美国总统。

4　比尔·科斯比（Bill Cosby，1937—　）：美国黑人喜剧明星，口才极好。

5　E. D. 赫施（E.D. Hirsch，Jr.，1928—　）：美国伊利诺伊大学教授，提倡通识教育，创建“核心知识基金会”，著有《诠释的效度》《文化素养》等。

6　诺曼·梅勒（Norman Mailer，1923—2007）：美国作家、普利策奖得主，著有《裸者与死者》《白种黑人》《刽子手之歌》《美国梦》《总统文件》等。

默德（Bernard Malamud）、阿瑟·米勒（Arthur Miller）、田纳西·威廉斯（Tennessee Williams）。它收录了金杰·罗杰斯[1]，却没有收录理查德·罗杰斯（Richard Rogers）、卡尔·罗杰斯（Carl Rogers）、巴克·罗杰斯（Buck Rogers），更不用说弗雷德·罗杰斯（Fred Rogers）了。伟大的本垒击球手贝布·鲁思[2]收录了，而最伟大的本垒击球手汉克·亚伦（Hank Aaron）却不见其中。马克斯兄弟[3]在其中，而奥森·威尔斯（Orson Welles）、法兰克·卡普拉（Frank Capra）、约翰·福特（John Ford）、斯蒂芬·斯皮尔伯格（Steven Spielberg）却不在其中。萨拉·伯恩哈特[4]收录了，伦纳德·伯恩斯坦（Leonard Bernstein）却没有收录。纽约州的罗切斯特市（Rochester）收录了，而新泽西州的特伦特（Trent）却没有收录。赫施收录了 1944 年的巴尔基战役（Battle of Bulge），我的
176 兄弟为此而高兴，因为他参加了那次战役。但我的叔叔 1942 年捐躯的珊瑚海战役（Battle of Coral Sea）却不见其中，如果他地下有知，他可能会感到失望。

为了填补空缺，赫施不得不增加条目，于是就出现了《文化素养百科全书》（*Cultural Literacy Encyclopedia*）。我们可以肯定，赫施将继续拓宽收录范围，直到有一天，他只需印制一句话

---

1 金杰·罗杰斯（Ginger Rogers，1911—1995）：美国影星，第 13 届奥斯卡影后。

2 贝布·鲁思（Babe Ruth，1895—1948）：美国历史上最伟大的棒球手。

3 马克斯兄弟（the Max brothers）：美国喜剧演员格罗佐·马克斯（Groucho Marx，1890—1977）等 4 人组成的兄弟班子。

4 萨拉·伯恩哈特（Sarah Bernhardt，1844—1923）：法国戏剧演员、导演，有“女神莎拉”美誉，以优美的容貌、出色的演技和嗓音成为著名的舞台剧演员，也被誉为当时最伟大的演员。

的指南就足够了："见《美利坚百科全书》和《韦氏第三版国际词典》。"

当然，任何教育都指望学生熟悉自己文化里重要的参考文献。即使卢梭只要求学生读《鲁滨逊漂流记》（*Robinson Crusoe*）一本书（以便学会在蛮荒野地里生存），他也指望学生无意之间学到文雅人谈话里出现的人名、警语和年代。然而，赫施的建议不足以反映技术垄断的不足，原因有两个。第一个原因我已经在第四章"难以把握的世界"里做了探讨，技术垄断阐述的信息量大而多样，且不断变动，不可能被组织成一个整合一体的教育计划。你有什么办法把纽约州的罗切斯特市与萨拉·伯恩哈特或贝布·鲁思纳入同一个课程表呢？或者你有什么办法把马克斯兄弟放进教学计划呢？金杰·罗杰斯又放在什么地方呢？你可以把她放进"弗雷德·阿斯泰尔[1]舞伴"的课程表里吗？（如果是这样，我们就不得不纳入西德·夏利斯［Cyd Charisse］，如果我没有错的话，我们还得纳入温斯顿·丘吉尔首相的女儿萨拉。）赫施的百科全书式清单并不是解决信息过剩的办法，而是对信息过剩的描绘。因此，他的书本质上说并不是黏合一体的。而且，这本书还把教育的后果和宗旨混为一谈。他试图回答的问题是："什么样的人是有教养的人？"他没有回答这样一个问题："教育的目的是什么？"比如，年青人打篮球的时候要学抢篮板球，会抢篮板球是优秀篮球手定义的一部分，但他们抢篮板球不是玩篮球的目的。 177

1　弗雷德·阿斯泰尔（Fred Astaire，1899—1989）：好莱坞舞王，金杰·罗杰斯舞伴。

一般地说，年青人打球有一个更加广泛而深刻的、更有意义的原因——那就是显示自己的男子气，取悦他们的父亲，得到同伴的认可，或者甚至纯粹为了追求打球乐趣。你首先需要解决的是成功的理由，然后才能解决为了成功而必须做出的努力。在技术垄断条件下，找到成功的理由不容易，所以赫施博士干脆就绕开了这个问题。

但艾伦·布卢姆[1]并不回避这个问题。在《走向封闭的美国心灵》(*The Closing of the American Mind*)里，他直面这个问题，对学界表示强烈的不满。他抱怨说，大多数美国教授失去了勇气。他们成了道德相对论者，不能旗帜鲜明地告诉学生什么是正确的思想和得体的行为。再者，他们还是思想相对论者，拒不捍卫自己的文化，不再为保存和传播最优秀的思想和言论而献身。

布卢姆的办法是，我们回到西方思想的基础。他不在乎学生是否知道金杰·罗杰斯和马克斯兄弟。他要我们传授柏拉图、亚里士多德、西塞罗、圣奥古斯丁等杰出人物在重大的伦理问题和认识论问题上的论述。他相信，学生熟悉伟大的书可以给自己打下道德和思想的基础，这会使他们的生活有意义、有品质。布卢姆的主张并没有多少特别富有原创性的思想，但他是一位严肃的教育家；这就是说，和赫施不一样，他强调道德教育。他知道，技术垄断论是一股有害的力量，必须要反对，但他没有多少支持者。

---

1 艾伦·布卢姆（Allen Bloom，1930—1992）：芝加哥大学教授，《走向封闭的美国精神》（*The Closing of the American Mind*）成为美国学研究的基础读物。

拒绝接受布卢姆思想的人提出了几条反对意见。第一条反对意见是，这样的教育是精英教育，因为大多数学生并不觉得西方文明的伟大故事能够激励人，他们太疏远历史，并不能从中得到 178
激励，难以把“最优秀的思想和言论”与自己的奋斗联系起来，他们看不到这些思想和言论对自己生活的意义。第二条反对意见来自所谓“左”的视角，更令人丧气。在一定意义上，它给所谓精英主义提出了一个定义。根据这个观点，“西方文明故事”是片面的、有偏颇的，甚至是压制人的。这个故事不是美洲印第安人、西班牙裔、妇女、同性恋者的故事，而是犹太—基督教传统男性的、异性恋的、白人的故事。这种主张认为，没有或不可能有一种全民的文化，不存在全体公民认同并吸取营养的全国性的文化，有组织力的和激励人的符号的故事并不存在。倘若这个观点是正确的，那就等于说，我们民族的符号已经丧失了把国民团结起来的力量，教育就必须要成为部落的事务（a tribal affair）；那就是说，每一种亚文化都必须要寻找自己的故事和符号，并且把它们用作教育的道德基础。

和这些主张拉开距离的当然是宗教教育，天主教学校即为一例。它们努力维护的是另一种传统观点：学习的目的是荣耀上帝，更加具体地说就是要年青人从思想上和风度上都接受教会的道德指导。许多宗教界的教育家承认，在技术垄断的条件下，这样的目的是否能够达到仍然是一个问题。

在技术垄断的条件下如何寻求教育的目的？我个人在这个问题上的观点将留待下一章阐述。不过我们在这里就必须指出，寻求这个目的的努力本身就是一个迹象，这个迹象说明我们民族、宗教和神话的符号严重流失，失去了很大的活力。欧文·豪[1]写道："我们处在这样一个时代：占主导地位的一切世界体系正在瓦解，这些昔日支撑（同时又曲解）西方精神生活的体系，从神学到意
179 识形态的体系，都在瓦解之中。这就导致怀疑主义的情绪，引起判断事物的不可知论，有时甚至产生厌世的虚无主义；在这样的情况下，即使最传统的人也开始怀疑价值的重要意义，并怀疑有重要意义的价值。"[2]

技术垄断乘虚而入，其重点是无极限的增长、无责任的权利和无代价的技术。技术垄断的故事没有一个道德核心。它强调效率、利益和经济进步。它凭借技术进步创造的方便设施许诺一个地上天堂。它将一切表示稳定和秩序的传统的叙事和符号弃之不顾，用另一个故事取而代之；这个故事是能力、专业技巧和消费狂欢的故事。故事的目的是努力为得势的技术垄断论培养技术官僚。它对布卢姆的回答是：西方文明的故事没有现实意义。与此同时，它回答政治左派说：我们的确有一种共同的文化，其名字就是技术垄断，其关键符号就是计算机，与计算机无关的一切都在排除之列，一切亵渎计算机的东西也必须坚决杜绝。技术垄断甚至回答赫施说：被他收进《文化素养》中的一些条目，如果太深入思考、太认真对待，将会干扰技术垄断的进步。

我承认，期待教育界来确定那些重申我们民族文化的故事，

1 欧文·豪（Irving Howe，1920—1993）：美国作家、社会批评家，著有《父辈的世界》《政治与小说》等。

那似乎不太公平。在一定程度上可以说，这样的故事必须来自政界，必须由政界送到他们手中。如果我们的政治符号已经耗尽，那就难以想象，老师们如何给教育提供权威的宗旨。我正在撰写这一章时，对伊拉克的战争已经进入第四周；发动战争时用的那些辞藻我们还记忆犹新。首先是总统号召美国人用武器捍卫自己的“生活方式”。接着是国务卿的要求：用战斗来捍卫自己的饭碗（jobs）。接下来就是呼吁，在稍晚和适当的时刻呼吁美国人挫败一位“希特勒”的“明目张胆的侵略”。我在这里不是说，开 180
战没有理由。我要强调指出的是，海湾战争结束之后，我们的政治领袖以前所未有的干劲儿去寻求一种极其重要的叙事和与之相伴的符号，以唤醒一种民族精神和决断的意识。美国公民也在努力。许多具有重要意义的传统符号流失了，所以他们诉诸令人注目的黄丝带，显示他们对一种事业的忠诚。战争之后，这些黄丝带将淡出我们的视野，但我们是谁、我们代表什么的问题依然存在。仅存的符号是先进计算机制导的 F-15 战斗机——这样的局面会不会出现呢?

第十一章

爱心斗士

凡是从事文化批评的人都不得不忍受别人的诘问：什么是你 181
问题的解决办法？但他们几乎绝不会欣赏这样的反问，因为大多数情况下，他们仅仅是满足于提出问题，无论如何，他们并不善于提出切实可行的解决办法。他们成为文化批评家的原因大概就在这里吧。

但人家的诘问还是要提出来的，这样的诘问有三种声音。第一种语气温和而热心，仿佛暗示批评家是知道答案的，只不过他们忘记把解决办法纳入自己的批评罢了。第二种声音略带威胁和评判的口吻，仿佛在说批评家无权诘难人，除非他们业已掌握相当好的解决办法。第三种声音流露出热望和鼓励，仿佛在暗示说：众所周知，严肃的问题未必总有答案，但如果批评家愿意思考，也许他们能提出建设性的解决办法吧。

我想做出的回应是对第三种提问方式的回应。实际上我考虑
过这个问题，本章就是我思考的结果。本章的简单论述向读者坦 182
露：和大多数的批评人一样，我批评的武器与其说是解决办法，

不如说是提出问题。

在我看来，生活在迅猛发展的技术垄断条件下，我们做出的合理回应（难以称为解决办法）是可以分成两部分的：无论文化做什么，个人能有何作为；无论个人做什么，文化能有何作为。谈到个人的回应，我必须开宗明义宣示，我不准备以“专家”的方式开列一个“如何做”的清单，去显示我们“崩溃的防线”，那是我在第五章里的讥讽方式。在如何生活的问题上，谁也不是专家。然而，我可以提出塔姆斯法老式的原理，这似乎是有效的指南，想求自保的文化人可以借此抵御美国技术垄断最坏的后果。这条原理是：你必须努力成为充满爱心的斗士。这就是希勒尔可能会传播的教义。我要做的评论是：我所谓“充满爱心”的意思是，虽然你看见了周围的混乱、错误和愚蠢，你必须随时牢记曾经使美国成为世界希望的故事和符号，牢记那些尚有活力再次成为世界希望的故事和符号。1989 年，笼罩在技术垄断的虚无里，愤世嫉俗、心情不定的美国人是否会对在布拉格街头朗诵托马
183 斯·杰斐逊著作的学生的行为感到无动于衷？越南战争期间美国人用异见和抗议迫使政府改变外交政策，这也许是历史上的孤例；美国人可能会忘记这一孤例，但别人反倒不会忘。美国人发明了让所有公民接受公共教育的思想，而且从来就不曾放弃这个思想；美国人可能会忘记这个发明，但别人不会忘。世人包括美国人都知道，直到此刻的每一天，移民继续不断来到美国，他们希望摆脱这样那样的匮乏。

还有无数需要记住的事情，牢记它们有助于使人对美国产生

好感，因为美国过去和将来始终在进行不断的试验，世人正以惊异的目光注视着美国。有三场试验特别重要。第一场试验发生在18世纪末，时人提出的问题是：如果一个国家允许最大限度的政治自由和宗教自由，它还能够维持相同的认同感和宗旨吗？第二场伟大的试验发生在19世纪中叶，那时的问题是：如果一个国家允许世界各地的移民进入，它还能够保持整合一体和全国一家的感觉吗？目前正在进行的第三场试验是技术垄断的试验，现在的问题是：如果一个国家完全屈从于技术思想世界（technological thought-world）至高无上的地位，它还能够保存自己的历史、原创精神和人文情怀吗？

显然，我认为对第三个问题的回答不能够像对前两个问题的回答那样令人满意。但如果意识到技术垄断的危险并奋起抵抗，那就有理由希望，美国还能够克服美国人王中王似的傲慢和拥抱一切技术的盲目，从而进入履险如夷而安然无恙的境界。这自然引出我所谓的“斗士”原理。抵抗美国技术垄断的斗士应该：

（1）除非知道民意测验里设计的是什么问题并为何这样问，否则就不理睬民意测验；

（2）不接受效率是人际关系最优先目标的思想； 184

（3）摆脱对数字魔力的迷信，不把计算当作替代评判的充足根据，也不把精确的计算和真理画等号；

（4）不让心理学或任何“社会科学”占据优先的地位，不让它们排挤常识里的语言和思想；

（5）至少对所谓“进步”观念抱怀疑态度，不把信息和理解混为一谈；

（6）不认为老年人无关紧要；

（7）认真对待家庭忠诚和荣誉的意义，准备伸手去接触人时，期待他人也有同样的需要；

（8）认真对待宗教的宏大叙事，不相信科学是产生真理的唯一体系；

（9）理解神圣和世俗的差别，不会为了追求现代性而漠视传统；

（10）钦慕技术独创，但不认为技术代表了人类成就的最高形式。

抵抗技术垄断的斗士知道，绝不能够把技术当作自然秩序的一部分来接受；他知道，每一种技术都是具体的政治经济环境的
185 产物，从智商测验、汽车、电视到计算机都是环境的产物；他知道，每一种技术都带有独特的纲要、议程和理论，它未必有助于提高生活质量，因此每一种技术都需要我们去细察、批评和控制。总之，抵抗技术垄断的斗士在认识论和精神上必须和技术拉开距离，所以技术始终带有几分陌生的色彩，技术绝不会是必然的、自然的现象。

我要说的仅此而已，因为每个人都必须决定如何践行这些思想。但是，教育不仅有助于形成抵抗斗士的观念，而且有助于年青人形成表达抵抗斗士的方式。所以本书准备用教育研究来结尾。

这并不是说，政治行动和社会政策在反对技术垄断上没有用处。现在有迹象表明，人们认识到，法律和政策可以对技术垄断做出回应。在环境保护运动里，在思考对计算机技术的法律限制时，在回应泛滥的测试时，在恢复社群一体的感觉时，法律和政策都可以发挥这样的功能。不过美国的情况正如劳伦斯·克雷明[1]所言，每当我们需要革命的时候，我们都能够找到一个新的教学计划，所以我想提一个建议。我曾经提出一个教学计划，受到相当程度的好评。[1]不过，这是我为解决文化问题想到的最好的方式。诚然，学校是一种技术，但它是一种特殊的技术，因为和其他的技术不一样，它老是受到挑剔的审视、批评和修正。学校是美国人矫正错误、解决问题的主要工具，能够对付那些使其他社会制度神秘化并瘫痪的问题。

在探讨技术垄断使社会分解的力量时，在教育年青人的教育中，学校最重要的贡献也许是给学生的学习提供连贯的意识，培 186
养特定的宗旨、意义和相互关联的意识。现代世俗教育的失败，并不是由于它不传授知识，并不是因为它不让学生知道金杰·罗杰斯和诺曼·梅勒等无数名人是什么人，而是因为它缺乏道德、社会或思想的核心，因为它没有一套贯通教学计划各部分的思想或态度。实际上，我们的教学计划根本不是一个“研究计划”，而是一团毫无意义的大杂烩。它没有提出一个清晰的愿景，不明

---

1 劳伦斯·克雷明（Lawrence Cremin，1925—1990）：美国教育家、历史学家，长期担任哥伦比亚大学师范学院院长，提出教育生态学，有《美国教育》《美国教育的变迁》《公共教育》等。

确什么人称得上是有文化的人，只明白学生应该具备一些“技能”。换句话说，这样的教学计划只明确技术专家的理想——成为没有献身精神、没有观点，只有大量技能到市场上去出售自己的人。

当然，我们不能过高估计学校的能耐；目前，我们文化里的连贯性已经消失殆尽，面对这样的情况，学校很难提供整合一体的视野。在我们技术化的、以当前为中心的信息环境里，要给教育的基本原理定位是不容易的，令人信服地给教育注入一个基本原理更是难上加难。比如，学校不能恢复宗教在学习生活中的核心地位，这是显而易见的。除了少数例外，谁也不会认真对待学习是为上帝增光的观点。同样明显的是，知识爆炸炸毁了“伟大的书”这样的教学计划，这一类范围有限、协调不错的教学计划难以实现了。有人要我们强调爱国，把爱国作为统一教育的原理。然而经验告诉我们，爱国必然转化为爱政府；实际上，这难以和苏联教育的核心理念区别开来。

有人提议把“情感健康”（emotional health）作为教学计划的核心。这个观点有时被称为罗杰斯主义，有时被称为马斯洛[1]主义；他们的观点是通过寻求“真实的自我”，赋予情感生活高于一切
187 的价值。当然，这样的观点使教学计划失去意义，因为它只考虑“自我了解”，只了解自己的情感。卡尔·罗杰斯曾经说过，凡是

1　马斯洛（Abraham Maslow，1908—1970）：美国心理学家，人文主义心理学的奠基人，提出需要层次论和动机层级说，认为人生的最高追求就是自我实现，著有《科学心理学》《存在心理学探索》《人性能达到的境界》等。

可以传授的东西都可能是琐屑的、有害的，这就使有关学校的讨论没有必要。但是，除了罗杰斯提出的这个观点之外，文化已经背负着美化“自我”的沉重包袱，如果再让学校去强调自我，即使可行也显得多余了。

建议一个多样化、世俗化的社群采纳一个貌似可行的主题，那显然是踩在摇晃的地基上。然而，尽管有那么多疑虑，我还是要提出一个可行的主题，我这个主题能够给雅各布·布洛诺夫斯基[1]《人的进步》(*The Ascent of Man*)注入活力。这是一本书、一种哲学，充满乐观主义和超验主义的信仰，相信人类的命运就是发现知识。再者，虽然他讲的重点是科学，但他发现有充分的理由把艺术和人文学科纳入知识的范畴，把这种知识作为我们无限追求的一部分，我们追求有关自然的统一的知识，我们要了解我们在自然界中的位置。

因此，我把布洛诺夫斯基所谓“人的进步”(the ascent of man)称为“人类的进步”(the ascent of humanity)。为此目的，我们必须结合艺术和科学，我们必须结合古与今，因为人类的进步首先是一个连续不断的故事。实际上，这是一个创造的故事，虽然不是原教旨主义者拼命捍卫的那种神创论的故事。这是人类战胜孤独、愚昧和混乱的创造性的故事。毫无疑问，它包括了各种宗教体系的发展过程，宗教是为人的存在赋予秩序和意义的手段。在这样的语境下去看《圣经》创世论的故事，

1　雅各布·布洛诺夫斯基(Jacob Bronowski，1908—1974)：英国人类学家、作家，饱学之士，著有《科学和人类的价值》《人的特性》等。

那是多么激动人心，因为它几乎是艺术幻想和科学直觉的完美结合：这是一个宇宙创生的大爆炸理论；恐怕除了原教旨主义者之外，人人都会为此而感到震撼；大多数宇宙学家都接受了大爆炸理论，大爆炸理论在基本细节上确认了《圣经》提出的开天辟地的情景。

188 把人类的进步作为构建教学计划的框架，在任何情况下都有许多好处，目前的好处尤其是多种多样的。首先，除了我将要指出的几个例外之外，它不要求我们发明新课题或放弃旧课题。目前，大多数学校教学计划在内容的结构上完全是可以继续使用的。其次，这个主题可以从初小开始，一直延伸到大学，只是需要拓宽加深而已。更大的好处是，它给学生提供了一个理解功课意义的观点，因为每一门功课可以被视为一个战场、角斗场，激烈的思想斗争始终在进行，并继续在那里发生。每一门功课里的每一个观点都是一场争斗的标志，都意味着有人倒下去，有人站起来。由此可见，人类进步的故事是一个乐观主义的故事，并非没有苦难，但占主导地位的是令人震惊的一次又一次的胜利。从这个观点来看问题，教学计划本身可以被视为人类智能和创造性的庆典，而不是文凭或大学要求的无意义的集合。

最大的好处是，人类进步的主题赋予教育一个非技术、非商业的定义，这个定义来自光荣的人文主义传统，反映了学术生活的宗旨，这个观念能对抗技术专家的偏向。我的观点是：所谓有教养就是懂得知识的源头和发展，理解知识的体系；就是熟悉最优秀的思想和言论，熟悉这些优秀遗产赖以产生的思想机制和创造机制；就是学会如何参与罗伯特·梅纳德·哈钦斯[1]所谓伟大的会话（The Great Conversation），哪怕是作为听众参与也很好；“伟大的会话”是另一个隐喻，和“人类的进步”异曲同工。你会注意到，这样的定义不以儿童为中心，不以训练为中心，不以技能为中心，甚至不以问题为中心，而是以理念为中心，以黏合力为中心。与此同时，它又带有一定的出世性，因为其假设是，在学校里学习的东西不必急于直接和今天的问题挂钩。换句话说，这 189
样的教育强调历史知识、科学的思维方式、训练有素的语言技能、广博的人文和宗教知识，强调人类事业的一以贯之。对于技术垄断那种反历史的、信息饱和的、热爱技术性质的教育来说，这种教育无疑是极好的矫治剂。

让我们首先考察历史，因为在几个方面，历史是教育的核心。这一点无须我来争辩，正如西塞罗所言：“如果你对你出生之前的事情一无所知，这就意味着，你永远是幼稚的人。”只提一点就足以说明历史的重要性：历史是我们“提高觉悟”的最强大的思想手段。不过，关于历史和历史教学还是有一点要强调，因为它们在学校里常常被忽略。历史并非众多必须传授的课程之一；每一门课都有历史，生物学、物理学、数学、文学、音乐、艺术都有自己的历史。我在这里提议，每一位老师都必须是历史老师。如果只传授今天所知的生物学而不教过去所知的生物学，那就是把

1　罗伯特·梅纳德·哈钦斯（Robert Maynard Hutchins，1899—1977）：芝加哥大学校长、《不列颠百科全书》编委会主席，与阿德勒（Mortimer Adler，1902—2001）共同策划、编辑、出版《伟大的书》（共54卷）。

知识贬低为纯粹的消费品，那就使学生无缘了解我们知识的重要性，使他们无从知道我们的知识是如何得到的。倘若教学生原子而不提德谟克利特[1]，教电学而不提法拉第[2]，教政治学而不提亚里士多德和马基雅维利[3]，教音乐而不提海顿[4]，那就是不让学生参与“伟大的会话”。再者，那就是斩断了他们知识的根基；目前，其他的社会机构对知识的本源都不太感兴趣。了解你的根基不仅仅是了解自己的祖父从何而来，不仅仅是了解他吃过什么苦。你还要知道你的思想从何而来，你为何相信这些理念；你还要了解你的
190 道德感和审美体验从何而来；你还要了解你的世界从何而来，而不仅仅是知道你的家庭从何而来。为了完整展示上文开始的西塞罗的思想，我们再引他的一句话：“除非人的生命融入了祖先的生命，除非人的生命置入历史语境中，否则人生又有何价值呢？”当然，西塞罗所谓的“祖先”并不是指母亲的姑母或姨母。

据此我建议，每一门课程都要当作历史教。这样，儿童在初小时就知道，知识不是固化的物体，而是人类发展的某一阶段，有过去也有未来；可惜现在的儿童不了解这一点。让我们回头说一说创世论的问题，我们想要说明，4 000 年前产生的思想不仅在

1　德谟克利特（Democritus，公元前 460—前 370）：古希腊唯物主义哲学家、原子论创始人之一，政治上主张奴隶制民主，伦理学上认为幸福是人生的目的。

2　法拉第（Michael Faraday，1791—1867）：英国物理学家、化学家，发现电磁感应并提出相应理论。

3　马基雅维利（Nicola Machiavelli，1469—1527）：意大利政治思想家、历史学家、作家，主张君主专制和意大利的统一，著有《君主论》《佛罗伦萨史》等。

4　海顿（Franz Joseph Haydn，1732—1809）：奥地利作曲家、维也纳古典乐派的代表人物之一，曾担任埃斯特哈兹伯爵宫廷乐长，创作了大量的交响乐、弦乐四重奏、三重奏、歌剧等。

时间上传到今天，而且在意义上发生了变化，这些思想从科学变成宗教隐喻，又从宗教隐喻变成科学。古希伯来人在沙漠帐篷里神奇的思辨，和现代麻省理工学院教室里神奇的思辨，两者之间一以贯之的联系是多么有趣、多么深刻啊！我想要说的是，学科的历史使我们学会其中的联系；历史教育我们，世界并不是每天重新创造的，每个人都站在他人的肩头上。

我很清楚，在各门课程里用这样的传授法有一定的难度。目前，能够派上用场的著作不多，而且老师们也没有做好准备用这样的态度去了解知识。况且，如何对不同年龄段的儿童进行有针对性的教学，也增加了问题的难度。但我认为，这是我们必须要做的事情，这倒是毋庸置疑的。

把课程作为对历史连续体的研究来传授，目的不是把历史作为一门无关紧要的学科。如果每一门课程都用一个历史的维度来传授，历史老师就可以放手把历史当作多种不同的历史来传授：历史是关于变化为何发生的假说和理论。在某种意义上可以说，所谓抽象的“历史”是不存在的，这是因为每一位历史学家都知道，他必须用特定的观点来讲故事，他的观点反映的是他具体 191
的社会发展理论。而且，史学家们还知道他们写历史总是抱着某种特定的目的——常常是为了美化或谴责当前的情况。不存在任何终极的抽象的历史，而是存在多种多样的历史，人类的发明不会给我们唯一的答案，只会给我们提供多种问题召唤而来的多种答案。

史学家们知道这一切——这是他们的常识。然而这个常识却对我们的年青人秘而不宣。由于不了解这样的常识，年青人就无法理解为何“历史”会变化，为何俄国人、中国人、印第安人和其他一切民族对历史事件的看法，和我们的历史教科书作者的观点会不一样。由此可见，历史老师的任务就是成为“多维历史的老师”（histories teacher）。这并不是说，哪一个版本的美洲史、欧洲史、亚洲史不应该讲。一种历史都不懂的学生就没有能力去评价其他的历史。这也并不是说，“多维历史的老师”任何时候都必须证明：多维历史本身如何成为文化的产物；任何一种历史都是一面镜子，反映的是文化带有的自负和偏向；任何一个民族的宗教、政治、地理和经济都使他们沿着特定的路线去重新创造自己的过去。“多维历史的老师”必须向学生澄清“客观性”和“事件”的意义，都必须给学生提供如何评价多维历史的意识。

有人会反对把历史作为比较历史学（comparative history）来教，说这个观点太抽象，学生无法把握。但这正是应该传授比较史学的原因之一。只把历史当作没有疑义、分割肢解和具体的事件来罗列，那就是复制技术垄断论的偏向；而技术垄断论的问题在很大程度上就是不让学生接触多种观点和理论，就是只给他们
192 提供一连串毫无意义的事件。他们之所以觉得，围绕“历史”课应该包括什么事件的争论听上去有一点空洞，其原因就在这里。比如，有人建议把希特勒的大屠杀、斯大林的大清洗或印第安人的血泪史纳入教学计划。我同意我们的学生应该知道这样的事情，但我们还必须回答其他一些问题：我们想要他们从这些事件里了解什么呢？我们把这些事件当作历史的“疯狂”来解释吗？

我们把它们当作邪恶之庸常（banality of evil）或生存之道（law of survival）来阐述吗？它们体现了经济贪婪的普世力量吗？它们是人性运行机制的例证吗？

无论历史研究中包含的事件是什么，最糟糕的局面就是在脱离理论整合的情况下去表现这些事件，也就是使之成为毫无意义的孤立现象。我们可以断言，这正是技术垄断论每天的所作所为。“多维历史的老师”必须超越“事件”的层次，迈向观念、理论、假设、比较、演绎和评估的层次。这个理念提高抽象的层次，使我们能够传授抽象层次最高的“历史”。这个理念适用于一切学科，包括理科。

从人类进步的观点来看问题，科学成就是人类最辉煌的成就之一。在上帝对人类进行最后审判时，我们首先会毫不犹豫地陈述我们的科学成就。我历来强调在每一门理科课程里讲授科学史，但讲授科学史的重要性不会超过讲授科学“哲学”的重要性。说到这里，绝望之情油然而生。过半的美国中学连一门物理学的课程也不开。我估计，90%以上的中学讲授化学的方式似乎是要把学生培养成为药剂师，我这个估计的准确性大概八九不离十吧。因此我说，科学是人类想象力的训练，科学和技术截然不同，科学有多种“哲学”——这几个方面应该成为科学教育的内容，我 193
的主张脱离了目前的主流，但我坚信这样的主张是对的。

在我们的学生中，那些知道什么是“演绎”、什么是科学理论、什么是科学模式的，那些考虑过什么是有效科学实验的最佳条件、什么是科学真理的，每五十个人里还不到一个人——这样说会不会夸张呢？在《人的身份》（*The Identity of Man*）里，雅各布·布洛诺夫斯基说："这就是科学想象的悖论：科学想象的目的是'使想象贫乏'（the impoverishment of imagination）。我用这个惊人之语的目的就是使人感到震撼：科学想象的最高层次就是铲除新思想的大量滋生。在科学里，宏富的观点就是小家子气的观点，宏富的宇宙模式就是极端缺乏假设的模式。"

每一百个学生里会不会有一个人懂得这句话的意思呢？"使想象贫乏"这个提法也许令人吃惊，但这条引语里的思想却没有令人吃惊之处，也没有任何异常的地方。每一位科学家都理解布洛诺夫斯基的意思。但他们不让学生知道这个意思，所以我们应该揭开这个秘密。除了让每一门理科课程都包含严肃的历史维度之外，我还要提议，从小学到大学的每一所学校都开一门科学哲学的必修课，这样的课程应该考虑以下内容：科学用语、科学证据的性质、科学假设的源头、想象力的角色、试验的条件，尤其是错误和反证的价值。如果我没有弄错的话，许多人仍然相信，使一种表述富有科学性的要素是我们能够证明它"科学"。而实际情况却刚好相反：科学表述和非科学表述的区别是，科学表述可以经受证伪的考验。科学之所以能够成立，并不是因为我们有能力辨认"真理"，而是我们有能力辨认谬误。

194 这样一门课程的目标是学会一个理念：科学不是药学、技术或诀窍，而是运用人类智能的一种特殊方式。重要的是让学生知道，人的科学修养不是穿漂亮衣服（这是电视教给人的派头），而是践行一套思想信条，而许多的信条和语言能力有关系。科学需要使用明白晓畅、人人能懂的语言。人类的进步在很大程度上仰赖这样的语言。

关于驾驭语言的能力，我提议除了科学哲学的课程之外，从小学到大学的每一所学校都开设一门语义学的课程，语义学研究的是表达意义的机制。在这一点上，我必须指出令人沮丧的事实，英语老师对这门学科的反应一直比较迟钝，也就是说，他们在很大程度上忽略了这门学科。我始终对此不得其解，因为英语老师声称关心传授读写能力。然而，倘若他们不传授语言和现实的关系——语言和现实的关系就是语义学，我难以想象，他们如何能够指望提高学生的读写能力呢？

每一位老师都应该是语义学教师，因为语言和知识是不可分割的。和历史一样，语义学也是跨学科的学问：语义学知识是理解任何学科的必要条件。这样一门课程确定并解释语言的基本原理；如果年青人能够学这样的课程，这对他们智力的成长是极其有用的。这门课不仅讲授语言的各种用法，而且讲授事物和语词、象征和符号、事实表述和事实评判、语法和思想的关系。对年青学生来说，这门课尤其应该着重讲常见的语义错误；通过提高觉悟和严格训练，这些错误是可以避免的。常见的语义错误有： 195
使用非此即彼的范畴，误解不同层次的抽象，把事物和语词混为一谈，使用标语口号式的语言和反身指代（self-reflexiveness）的语病。

在所有能够纳入教学计划的学科里，语义学当然是最基本的学科之一。由于它传授的是表达和解释语义的机制，所以在影响学生最深层的智能上，它具有极大的潜能。然而，人们主张回到基本功时，竟然很少提到语义学。为什么呢？我的猜想是，它切入太深了，是基础的基础。将乔治·奥威尔[1]的话略微变通一下说，许多科目是基础的课题，但总有一些是基础的基础。这样的科目能够产生批判性思维，能够使学生弄懂有关事物精髓的问题。主张“回到基本功”的人通常心里没有想到这样的科目。他们想要的是语言的工匠：能够听懂指令、写出清爽报告、拼写正确的语言工匠。语义学的学习能够提高学生的读写能力，这样的例子比比皆是。然而，语义学的学习有更大的好处。它帮助学生反思自己文字表达的意思和准确程度，帮助他们理解老师布置的阅读材料。语义学教会学生发现老师教学内容的底层预设。它凸显语言扭曲现实的多重方式。它帮助学生成为查尔斯·韦因加特纳[2]和我命名的“废话侦探”（crap-detective）。因此，语义学功底扎实的学生难以对付阅读测验，因为阅读测验不欢迎你问内容正误的问题。在内容正确的情况下，它也不欢迎你问测验内容与什么东西有关系的问题。语义学则相反，它坚持问这样的问题。但“回到基本功”的提倡者不要求教育回到那样的基本功。通常他们的议程里不包括文学、音乐和艺术，其原因就在这里。与此相反，如果我们把人类进步作为主题，我们必然要把语义学科目提高到突出的位置。

196 这种突出地位最显著的理由，是这些科目的内容含有最雄辩的

---

1 乔治·奥威尔（George Orwell，1903—1950）：英国作家，以其极富想象力的反乌托邦小说《一九八四》和《动物庄园》而闻名于世。

2 查尔斯·韦因加特纳（Charles Weingartner）：纽约大学教育学和传播学教授，尼尔·波斯曼同事，与波斯曼合作著书近十种。

例子，能够说明人类经验和情感的同一性和连续性。所以我提议，在传授人文学科时，我们应该强调经久不衰的创造成果。学校应该尽可能远离当代的作品。由于通信产业的性质，我们的学生在业余时间里不断接触通俗的艺术，包括通俗的音乐、修辞、设计、文学和建筑。他们对这些通俗艺术形式和内容的了解实在不令人满意。然而，他们对过去的艺术形式和内容更加无知，就像洞穴人的视野那样狭隘。这就是强调往昔艺术的充足理由之一。另一个理由是，从历史的角度研究艺术使我们摆脱当前的束缚，在这一点上，罕有其他科目能够与之匹敌。比如，绘画的历史比文字的历史长两倍多，其变迁风格和主题包含了 15 000 年人类进步的记录。

这样说并不是想要把艺术放在考古学之下，虽然我肯定会建议：在教学计划里给艺术形式的历史保留一个重要的位置。但艺术不仅是历史遗留下来的人工制品。艺术的意义有一个必要条件，它必须和那些难以用推理性语言表达的情感联系起来。于是就冒出了这样一个问题：今天的学生能够在情感上和过去的绘画、建筑、音乐、雕塑或文学联系起来吗？我相信回答是这样的：很费劲。他们和我们许多人一样，审美的敏锐性和古人不一样；如果你想要在欣赏莎士比亚十四行诗、海顿交响乐或哈尔斯[1]的画作时获得灵感，你需要的审美能力是另一个档次；如果你想要从中得到愉悦，那就需要更加敏锐的审美能力。如果用非常简约的方式

1　哈尔斯（Frans Hals，1581—1666）：荷兰肖像画家，作品既写实又突出人物神韵，代表作有《愉快的伙伴》《快乐的酒徒》《哈勒姆圣乔治市民卫队军官的宴会》《哈勒姆老人院的管理员们》等。

来表述，我们就可以说，那些相信麦当娜达到了音乐表现力顶峰的年青人，肯定缺乏审美的敏锐性，他们没有能力区分人类的升
197 降沉浮、前进倒退。我无意在这里给通俗文化抹黑。我要强调的是，文化自身业已给我们提供了丰富的通俗艺术作品。学校之所以必须要给学生提供古典艺术形式，那是因为古典艺术难以送达学生手里，因为它们需要高档次的敏锐性和回应能力。在目前情况下，如果学生没有听到莫扎特[1]、贝多芬[2]、巴赫[3]或肖邦[4]的音乐，学校就没有理由找借口去主办摇滚乐演唱会。如果高中毕业时还没有读过莎士比亚、塞万提斯、弥尔顿、济慈[5]、狄更斯、惠特曼、马克・吐温、梅尔维尔或爱伦・坡，学生是没有借口自我原谅的。如果从来没有看过戈雅[6]、埃尔・葛雷柯[7]或杰拉德・戴维[8]画作的照片，那是没有借口原谅自己的。这些作曲家、作家和画家里的许

---

1 莫扎特（Wolfgang Amadeus Mozart，1756—1791）：奥地利作曲家，有史以来最伟大、最有成就的作曲家之一，维也纳古典乐派主要代表，作品 600 余篇，有歌剧《唐璜》《魔笛》及交响乐、协奏曲、室内乐等。

2 贝多芬（Ludwig van Beethoven，1770—1827）：德国作曲家，集西方古典派之大成，开浪漫派之先河，对后世产生深远影响，作品有 9 部交响乐、32 部钢琴奏鸣曲、17 部弦乐四重奏等。

3 巴赫（Johann Sebastian Bach，1685—1750）：德国作曲家、管风琴家，出生音乐世家，历史上最伟大的作曲家之一，创作了 200 多首作品，多用复调音乐写成，把巴洛克音乐风格推向顶峰，对西方音乐的发展产生了深远的影响。他的四个儿子也成了著名的音乐家。

4 肖邦（Frédéric François Chopin，1810—1849）：波兰裔作曲家，定居法国，作品具有浪漫主义的本质和古典主义的特点。

5 济慈（John Keats，1795—1821）：英国浪漫主义诗人，其抒情诗尤为优美，古典意象丰富，代表作有《夜莺》《希腊古瓮》《无情的美人》《秋颂》等。

6 戈雅（Francisco de Goya，1746—1828），西班牙画家：作品有《狂想曲》《战争的灾难》等。

7 埃尔・葛雷柯（El Greco，1541—1614）：希腊裔西班牙宗教画画家，作品以修长的人物、对比鲜明的色调和幽深的阴影为特色，代表作为《除去外衣的耶稣》和《圣母升天》。

8 杰拉德・戴维（Gerard David，1460?—1523）：荷兰宗教主题画家，他被认为是最重要的弗兰芒文艺复兴艺术家之一。

多人在自己的时代是通俗艺术家，这个问题并不重要；重要的是，虽然他们的语言和观点和我们的不一样，但他们和我们在语言和观点上有传承关系。这些艺术家之所以重要，不仅是因为他们确立了文明人对待艺术的标准，而且是因为现在的技术文化试图使他们默默无语，使他们确立的标准无影无踪。

我们很可能会面对这样的局面：由于学生沉浸在今天的通俗艺术里，所以他们会觉得，我波斯曼这样强调古典艺术是单调乏味、令人痛苦的。反过来，学生的痛苦又会使老师感到痛苦；很自然，老师喜欢传授立竿见影、激发学生热情回应的东西。但我们必须向学生证明，并非一切有价值的东西都是一学就会、易如反掌的，有些要求很高的审美水平的东西，是他们闻所未闻的。尤为重要的是，我们必须向他们展示人类艺术的根源。在我们这个时代，这个任务必然要落到学校的肩头上。

至于根源问题，我想在建议结尾时再纳入两个科目，这对我们了解我们从何而来是不可或缺的。首先是技术史，技术的重要性和科学及艺术一样，技术史告诉我们人类和自然界碰撞的故事，198
同时告诉我们人类的局限。比如，我们要向学生展示，13 世纪发明的眼镜和 20 世纪发明的基因切片是有联系的：在这两种情况下，我们都摈弃了人体解剖是人类命定的命题，我们用技术来界定自己的命运。简而言之，我们培养的学生必须了解我们的技艺和我们的社会心理世界的关系，他们要能够用广博的知识参与会话，能够探讨技术正在把我们引向何方，又如何把我们引向要去的地方。

第二个科目当然是宗教，绘画、音乐、技术、建筑、文学、科学在许多方面与宗教交织在一起。具体地说，我建议把比较宗教学纳入教学计划。这样一门课讲授人类创造力的表达，把宗教当作我们对生存意义基本问题总体的、整体的回应。课程是描述性的，并不提倡哪一门宗教，而是阐明宗教表达所用的隐喻、文学、艺术和仪式。我明白这门课面对的困难，最大的困难是有人相信，学校和宗教要井水不犯河水。但我不明白，如果我们不让年青人考虑不同时间地点的不同的人是如何得到超验体会的，我们又怎么能够声称，我们是在教育年青人呢？任何教育都不能够忽视《创世记》《新约》《古兰经》《薄伽梵歌》这样的圣典（sacred texts）。每一种圣典体现的风格和世界观透露的关于人类进步的信息，都堪与任何文字匹敌。除这些圣典之外，我还想加上《共产党宣言》（*Communist Manifesto*），认为把它纳入圣典是合情合理的，因为近年来千百万人对它体现的宗教性原理表现出忠心耿耿的热情。

总而言之，作为第一步，我建议的课程设置是这样的：所有的
199 课程都作为人类发展的一个历史阶段来传授；科学、历史、语言、技术和宗教的理论都要讲；把重点放在艺术表现的古典形式上。这样的课程设置“回到基本功”，但并不完全是技术专家所谓的基本功。毫无疑问，这种教学计划和技术垄断论的精神是截然对立的。我并未幻想这样的教育计划能够阻挡技术思想世界的凶猛势头。但或许这个计划有助于开启和维持一种认真的会话，使我们能够和技术思想世界拉开距离，并批评它，修正它。这也是本书的希望。

注　释

第一章　塔姆斯法老的评判

[1] Plato，p. 96.

[2] Freud，pp. 38-39.

[3] 这件事情有详细的记述，见 Keith Hoskin, "The Examination, Disciplinary Power and Rational Schooling", in *History of Education*, vol. III, no. 2 (1979), pp. 135-46。霍斯金教授对法里希（Farish）的技术介绍如下：剑桥大学工程学教授，在自己的剑桥家园里设计并安装了活动隔板墙，由滑轮驱动，在楼上楼下升降。一天晚上，他在楼下熬夜感到冷，就把活动墙拉下来保暖。这样的技术没有多大的故事性，说明历史本身并不能揭示接下来会发生什么事情。这一切说明，人们对法里希的了解少之又少。

[4] 关于芒福德对机械钟表影响的详细论述，见芒福德的《技艺与文明》（*Technics and Civilization*）。

第二章　从工具时代到技术统治时代

[1] Marx, p. 150.

[2] 或许工具使用文化又可以叫作"第三世界国家"，虽然中国很大一部分地区可以纳入工具使用文化地区。

[3] 如欲详细了解中世纪技术的分析，见 Gimpel, J., *The Medieval Machine: The Industrial Revolution of the Middle Ages*。

[4] 转引自 Muller，p. 30。

[5] 见 Lynn White, Jr., *Medieval Technology and Social Change*。

[6] 阿尔文·托夫勒（Alvin Toffler）在文章《价值冲击预测》（Value Impact Forecaster: A Profession of the Future）里转述了 de Vries 的发现，文章收录于 Baier and Rescher, *Values and the Future: The Impact of Technological Change on American Values,* New York: Free Press, 1969, p. 3。

第三章 从技术统治时代到技术垄断时代

[1] Giedion, p. 40.
[2] 希格尔（Segal, H. P.）的书对乌托邦的介绍最为翔实。
[3] 见 David Linton "Luddism Reconsidered" , in *Etcetera,* Spring 1985, pp.32-36。
[4] Tocqueville, p. 404.

第四章 难以把握的世界

[1] 欲详细考察印刷机对西方文化的影响，请参阅爱森斯坦（Eisenstein）的书。
[2] 欲知电报的详尽论述，见 Neil Postman, *Amusing ourselves to death*。

第五章 崩溃的防线

[1] 社会学家里突出的例外是盖伦（Arnold Gehlen），见其 *Man in the Age of Technology*。
[2] "文化素养"这个提法绝非赫施（E. D. Hirsch, Jr.）首创，不过人们认为，这个观念的流行多亏了他的书《文化素养》（*Cultural Literacy*）。
[3] 这个有棱角的说法也是拉施（Lasch，C）《无情世界里的避难所：家庭困境》（*Haven in a Heartless World: The Family Besieged*）的题名。
[4] James Beniger, *The Control Revolution: Technological and Economic Origins of Information Society*，p.13. 正如我在上文所言，贝尼格这本书是论述机械手段消除即控制信息的最佳著作。
[5] Tocqueville, p. 262.
[6] C. S. Lewis, p. x.
[7] 见 Arendt 的书。

第六章 机器意识形态：医疗技术垄断

[1] 我不敢肯定哈伽什公司（Hagoth Corporation）是否仍然存在，但为了证明曾经有这个公司，特向读者告知我知道的地址：85 NW Alder Place, Dept. C, Issaquh, Washington, 98027.

[2] 这一系列资料见 Reiser 或 Payer 的书。

[3] Reiser, p. 160.

[4] Ibid., p. 161.

[5] Payer, p. 127.

[6] Ibid.

[7] 关于雷奈克发明听诊器的有趣描述，见 Reiser 的书。

[8] Reiser, p. 38.

[9] Ibid., p. 230.

[10] Horowitz, p.31.

[11] Ibid., p.80.

[12] 转引自 Inlander 等的书，第 106 页。

[13] 转引自上书，第 113 页。

第七章 机器意识形态：计算机技术垄断

[1] *New York Times,* August 7, 1990, C, p.1.

[2] *Personal Computing,* June 29, 1990.

[3] *New York Times,* November 24, 1989.

[4] *Publishers Weekly,* March 2, 1990.

[5] *Bottom Line,* June 15, 1989.

[6] 关于计算机发展过程的简明读物，我推荐 Arno Penzias, *Ideas and Information: Managing in a High-Tech world*。

[7] 转引自 Hunt, M. , p.318。

[8] Searle, p.30.

[9] 见 Gozzi, pp.177-80。

[10] 见 Milgram 的书。

[11] Weizenbaum, p. 32.

[12] 据《太阳杂志》(*Sun*) 1991 年 3 月号载，2 岁婴儿兰斯 · 史密斯（Lance Smith）被誉为“电子游戏的莫扎特”。主要原因是，他玩 Nintendo 游戏得到的分值达到了天文数字，这是计算机能够达到的最接近于莫扎

特天才的工艺水平。

[13] J. D. Bolter, *Writing Space: The Computer, Hypertext and the History of Writing,* Hillsdale, N. J,: Lawrence Erlbaum Association.

[14] *Science Digest*, June, 1984.

[15] 两段引文均出自 Raleigh, North Carolina, *News and Observer,* Sunday, August 13, 1989。

[16] Katsch, p.44.

第八章　隐形的技术

[1] 转引自 Gould, p.75。感谢他言简意赅地阐明量化智能研究的历史。

[2] *National Elementary Principal,* March/April, 1973.

[3] Weizenbaum, p. 203.

[4] 听证会在 1990 年春天举行，地点在首都郊区一个僻静的地方，与会者是 23 位民主党众议员，由理查德・杰法特（Richard Gephardt）牵头。

[5] 这些统计数字是我虚构的，重要的问题是，这样的虚构并不影响我们雄辩的论点。

[6] Ibid.

[7] 关于统计数字在决策中的暴政，见大学理事会（College Board）1990 年 11 月 1 日做出的决定："学习能力测试"（Scholastic Aptitude Test）不再要求学生写作文。它测试学生写作能力的方法是沿用多项选择题，但它测试的实际上是学生记忆语法、拼写和发音的能力。了解一个人写作能力的最佳办法是叫他写作文，难道这不是合理的吗？但在技术垄断论的背景下，理性似乎是既陌生又神秘。欲知其详，可参阅《高等教育纪事》（*The Chronicle of Higher Education,* Jan 16，1991）。

[8] Keith Hoskin and Richard Macve, "The Genesis of Accountability", *Accounting Organization and Society,* Vol. 13, no.1(1988), pp.37-73. 非常感谢他们对现代管理制度的记述。

第九章　唯科学主义

[1] 转引自 Hayek, p. 201。

[2] Hayek, p.21.

[3] Myrdal, p. 6.

[4] 有关自然科学和社会研究的区别，主要取自我的文章《作为道德神学

的社会科学》(Social Science as Moral Theology)，该文收录进我的书《认真的反对》(*Consciousness Objections*)一书。

第十章 符号大流失

[1] 虽然从某些方面看，布尔斯廷的《图像》一书显然打上了他那个时代的印记，但我们要感谢他，因为这本书使人注意图像地位凸显对社会产生的影响。

[2] *New Republic*, February 18, 1991, p. 42.

第十一章 爱心斗士

[1] 下文是我多次建议的概述，我的书《作为保存活动的教学》(*Teaching as a Conserving Activity*)里有比较详细的探讨。

参考文献

AI-Hibri, A., and Hickman, L. (eds.). *Technology and Human Affairs*. London: The C. V. Mosby Company, 1981.

Arendt, H. *Eichmann in Jerusalem: A Report on the Banality of Evil*. New York: Penguin Books, 1977.

Bellah, R. N.; Madsen, R.; Sullivan, W. H.; Swidler, A.; and Tipton, S. M. *Habits of the Heart: Individualism and Commitment in American Life*. Berkeley: University of California Press, 1985.

Beniger, J. R. *The Control Revolution: Technological and Economic Origins of the Information Society*. Cambridge, Mass., and London: Harvard University Press, 1986.

Bolter, J. D. *Turing's Man: Western Culture in the Computer Age*. Chapel Hill: The University of North Carolina Press, 1984.

Bury, J. B. *The Idea of Progress: An Inquiry into its Origin and Growth*. New York: Dover Publications, Inc., 1932.

Callahan, R. E. *Education and the Cult of Efficiency: A Study of the Social Forces That Have Shaped the Administration of the Public Schools*. Chicago: The University of Chicago Press, 1962.

Christians, C. G., and Van Hook, J. M. (eds.). *Jacques Ellul: Interpretive Essays*. Chicago: University of Illinois Press, 1981.

Eisenstein, E. *The Printing Revolution in Early Modern Europe*. Cambridge, Mass.: Cambridge University Press, 1983.

Ellul, J. *The Technological Society*. New York: Alfred A. Knopf, 1964.

Ellul, J. *The Betrayal of the West*. New York: The Seabury Press, 1978.

Farrington, B. *Francis Bacon: Philosopher of Industrial Science*. New York: Henry Schuman, Inc., 1949.

Freud, S. *Civilization and Its Discontents*. New York: W. W. Norton & Co., 1961.

Gehlen, A. *Man in the Age of Technology*. New York: Columbia University Press, 1980.

Giedion, S. *Mechanization Takes Command: A Contribution to Anonymous History*. New York: W. W. Norton & Co., 1948.

Gimpel, J. *The Medieval Machine*: *The Industrial Revolution of the Middle Ages*. New York: Holt, Rinehart & Winston, 1976.

Gould, S. J. *The Mismeasure of Man*. New York: W. W. Norton & Co., 1981.

Gozzi, R., Jr. "The Computer 'Virus' as Metaphor," in Etcetera: *A Review of General Semantics,* v01. 47, no. 2 (Summer 1990).

Hayek, F. H. *The Counter-Revolution of Science*: *Studies on the Abuse of Reason*. Indianapolis: Liberty Press, 1952.

Hirsch, E. D., Jr. *Cultural Literacy*: *What Every American Needs to Know*. Boston: Houghton Mifflin Co., 1987.

Hodges, A. *Alan Turing*: *The Enigma*. New York: Simon & Schuster, 1983.

Hoffer, E. *The Ordeal of Change*. New York: Harper & Row, 1952.

Horowitz, L. C., M. D. *Taking Charge of Your Medical Fate*. New York: Random House, 1988.

Hunt, M. *The Universe Within*: *A New Science Explores the Mind*. New York: Simon & Schuster, 1982.

Hutchins, R. M. *The Higher Learning in America*. New Haven: Yale University Press, 1936.

Inlander, C. B.; Levin, L. S.; and Weiner, E. *Medicine on Trial*: *The Appalling Story of Medical Ineptitude and the Arrogance that Overlooks It*. New York: Pantheon Books, 1988.

Katsch, M. E. *The Electronic Media and the Transformation of Law*. New York and Oxford: Oxford University Press, 1989.

Koestler, A. *The Sleepwalkers*. New York: The Macmillan Company, 1968.

Lasch, C. *Haven in a Heartless World*: *The Family Besieged*. New York: Basic Books, Inc., 1975.

Lewis, C. S. *The Screwtape Letters*. New York: Macmillan, 1943.

Logan, R. K. *The Alphabet Effect*: *The Impact of the Phonetic Alphabet on the*

Development of Western Civilization. New York: St. Martin' s Press, 1986.
Luke, C. *Pedagogy, Printing, and Protestantism.* Albany: State University of New York Press, 1989.
Marx, K., and Engels, F. *The German Ideology*. New York: International Publishers, 1972.
Milgram, S. *Obedience to Authority: An Experimental View*. New York: Harper & Row, 1974.
Muller, H. J. *The Children of Frankenstein: A Primer on Modern Technology and Human Values*. Bloomington and London: Indiana University Press, 1970.
Mumford, L. *Technics and Civilization*. New York: Harcourt Brace Jovanovich, 1963.
Myrdal, G. *Objectivity in Social Research*. New York: Pantheon Books, 1969.
Papert, S. *Mindstorms: Children, Computers, and Powerful Ideas*. New York: Basic Books, Inc., 1980.
Payer, L. *Medicine and Culture: Varieties of Treatment in the United States, England, West Germany, and France.* New York: Penguin Books, 1988.
Penzias, A. *Ideas and Information: Managing in a High-Tech World*. New York and London: W. W. Norton & Co., 1989.
Plato. *Phaedrus and Letters VII and VIII*. New York: Penguin Books, 1973.
Postman, N. *Amusing Ourselves to Death: Public Discourse in the Age of Show Business*. New York: Penguin Books, 1985.
Read, H. *To Hell with Culture and Other Essays on Art and Society*. New York: Schocken Books, 1963.
Reiser, S. J. *Medicine and the Reign of Technology*. Cambridge, London, New York and Melbourne: Cambridge University Press, 1978.
Rifkin, J. *Time Wars: The Primary Conflict in Human History*. New York: Henry Holt and Company, 1987.
Schumacher, E. F. *Small Is Beautiful: Economics As If People Mattered*. New York, Hagerstown, San Francisco and London: Harper & Row.
Schumacher, E. F. *A Guide for the Perplexed.* New York: Viking Penguin, Inc., 1977.
Searle, J. *Minds, Brains and Science*. Cambridge, Mass.: Harvard University Press, 1984.
Segal, H. P. *Technological Utopianism in American Culture*. Chicago: The University of Chicago Press, 1985.

Snow, C. P. *The Two Cultures and the Scientific Revolution*. New York: Cambridge University Press, 1959.

Sturt, M. *Francis Bacon*. New York: William Morrow & Company, 1932.

Szasz, T. *Anti-Freud: Karl Kraus's Criticism of Psychoanalysis and Psychiatry*. Syracuse: Syracuse University Press, 1976.

Tocqueville, A. de. *Democracy in America*. New York: Anchor Books (Doubleday & Co., Inc.), 1969.

Usher, A. P. *History of Mechanical Inventions*. New York: Dover Publications, Inc., 1929.

Weingartner, C. "Educational Research: The Romance of Quantification," *Etcetera: A Review of General Semantics*, vol. 39, no. 2 (Summer 1982).

Weizenbaum, J. *Computer Power and Human Reason: From Judgment to Calculation*. San Francisco: W. H. Freeman and Company. 1976.

White, L., Jr. *Medieval Technology and Social Change*. London: Oxford University Press, 1962.

Whitehead, A. N. *The Aims of Education and Other Essays*. New York: The Free Press, 1929.

Whitrow, G. J. *Time in History: The Evolution of Our General Awareness of Time and Temporal Perspective*. Oxford and New York: Oxford University Press, 1988.

索　引

（所注页码为英文版页码，即本书边码）

A

B

C

D

E

G

H

I

J

K

L

M

N

O

P

Q

R

S

T

U

V

W

X

Y

Z

中译者第一版后记

承蒙北京大学出版社的大力支持，我们的“媒介环境学”译丛以强劲的势头问世了。今年推出前两种《媒介环境学》和《技术垄断》，明年的两种《口语文化与书面文化》和《作为变革动因的印刷机》也纳入了出版计划。笔者在此对北大出版社领导表示由衷的感谢，对责任编辑周丽锦小姐的敬业精神表示由衷的钦佩。

2001 年初，翻译保罗·莱文森的《数字麦克卢汉》时，就想译介尼尔·波斯曼的著作，而且请莱文森牵线搭桥，洽谈版权，不幸搜寻版权失败。经过北京大学出版社长期的努力，终于购买到《技术垄断》的版权。多年的夙愿实现了，岂不快哉！能够在“媒介环境学”译丛里介绍三代大师级学者，不亦悦乎！

大家的思想是超越时代的。《技术垄断》拒绝向技术投降，死死盯着技术双刃剑危害人、危害社会、危害文化的一面，我们要以恭敬的态度聆听波斯曼的警世恒言！

是书翻译过程中，读了一本风靡国内的书《世界是平的》，很有感触。希望读者能够兼顾《技术垄断》和《世界是平的》的对立观点。后者表现出极端的技术乐观派思想，这固然是需要的。和托夫勒的《第三次浪潮》一样，它鼓吹穷国和富国“站在同一起跑线上”。托夫勒多次访问中国，尽享殊荣；他的《第三次浪潮》给20世纪80年代蓄势待发的中国人民多大的鼓舞啊！

可是我们要知道：世界是不平的，穷国和富国并不站在同一起跑线上。在追赶先进国家、谋求和平崛起时，“数字鸿沟”是难以填平的，一日万里的技术发展已经给我们的传统文化带来现实的威胁。即使在唯一的超级大国，技术崇拜、唯科学主义也在造成严重的危害。

进入数字时代和虚拟世界的大门之后，我们要能够做跨越时空的旅行，不但要上九天揽月，而且要和祖宗交流；不但要畅游虚拟世界，而且要能够在真实世界里享受苦乐参半的生活。我们不能只生活在玄想和虚幻的技术王国里，我们要警惕啊！

《技术垄断：文化向技术投降》叫我们不要投降，诚哉斯言！我们既要奋勇开拓，也要警钟长鸣，否则和谐发展就是一句空话。

何道宽

于深圳大学传媒与文化发展研究中心

2007年1月13日

中译者第二版后记

中信出版社胡明峰先生肯定我的《技术垄断》中译本第一版，希望我作第二版。

我坚持作者的译名应为波斯曼，而不是波兹曼，有纠正之意，希望这个第二版的发行能起到统一认识的效果。感谢他对这一立场的理解。

这个第二版使我有机会恢复第一版译者序跋和正文里一些删节的文字，不亦快哉！

是次修订要者有四：

（1）少许文字修订，比如美国现任总统的名字从特伦普改为特朗普。

（2）增补几十条脚注，同时节略一些脚注，以帮助读者阅读理解。

（3）补足一些曾被删节的文字。

（4）恢复第一版后记里批判《世界是平的》的文字，因为该书笼罩在“唯科学主义”的阴影之下，而技术决定论和唯科学主义正是波斯曼《技术垄断》批判的靶子。

何道宽
于深圳大学文化产业研究院
深圳大学传媒与文化发展研究中心
2017 年 12 月 15 日

译者简介

何道宽 深圳大学英语及传播学教授、政府津贴专家、资深翻译家，曾任中国跨文化交际研究会副会长、广东省外国语学会副会长，现任中国传播学会副理事长、深圳翻译协会高级顾问，从事英语语言文学、文化学、人类学、传播学研究30余年，率先引进跨文化传播（交际）学、麦克卢汉媒介理论和媒介环境学，著译文字逾2 000万字。著作和译作共80余种，约2 000万字（著作85万字，论文约30万字，译作逾1 900万字）。

著作有《夙兴集：闻道·播火·摆渡》、《中华文明撷要》（汉英双语版）、《创意导游》（英文版）。电视教学片（及其纸媒版）有《实用英语语音》。

译作约80种，要者有《文化树》《理解媒介》《数字麦克卢汉》《游戏的人》《中世纪的秋天》《17世纪的荷兰文明》《裸猿》《麦克卢汉传：媒介及信使》《传播的偏向》《帝国与传播》《超越文化》《新新媒介》《麦克卢汉精粹》《思维的训练》《思想无羁：技术时代的认识论》《手机》《真实空间》《麦克卢汉书简》《传播与社会影响》《新政治文化》《麦克卢汉如是说》《媒介环境学》《技术垄断》《模仿律》《莱文森精粹》《与社会学同游》《伊拉斯谟传》《口语文化与书面文化》《传播学批判研究》《重新思考文化政策》《交流的无奈：传播思想史》《人类动物园》《亲密行为》《作为变革动因的印刷机》《无声的语言》《传播学概论》《软利器》《迫害、灭绝与文学》《菊与刀》《理解新媒介：延伸麦克卢汉》《字母表效应》《变化中的时间观念》《文化对话》《媒介、社会与世界》《群众与暴民：从柏拉图到卡内蒂》《互联网的误读》《中国传奇：美国人眼里的中国形象》《初闯中国：美国人对华贸易、条约、鸦片和救赎的故事》《乌合之众》《个性动力论》《媒介即按摩》《媒介与文明：麦克卢汉的地球村》《余音绕梁的麦克卢汉》《指向未来的麦克卢汉》《公共场所的行为》《驱逐：十九世纪美国排华史》《文化科学》《公共场所的行为》《创意生活》《公共文化、文化认同与文化政策》《麦克卢汉的误读：如何校正》等。

论文 50 余篇，要者有《介绍一门新兴学科——跨文化的交际》《比较文化之我见》《中国文化深层结构中的崇“二”心理定势》《论美国文化的显著特征》《和而不同息纷争》《多伦多传播学派的双星：伊尼斯与麦克卢汉》《异军突起的第三学派——媒介环境学评论之一》《麦克卢汉：媒介理论的播种者和解放者》《莱文森：数字时代的麦克卢汉、立体型的多面手》《文化政策需要顶层设计》《媒介环境学：从边缘到殿堂》《冒险、冲撞、相识：美中关系史第一个一百年的故事》《泣血的历史：19 世纪美国排华史揭秘》等。

见识丛书

科学 历史 思想

01《时间地图：大历史，130亿年前至今》 ［美］大卫·克里斯蒂安

02《太阳底下的新鲜事：20世纪人与环境的全球互动》 ［美］约翰·R. 麦克尼尔

03《革命的年代：1789—1848》 ［英］艾瑞克·霍布斯鲍姆

04《资本的年代：1848—1875》 ［英］艾瑞克·霍布斯鲍姆

05《帝国的年代：1875—1914》 ［英］艾瑞克·霍布斯鲍姆

06《极端的年代：1914—1991》 ［英］艾瑞克·霍布斯鲍姆

07《守夜人的钟声：我们时代的危机和出路》 ［美］丽贝卡·D. 科斯塔

08《1913，一战前的世界》 ［英］查尔斯·埃默森

09《文明史：人类五千年文明的传承与交流》 ［法］费尔南·布罗代尔

10《基因传：众生之源》（平装+精装） ［美］悉达多·穆克吉

11《一万年的爆发：文明如何加速人类进化》

［美］格雷戈里·柯克伦 ［美］亨利·哈本丁

12《审问欧洲：二战时期的合作、抵抗与报复》 ［美］伊斯特万·迪克

13《哥伦布大交换：1492年以后的生物影响和文化冲击》

［美］艾尔弗雷德·W. 克罗斯比

14《从黎明到衰落：西方文化生活五百年，1500年至今》（平装+精装）

［美］雅克·巴尔赞

15《瘟疫与人》 ［美］威廉·麦克尼尔

16《西方的兴起：人类共同体史》 ［美］威廉·麦克尼尔

17《奥斯曼帝国的终结：战争、革命以及现代中东的诞生，1908—1923》

［美］西恩·麦克米金

18《科学的诞生：科学革命新史》（平装） ［美］戴维·伍顿

19《内战：观念中的历史》 ［美］大卫·阿米蒂奇

20《第五次开始》 ［美］罗伯特·L. 凯利

21《人类简史：从动物到上帝》（平装+精装） ［以色列］尤瓦尔·赫拉利

22《黑暗大陆：20 世纪的欧洲》 ［英］马克·马佐尔

23《现实主义者的乌托邦：如何建构一个理想世界》 ［荷］鲁特格尔·布雷格曼

24《民粹主义大爆炸：经济大衰退如何改变美国和欧洲政治》［美］约翰·朱迪斯
25《自私的基因（40周年增订版）》（平装＋精装）［英］理查德·道金斯
26《权力与文化：日美战争1941—1945》［美］入江昭
27《犹太文明：比较视野下的犹太历史》［以］S. N. 艾森斯塔特
28《技术垄断：文化向技术投降》［美］尼尔·波斯曼
29《从丹药到枪炮：世界史上的中国军事格局》［美］欧阳泰
30《起源：万物大历史》［美］大卫·克里斯蒂安
31《为什么不平等至关重要》［美］托马斯·斯坎伦
32《科学的隐忧》［英］杰里米·鲍伯戈
33《简明大历史》［美］大卫·克里斯蒂安［美］威廉·麦克尼尔 主编
34《专家之死：反智主义的盛行及其影响》［美］托马斯·M. 尼科尔斯
35《大历史与人类的未来（修订版）》［荷］弗雷德·斯皮尔
36《人性中的善良天使》［美］斯蒂芬·平克
37《历史性的体制：当下主义与时间经验》［法］弗朗索瓦·阿赫托戈
38《希罗多德的镜子》［法］弗朗索瓦·阿赫托戈
39《出发去希腊》［法］弗朗索瓦·阿赫托戈
40《灯塔工的值班室》［法］弗朗索瓦·阿赫托戈
41《从航海图到世界史：海上道路改变历史》［日］宫崎正胜
42《人类的旅程：基因的奥德赛之旅》［美］斯宾塞·韦尔斯
43《西方的困局：欧洲与美国的当下危机》［德］海因里希·奥古斯特·温克勒
44《没有思想的世界：科技巨头对独立思考的威胁》［美］富兰克林·福尔
45《锥形帐篷的起源：思想如何进化》［英］乔尼·休斯
46《后基因组时代：后基因组时代的伦理、正义和知识》［美］珍妮·瑞尔丹
47《世界环境史》［美］威廉·H. 麦克尼尔［美］约翰·R. 麦克尼尔 等 编著
48《竞逐富强：公元1000年以来的技术、军事与社会》［美］威廉·麦克尼尔
49《大加速：1945年以来人类世的环境史》［美］约翰·R. 麦克尼尔
50《不可思议的旅程：我们的星球与我们自己的大历史》［美］沃尔特·阿尔瓦雷兹

……后续新品，敬请关注……

见识城邦 出品